★《南靖县革命老区发展史》编纂委员会

顾　问：黄劲武　钟　科

主　任：李　真

副主任：王长金　李其南

委　员：林顺来　吴　梅　庄小丽　庄能森　张卫文　高粉山

编辑室

编　著：韩士奇

审　稿：李其南　庄能森　高粉山

全国革命老区县发展史丛书——福建卷

南靖县革命老区发展史

韩士奇　主编

南靖县老区建设促进会　编

厦门大学出版社
XIAMEN UNIVERSITY PRESS
国家一级出版社
全国百佳图书出版单位

图书在版编目(CIP)数据

南靖县革命老区发展史/韩士奇主编;南靖县老区建设促进会编.—厦门:厦门大学出版社,2020.4

(全国革命老区县发展史丛书.福建卷)

ISBN 978-7-5615-7757-8

Ⅰ.①南… Ⅱ.①韩…②南… Ⅲ.①南靖县—地方史 Ⅳ.①K295.74

中国版本图书馆 CIP 数据核字(2020)第 039014 号

出 版 人 郑文礼
责任编辑 章木良
美术编辑 李嘉彬
技术编辑 朱 楷

出版发行 厦门大学出版社
社 址 厦门市软件园二期望海路 39 号
邮政编码 361008
总 机 0592-2181111 0592-2181406(传真)
营销中心 0592-2184458 0592-2181365
网 址 http://www.xmupress.com
邮 箱 xmup@xmupress.com
印 刷 厦门兴立通印刷设计有限公司

开本 720 mm×1 000 mm 1/16
印张 22.75
插页 2
字数 306 千字
版次 2020 年 4 月第 1 版
印次 2020 年 4 月第 1 次印刷
定价 110.00 元

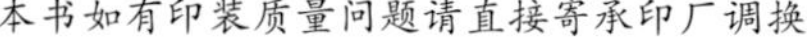

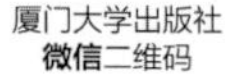

厦门大学出版社
微博二维码

总　序

在举国欢庆新中国成立70周年前夕，中国老区建设促进会王健会长请我为“全国革命老区县发展史丛书”作序，作为一名在老区战斗过并得到老区人民生死相助的老兵，回首往事，心潮澎湃，感慨万千，深感义不容辞，欣然应允。

中国革命老区，是以毛泽东为代表的中国共产党人在领导人民推翻帝国主义、封建主义和官僚资本主义三座大山，争取民族独立和人民解放伟大斗争中建立的革命根据地。在这片红色的土地上，诞生了无数可歌可泣的革命英雄儿女，为后人树起了一座不朽的丰碑，她是新中国的摇篮，是党和军队的根。

在艰苦卓绝的战争年代，老区人民把自己的命运与中华民族的命运紧紧地联系在一起，与中国共产党和人民军队的命运紧紧地联系在一起，他们生死相依，患难与共。我曾亲历过战争年代，并得到过老区红哥红嫂的救助，切身感受到发生在身边的一幕幕撼天动地的革命故事，在那极其艰难的条件下，老区人民倾其所有、破家支前，不怕艰难困苦，不怕流血牺牲。“最后一碗米送去做军粮，最后一尺布送去做军装，最后一件老棉袄盖在担架上，最后一个亲骨肉送去上战场”，这是当时伟大的老区人民为建立新中国做出巨大牺牲的真实写照，它将永远镌刻在中国共产党、中国人民解放军、中华人民共和国的历史丰碑上。他们的光辉业绩永载史册，他们的革命精神必将影响一代又一代的革命新人，造就一代又一代的民族脊梁。

在社会主义革命和建设时期，革命老区和老区人民响应党的号召，面对落后的面貌、脆弱的经济、恶劣的生态环境，他们本色不变，精神不丢，自力更生，艰苦奋斗，干一行爱一行。始终坚持“革命理想高于天”，自觉做共产主义远大理想的坚定信仰者和忠实实践者，勇于向恶劣的自然环境和贫穷落后宣战。他们在各条战线上为国建功立业，用平凡的双手创造了一个又一个不平凡的奇迹，彰显了老区人的崇高精神和人格力量。

在改革开放的伟大进程中，老区人民解放思想，勇于创新，发愤图强，攻坚克难，老区的经济社会建设取得了辉煌成就。特别是在改变中国的面貌、中华民族的面貌、中国人民的面貌、中国共产党的面貌的伟大实践中发挥了至关重要的作用。老区人民既是改革开放的参与者，也是改革开放的推动者。

艰苦练意志，危难见精神。老区人民在近百年的革命战争、社会主义建设和改革开放的伟大实践中，孕育形成了伟大的老区精神：爱党信党、坚定不移的理想信念；舍生忘死、无私奉献的博大胸怀；不屈不挠、敢于胜利的英雄气概；自强不息、艰苦奋斗的顽强斗志；求真务实、开拓创新的科学态度；鱼水情深、生死相依的光荣传统。这是党和人民宝贵的精神财富、丰厚的政治资源，是凝心聚力、振奋民族精神的重要法宝，也是社会主义核心价值观的重要内容。

中国老区建设促进会怀着强烈的政治责任感和历史使命感，组织全国各地老促会人员克服困难，尽心竭力编纂“全国革命老区县发展史丛书”，记录老区的光辉历史和辉煌成就，传承红色基因，弘扬老区精神，是功在当代、利及千秋的一件大事。手捧这部丛书的部分书稿，读着书中的故事，我倍感亲切，深感这部丛书具有资政、育人、存史的社会功能，有着重要的时代和历史价值。它是不忘初心、牢记使命的源头活水，是赞颂共产党、讴歌老区人民的一部精品力作，是弘扬老区精神、传承红色记忆的丰厚载体，是一项继承优秀传统文化、弘扬革命文化、发展社会主义先进文化，坚定“四个自信”的宏大文化工程。它必将成为一种文化品牌，为各界人士了解老区、宣传老区、支持老区提供一部有价值的研究史料。希望读者朋友们能从中了解并牢记这些为党和民族的利益不断奉献的老区人民，从中得到教益，汲取人生奋斗的精神动力。

新时代赋予新使命，新起点开启新征程。让我们更加紧密地团结在以习近平同志为核心的党中央周围，坚持以习近平新时代中国特色社会主义思想为指导，增强“四个意识”，坚定“四个自信”，做到“两个维护”，弘扬老区精神，铭记苦难辉煌。为实现“两个一百年”奋斗目标，实现中华民族伟大复兴的中国梦做出新的更大的贡献！

遲浩田

2019 年 4 月 11 日

序

《南靖县革命老区发展史》一书就要出版了。这是南靖县老区工作者贯彻习近平总书记关于“发扬红色资源优势，深入进行党史军史和优良传统教育，把红色基因一代代传下去”指示的具体行动和举措；是献给中华人民共和国成立70周年的一份礼物，也是献给老区人民的一份厚礼。这是一部充分体现南靖老区的光辉革命史、不懈奋斗史、辉煌成就史的重要史书，也为我们传承红色基因、弘扬老区革命精神提供了有益的教材。

南靖是一块红色的土地、英雄的土地。在革命战争年代，南靖是福建省较早开展国民革命运动和建立中共地方组织的县份之一，南靖的革命政权建设和革命武装斗争蓬勃发展，在创建和巩固闽西革命根据地的艰苦岁月里，占有极其重要的地位，成为中央苏区不可分割的一部分。

20世纪的南靖革命斗争波澜壮阔，无数先辈前赴后继，不惧牺牲，谱写了一曲曲英雄赞歌。从大革命时期、土地革命时期、抗日战争时期，直至解放战争时期，南靖一直是闽粤赣边中共领导下的重要活动地区与根据地。1932年4月，毛泽东率领中央红军攻打漳州，南靖是主战场，曾闻名全国。之后，南靖树海名震闽粤赣，红三团、红八团、红九团，闽西南军政委员会、王涛支队、闽南支队、闽粤赣边区纵队许多党领导的武装部队曾战斗在南靖。毛泽东、罗荣桓、聂荣臻、林彪、杨成武、杨得志、左权、邓子恢、张鼎丞、谭震林、魏金水、刘永生、伍洪祥等许多领导人曾住在南靖，在南靖留下了不可磨灭的足迹。

在漫长的革命斗争历程中，无数南靖优秀儿女为了国家的独立、民族的解放和人民的幸福，舍生忘死，英勇奋斗，在这片土地上用生命铺就了通往胜利的道路，用鲜血浇铸了共和国大厦的基石，为南靖赢得了“红旗不倒”的声誉。

“七十载砥砺前行，九万里风鹏正举。”中华人民共和国成立之初，面对常年战乱让旧中国千疮百孔、满目疮痍，生产萎缩、生态破坏、交通梗阻、民生困苦、失业众多的“烂摊子”，南靖老区人民在中国共产党的领导下，自力更生，奋发图强，攻坚克难，积极投身轰轰烈烈的社会主义革命与建设，致力于改变革命老区贫困落后面貌，经过几十年的披荆斩棘、几十年的砥砺奋进，曾经满目疮痍的南靖大地换了人间，老区人民生活水平显著提高。

壮阔东方潮，奋进新时代。改革开放以来，党和政府加大了对老区的政策和资金扶持力度，尤其加大了对贫困老区村的扶贫开发力度，老区的经济社会进入了最快的发展时期。20 世纪 80 年代以来，经济上实行了家庭联产承包责任制，调整农业种植结构，改变了长期以来“以粮为纲”的单一农业种植结构。农业产业化的实施，多元经济的崛起，极大地调动起广大老区群众的生产积极性。他们按照市场规律，进行了大规模的农业产业结构调整，促进了老区经济的快速持续发展，老区群众收入稳步增长，老区群众生活逐步改善。与此同时，基础设施和社会事业建设也迈开了大步，老区公路交通建设、饮用水工程、生活用电等基础设施建设都取得了显著的成效，交通不便、信息闭塞的状况成为历史；在党和政府及社会各界的支持下，老区文化教育、医疗卫生等社会事业有了很大发展，老区群众子女上不起学、看不起病的状况有了明显改观。尤其是党的十八大以来，南靖县和全国一样经济快速发展，经济规模不断扩大，人民生活水平和民生福祉发生了翻天覆地的变化。党和政府坚持精准扶贫、精准脱贫，全面打响脱贫攻坚战，脱贫摘帽有序推进，“两不愁三保障”基本实现，农村从普遍贫困走向整体消灭绝对贫困。在中国共产党的坚强领导下，那个曾经积贫积弱的老区人民，正踏着铿锵的步伐走向繁荣富强；那个曾经温饱不足的老区人民，正在实现全面小康的历史性跨越，正朝着全面实现农业强、农村美、农民富的乡村全面振兴方向前进，南靖的明天必将更辉煌。

“欲知大道，史可为鉴。”《南靖县革命老区发展史》是南靖第一部全方位反映南靖老区人民近百年的革命斗争、社会主义建设和改革开放的伟大实践的史书，书中讴歌老区人民为中国革命和建设付出了巨大牺牲，做出了极大贡献，老区的光辉历史和优良传统是党和人民宝贵的精神财富，是凝聚力、振奋民族精神的重要法宝。我们应该永远铭记，永远珍惜，从红色记忆中汲取力量。尊重历史就是尊重人民，重温历史更能指导实践。作为原中央苏区县，南靖历来都高度重视优良传统的继承和发扬，注重通过学习借鉴历史的好经验、好做法来指导当前工作。真诚希望南靖广大人民群众，不忘初心，牢记使命，在新时代的征程中，继承和发扬伟大的老区革命精神，全力推动南靖跨越发展，为全面建设美丽新南靖谱写绚丽多彩的时代华章。

县委书记 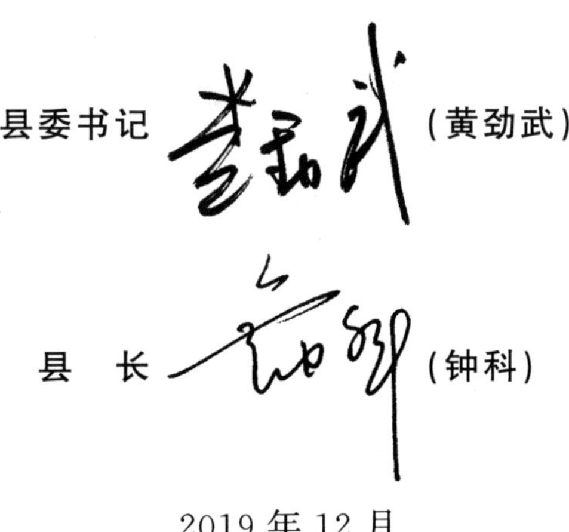（黄劲武）

县　长（钟科）

2019年12月

前　言

今年是中华人民共和国成立70周年。在南靖革命史，也即在现代史上，无数南靖老区革命先驱先烈曾写下可歌可泣的伟大篇章，他们为祖国的独立自由不懈奋斗，英勇牺牲，立下不朽功勋，留下不可磨灭的历史印记。

在波澜壮阔的社会主义革命与建设时期，勤劳智慧的南靖老区人民在中国共产党的正确领导下，自力更生、奋发图强，开展了轰轰烈烈的社会主义革命建设。改革开放以后，爱拼敢赢的南靖人民，秉承伟大的老区革命精神，不断推进改革开放和现代化建设，续写了辉煌的老区创业史，为建设美丽新南靖、共圆复兴梦想做出巨大贡献，取得历史性成就，必将永载史册。

值此时刻，南靖县老区建设促进会根据中国老区建设促进会关于编纂"全国革命老区县发展史丛书"的统一部署，要求在中华人民共和国成立70周年完成编纂出版任务，与编著作者、南靖县原报道组记者韩士奇一起，着手编著《南靖县革命老区发展史》，献给先驱先烈，献给老区人民，献给历史，献给伟大时代。南靖县老区建设促进会和编著作者韩士奇历时两年，先后深入全县各老区镇村，在追寻红色记忆、宣传红色精神同时，还从县委党史和地方志研究室、县民政局、县老区办等有关单位浩如烟海的档案材料中寻找有用资料。在此基础上，尽心竭力编著了《南靖县革命老区发展史》。

《南靖县革命老区发展史》共有"南靖革命史""新中国成立初期的30年""改革开放40年""南靖明天更辉煌"等四个部分，旨在充分体现老区人民的革命斗争历程，突出新中国成立70年的创业奋斗，展示改革开放特别是党的十八大以来取得的巨大成就和发展变化，刻意反映老区人民奋力奔小康的历史进程和崭新的精神风貌。

本书的涵盖范围上下年限为：上限自20世纪20年代漳州及南靖县开始创建中共党组织，下限至2018年。

本书的第一部分"南靖革命史"的第一章至第五章，主要参考《南靖人民革命史》（中共南靖县党史研究室编）等书进行编写。第二部分"新中国成立初期的30年"、第三部分"改革开放40年"，编著时参考《南靖县志》（民国稿本）、《南靖县志》（1997年版）、（第二轮）《南靖县志》、《南靖年鉴（1991—2002）》、南靖年鉴（2008—2018）》、《中国共产党南靖历史（第二卷）》、《南靖老区（镇村）》、《漳州革命老区史》等书。本书中的插图，有江清溪等人收集的历史老照片，有张志坚、吴德清等人的照片。

为避免注释过多带来的文字烦冗，本书不采用引文注释的方式，对有引用史料的书著、档案、文献，一律在书后以参考书目的形式列出。

这部书是南靖县第一部全方位反映南靖老区近百年的革命斗争、新中国成立后创业奋斗、改革开放取得辉煌成就的史书。写成本书花了很大功夫，尤其是改革开放以来南靖县老区发展史，没有现成的史书可供借鉴，编著难度可以想象得出。本书史料收集之困难、内容之繁杂、过程之艰辛，都是始料不及的，负责编著本书的韩士奇和南靖县老区建设促进会会长王长金、副会长庄能森、秘书长李其南及高粉山等同志为此付出了辛勤劳动。

南靖县老区建设促进会和本书编著者韩士奇虽历经两年的精心筹划，用心写作，力争完善，以图功成，然则时限紧迫，水平有限，心有余而力不足。缺憾难免，偏误乃现，见仁见智，诚盼指正，谨致谢忱。

在《南靖县革命老区发展史》的编著过程中，得到县委、县政府主要领导的高度重视和大力支持，得到李真副县长的精心指导；县委办、县政府办、中共南靖县委党史和地方志研究室、民政局、农业局、统计局、文化旅游局、教育局、交通运输局、卫生健康局、水利局等部门对本书提出宝贵意见；还得到江清溪、张志坚、吴德清等同志的帮助，在此一并致谢。

南靖县老区建设促进会

2019 年 12 月

编写说明

2017年6月，中国老区建设促进会组织全国各地老促会启动编纂“全国革命老区县发展史丛书”，按照“建立中国共产党、成立中华人民共和国、推进改革开放和中国特色社会主义事业”三大里程碑的历史脉络，系统书写革命老区百年历史，深入挖掘革命老区红色文化资源。这对于充实丰富中国革命史籍宝库、在新时代传承红色基因、弘扬革命精神、强固根本，对于激励人们在新的历史条件下夺取中国特色社会主义伟大胜利，实现中华民族伟大复兴的中国梦具有重要意义。

丛书编纂以习近平新时代中国特色社会主义思想为指导，以《中国共产党历史》《中国共产党的九十年》等重要文献为基本依据，以党的领导为核心，以老区人民为主体，以老区发展为主线，体现历史进程特征，突出时代发展特色，坚持辩证唯物主义和历史唯物主义相统一、历史真实性与内容可读性相统一的原则，书写革命老区从站起来、富起来到强起来的光辉革命史、不懈奋斗史、辉煌成就史，把老区人民的伟大贡献、伟大创造、伟大成就、伟大精神充分展示出来，形成一部具有厚重历史特征和鲜明时代特色的精品力作。这是一部培根铸魂、守正创新，既为历史立言，又为时代服务，字里行间流淌着红色血脉、催生着革命激情的传世之作。丛书的编纂出版将成为讴歌党、讴歌人民、讴歌时代、传播红色文化、为革命老区和老区人民树碑立传的重要载体。

丛书按照编年体与纪事本末体相结合、以编年体为主的编写体例确定框架结构;运用时经事纬、点面结合的方式记述史实;坚持人事结合、以事带人的原则处理人与事的关系;采取夹叙夹议、叙论结合、以叙为主的方法展开内容。做到了史料与史论、历史与现实、政治与学术统一,文献性、学术性、知识性相兼容。

为编纂好"全国革命老区县发展史丛书",打造红色文化品牌,中国老区建设促进会认真组织积极协调,提出政治立场鲜明、史料真实准确、思想论述深刻、历史维度厚重、时代特色突出、编写体例规范、篇目布局合理、审读把关严格、出版制作精良的编纂出版总要求,力求达到革命史籍精品的精神高度、思想深度、知识广度、语言力度,增强丛书的权威性和社会影响力。各省(区、市)、市(州、盟)、县(市、区、旗)老促会的同志,以强烈的使命感、责任感和紧迫感,勇于担当,积极作为,认真实施,组织由老促会成员、专家学者等参加的十余万人编纂队伍。编纂工作主体责任在县(市、区、旗),省(区、市)、市(州、盟)组织协调、有力指导、审读把关。各方面人员以高度负责的精神和科学严谨的态度,满腔热情地投入工作,为丛书编纂出版做出了重要贡献。丛书编纂工作还得到了党和国家有关部委、地方各级党委政府及有关部门的大力支持和积极参与,社会各界也给予了热情帮助。中共中央政治局原委员、中央军委原副主席、国务委员兼国防部长迟浩田首长,对革命老区建设发展十分关注,对老区人民怀有深厚情感,欣然为"全国革命老区县发展史丛书"作总序。

丛书由总册和1599部分册(每个革命老区县编纂1部分册)组成,共1600册。鉴于丛书所记述的史实内容多、时间跨度长和编纂时间紧,不妥之处,敬请批评指正。

中国老区建设促进会

目 录

南靖县概况 …… 1

第一部分 南靖革命史

第一章 南靖地方党组织的建立和发展 …… 9
第一节 近代南靖社会历史状况 …… 10
第二节 南靖人民反抗封建军阀的斗争 …… 13
第三节 宝林会议与南靖地方党组织的建立 …… 18
第四节 农民运动的开展 …… 25
第五节 “第三党”对南靖革命的负面影响 …… 28

第二章 革命根据地的创立及其艰难斗争 …… 30
第一节 靖和浦红色区域的创建 …… 30
第二节 中央红军攻克漳州及对南靖的影响 …… 34
第三节 红十五军分兵南靖巩固革命根据地 …… 35
第四节 保家卫国的抗日救亡 …… 38
第五节 历时三载的树海革命根据地 …… 42

第三章 苏维埃政权的建立和土地革命 …… 46
第一节 南靖东北边界苏维埃政权的建立 …… 46
第二节 靖和浦边区苏维埃政府的成立与分田运动 …… 52

第三节　岩永靖游击根据地的巩固与发展 …………………… 54

第四章　南靖老区人民在党的领导下建立革命根据地斗争中的历史贡献和地位 …………………… 58

第一节　南靖老区在中央苏区和福建革命历史的地位和作用 …………………… 59

第二节　南靖老区人民对革命的贡献 …………………… 67

第三节　血肉相连的游击区军民关系 …………………… 69

第四节　南靖老区人民对游击战争的全力支持 …………………… 70

第五节　南靖老区人民对抗战和解放战争的贡献 …………………… 72

第六节　活跃在南靖各地的隐蔽战线 …………………… 74

第五章　南靖在创建和发展革命根据地过程中的重大历史事件 …………………… 77

第一节　程溪农民武装暴动 …………………… 77

第二节　威震闽西南的山城兵变 …………………… 80

第三节　红军攻打漳州在南靖的战役 …………………… 83

第四节　树海——漳州地区革命运动指挥中心 …………………… 89

第五节　配合南下大军解放南靖 …………………… 93

第六章　创建和发展革命根据地中的英模英烈事迹 …………………… 98

第一节　他们在漳州战役主战场的南靖决战中留下光辉的足迹 …………………… 99

第二节　老区革命的卓越领导群体 …………………… 103

第三节　解放战争中的群英谱 …………………… 109

第四节　南靖县革命烈士名单 …………………… 111

第二部分 新中国成立初期的 30 年

第七章 新中国成立初期的重建家园与恢复生产 ………… 135
第一节 新中国成立初期南靖县老区村的分布 ………… 135
第二节 老区人民的新贡献 ………………………… 142
第三节 土地改革与剿匪反霸 ……………………… 144
第四节 重建家园与优抚工作 ……………………… 148
第五节 老区农林副业生产的恢复 ………………… 151
第六节 农业合作化与公社化运动 ………………… 155

第八章 新中国成立后 30 年南靖老区的重建与扶持 ……… 158

第九章 新中国成立后 30 年的农田水利建设与基础建设 …… 160
第一节 水利建设 ………………………………… 160
第二节 乡村基础设施建设 ……………………… 165
第三节 供水供电事业的发展 …………………… 168

第十章 社会事业快速发展 ……………………… 172
第一节 文化教育事业的发展 …………………… 172
第二节 医疗卫生事业的发展 …………………… 177

第三部分 改革开放 40 年

第十一章 农村经济体制改革与老区经济的全面发展 ……… 183
第一节 推行家庭联产承包责任制 ………………… 184
第二节 农业产业结构调整 ……………………… 186
第三节 大力发展现代农业 ……………………… 193

第四节　乡镇工业的快速发展 …………………………… 207
第五节　全域旅游全面发展 ……………………………… 215

第十二章　改革开放40年农村水利建设与基础设施建设 …… 220
第一节　水利建设 ……………………………………… 220
第二节　乡村基础设施建设 ……………………………… 225
第三节　供水供电事业的发展 …………………………… 230

第十三章　改革开放40年乡村社会事业快速发展 ………… 237
第一节　改革开放40年乡村教育事业的发展 …………… 237
第二节　医疗卫生事业的发展 …………………………… 245

第十四章　著名革命历史遗址与红色文化资源 …………… 251
第一节　著名革命历史遗址 ……………………………… 252
第二节　其他红色文化资源 ……………………………… 260
第三节　革命纪念场馆、碑、亭 …………………………… 270
第四节　南靖土楼与老区人民革命斗争 ………………… 276

第十五章　老区建设管理与优抚工作 …………………… 283
第一节　老区建设管理与促进机构的建立 ……………… 283
第二节　为老区经济社会的建设和发展而努力 ………… 286
第三节　老区乡村划定 ………………………………… 288
第四节　革命“五老”人员的优抚 ………………………… 293

第十六章　打好老区脱贫攻坚战 ………………………… 302
第一节　1980—1990年老区扶贫 ……………………… 302
第二节　1991—2011年扶贫与小康建设 ……………… 305
第三节　新时代的老区脱贫攻坚 ………………………… 316

第四部分　南靖明天更辉煌

第十七章　乡村振兴百姓富 ………………………………………… 335

参考书目 ………………………………………………………………… 342

后　记 …………………………………………………………………… 344

南靖县概况

南靖，位于福建省南部，九龙江西溪上游。古称兰水县，元至治二年（1322年），建置南胜县，辖今南靖、平和二县全境及漳浦县部分地域，县治设于今平和县南胜镇镇政府所在地，后迁到平和县小溪镇旧县村，至正十六年（1356年）设县治于兰陵（今靖城镇）。因屡寇不靖，所以把南胜县改为南靖县，意为"南方之靖"，以兆吉祥。现今全县总面积1962平方公里，总人口36.2万人，辖11个镇、1个高新技术产业园区，共有201个村（居），是原中央苏区县、省重点老区县，是全省首批国家生态县、国家生态文明建设示范区、中国旅游竞争力百强县、国家级畜牧业绿色发展示范县、全国休闲农业与乡村旅游示范县、全省全域旅游试点县，是2018年度、2019年度全省经济发展"十佳"县，还是世界文化遗产福建土楼主要遗产地。

南靖，红色荣光永恒。南靖是中国共产党武装斗争时期中央苏区的重要组成部分。早在1927年10月，南靖就建立了中共特别支部；随着工农运动的蓬勃发展，领导了程溪农民革命暴动；1929年，建立了仙岭村苏维埃等政权。1932年4月，中央红军东路军漳州战役的主战场就在南靖龙山镇南坪村内洞一带。毛泽东、聂荣臻、罗荣桓、林彪和宋任穷、罗瑞卿、杨得志、杨成武、萧劲光、刘亚楼、萧华、张鼎丞、邓子恢、谭震林等上百位党和国家领导人、开国将军都曾在南靖战斗、生活过。

在开展武装革命斗争的漫长岁月里，南靖一直是闽粤赣中共领导机关和军政机关的重要活动地区与根据地。南靖人民不屈不挠、坚持斗争，取得了新民主主义革命在南靖全境的伟大胜利，赢得了"红旗不倒"的盛誉。在长期的革命斗争中，南靖人民做出了重大贡

世界文化遗产、南靖县书洋镇上坂老区村的田螺坑土楼群

注：田螺坑土楼群是蜚声中外的福建土楼标志性建筑，是国家 AAAAA 级风景区。2018 年，接待中外游客约 520 万人。

献，付出了巨大牺牲。据不完全统计，有 800 多名南靖人民的优秀儿女参加红军游击队、新四军和人民解放军，有 1 万多人参加赤卫队、民兵等组织。革命老区遍布 6 个乡镇和 4 个乡镇部分地区，红色区域人口占当时全县人口的一半。

1957 年，南靖县行政区划分变动较大，程溪区的 5 个老区乡、42 个老区自然村，划归龙溪、漳浦两个县管辖。南靖于 2011 年 4 月被确认为中央苏区县，成为福建省第 22 个被确定为中央苏区范围的县份。其中，有南坑、梅林等老区镇、老区村共 56 个。如梅林镇：梅林村、坎下村、双溪村、磜头村、科岭村、长塔村。南坑镇：南坑村、南高村、南塘村、村雅村、新罗村、北坑村、大岭村、葛竹村。山城镇：象溪村、溪城村、溪边村、碧侯村、六安村、汤坑村。丰田镇：保林村。龙山镇：南坪村、平重村、太保村、双明村。金山镇：下永村、荆都村、新村村。和溪镇：乐土村、坂场村、月星村、月明村。奎洋镇：店美村、东楼村、上洋村、岭头村、仙岭村。书洋镇：书洋村、上田村、上双峰村、双峰村、枫林村、高溪村、南欧村、下坂寮村、上坂寮村[①]。船场镇:集星村、西坑村、上汤村、梧宅村、星光村。靖城镇:草坂村、草前村、大房村、径里村、沥阳村。

南靖,区位交通优越。与漳州市区相连,距漳州港 50 多公里,厦门港、厦门高崎国际机场 60 多公里。龙厦高铁、厦蓉高速、福广高速、靖海高速和国道 319 线穿境而过,属厦门湾 1 小时经济圈和厦漳泉大都市区范围。

南靖,自然生态优美。这里山川秀美,江河纵横,气候温和,雨量充沛,无霜期长,日照时间久,适宜各种兰花、巴戟天、金线莲、麻竹、白背毛木耳、香鱼等名特产繁衍生长。森林覆盖率73.43%,绿化率 98%,均居漳州市首位,素有"树海""竹洋"之称。拥有"虎伯寮国家级自然保护区""福建南靖土楼国家森林公园"两张国家级生态名片,以及天景雨林森林康养基地和漳州通美云水谣两个全国森林康养基地。其中,乐土雨林还是世界上纬度最高、保存完整、珍贵稀有的亚热带雨林保护区。

南靖,农业优势突出。由于峰谷交错,山河相间,形成许多向南开口的马蹄形优良小环境,对种植亚热带经济作物、林木及某些热带作物十分有利。拥有"中国兰花之乡""中国金线莲之乡""中国香蕉之乡""中国麻竹之乡""中国芦柑之乡"等五个"中国之乡"称号,是中国白背毛木耳生产示范基地、福建省最大的兰花集散地和咖啡豆、铁皮石斛、巴戟天种植基地,是闽台农业合作示范县和高优农业示范区,也是福建省十大产茶县之一和闽南乌龙茶第二生产大县。

南靖,旅游资源独特。属世界文化遗产福建土楼的故里,是国家 AAAAA 级旅游景区、中国旅游竞争力百强县。现存各类土楼15000 多座,以造型最奇特、历史最悠久、保存最完整而闻名中外;有全国重点文物保护单位 7 处、省级文物保护单位 22 处;有全国首批历史文化名村、中国传统村落田螺坑村和 6 个中国景观村落(塔

① 2011 年以前写作"版寮村",2011 年后改为坂寮村。

下村、石桥村等)；有供奉海峡两岸仅存两尊保生大帝金身之一的慈济行宫、全国最大的风动石和乐土雨林“中华第一藤”、被誉为“华东黄果树”的树海瀑布等丰富的自然和文化旅游资源。

南靖，民营经济活跃。拥有中国品牌500强、全国首批创新型企业万利达集团以及万宝能源、焙之道、东刚等优秀民营企业，民营企业税收占全县税收比重75%以上。以高新园、丰田园、山城园为主体的经济开发区日趋成熟，其中南靖闽台精密机械产业园是省级台湾青年就业创业基地、福建省新型工业化产业示范基地。

南靖，侨台优势明显。南靖是漳州市重点侨乡和台胞重要祖籍地之一，有海外华人华侨3万多人，祖籍南靖的台胞100多万人，约占台湾总人口的5%。萧万长、林洋港、吕秀莲等台湾知名人士和被称为台湾“抗日三猛”之一的简大狮的祖籍地都在南靖。涌现出了入选“漳州百年百杰”的庄西言、萧佛成、陈祯禄、张荣汀、张庆重、张建禄等著名侨领。

原中央苏区县——南靖县的县城新貌

当前，南靖县正以习近平新时代中国特色社会主义思想为指导，按照“全域旅游、全面发展”的方向，大力实施“生态立县、工业强县、旅游兴县、农业富县”发展战略，全力打造先进制造业聚集区、特色现代农业示范区、世遗土楼国际旅游目的地和全国生态文明先行示范县，全面建成经济富裕、生态富美、人文富足的小康南靖。

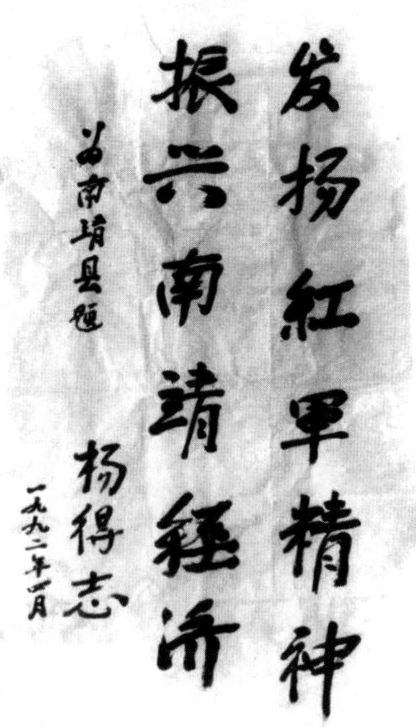

杨得志题词

1992 年 4 月，时任解放军总参谋长杨得志回到他于 1932 年参加的漳州战役主战场南靖县视察，欣然为南靖县题词。

第一部分

南靖革命史

★ ★ ★

第一章　南靖地方党组织的建立和发展

南靖地处福建南部，东濒台湾海峡，与厦门相距100公里，与漳州接壤，西北与龙岩永定衔接，西南与平和、漳浦毗邻。全县面积1961.58平方公里，现辖有1个高新园区、10个镇，境内既有开阔的平原，亦有地势险要、起伏绵延的朝天岭、芹山崇、鸦尖山等山岭，是我国著名的侨乡和台湾同胞祖居地，素有“鱼米花果之乡”的美称。然而，在半殖民地半封建的旧中国，南靖人民饱受地主官僚的压迫剥削和外国资本主义的侵略掠夺，城镇工商业凋零，农村经济破产，特别是农村劳苦大众深受地主的剥削、高利贷的盘剥、豪绅的压榨、官僚的敲诈、军阀的残虐，过着极其贫困的生活。所有这些，为革命烈火在南靖的燃烧提供了有利的客观条件。中共南靖地方组织始建于1927年10月，有党员6人。随着工农运动的蓬勃发展，为加强对南靖各地党组织的领导，1928年4月在程溪成立了中共程溪党团混合支部，程溪党团组织已发展到20余人。第二次国内革命战争时期，南靖党组织先后在中共闽南特委等领导下，开展了轰轰烈烈的土地革命，建立了苏维埃政权，进行了艰苦卓绝的三年游击战争。抗日战争时期，党组织又在中共闽南特委领导下，开展了抗日救亡运动，实行“隐蔽精干、埋藏生产”的方针，进行了反顽自卫斗争。解放战争时期，党组织在经过一段分散发展后，重新开展武装斗争，猛烈推进游击区的游击战争，深入开展国统区第二条战线斗争，下辖党组织和武装力量空前壮大，终于迎来了新民主主义革命的伟大胜利。

第一节 近代南靖社会历史状况

一、帝国主义列强的掠夺

1840年鸦片战争爆发后，帝国主义列强凭借坚船利炮打开中国的大门，强迫腐败无能的清政府签订了一系列丧权辱国的不平等条约，迫使中国割地、赔款，取得在中国的许多特权。它们一方面向中国输入工业化商品和鸦片，另一方面掠夺所需要的原料，同时在政治、文化等进行全面侵略，中国逐步沦为半殖民地半封建社会，人民被推入苦难的深渊。

漳州地区由于与被迫辟为对外通商口岸的厦门仅一水之隔，因而成为外国入侵者觊觎的目标。鸦片战争后，外国资本主义势力在厦门纷纷设立商行，漳州市区、石码等地就设有英国、美国、德国、日本的代理商行20多家。这些洋行，在漳州及南靖县一带大肆倾销纱布、呢绒、煤油、肥田粉、香烟、西药、啤酒、洋灰、钟表、五金器材、机器及零部件等，享有免纳厘金等各种特权，很快占领市场。外国商品的大量输入，严重地制约着南靖集镇乡村的手工业生产，以及蔗糖、茶叶等土特产的销路，致使大批手工业者、航运业者等破产失业，农村经济日益萧条。

西方列强除了输入洋货，还将大量鸦片贩运到漳州、南靖。他们与本地不法商人相勾结，在漳州及南靖遍设烟馆，公然贩卖鸦片。这使人民健康受到严重摧残，还造成大量的白银外流和银价上涨，社会危机日趋严重。

西方列强还以“传教”为名义，对漳州及南靖一带进行文化侵略。他们深入漳州及南靖县的靖城、山城、南坑、船场等地设基督教堂，通过传教传播对华的奴化教育。从这时起，南靖和全国各地一样，沦为半殖民地半封建社会。

鸦片战争以来，帝国主义对南靖的掠夺侵略，给南靖人民带来无尽的灾难，严重地阻碍了南靖社会的发展。

二、封建统治者的残酷剥削

在帝国主义列强对南靖进行经济、文化的侵略，使农村自给自足的自然经济遭到严重破坏的同时，农村中封建地主阶级凭借其占有大量土地对农民进行残酷剥削；更有反动政府横征暴敛，使南靖百姓流离失所，谋生无路。

清末民初，南靖各地的地主把土地租给农民，攫取高额地租。他们用搜刮来的资本进一步兼并土地，因而土地便高度集中在他们手中。随着土地日益集中于少数人手中，地租率也不断提高，有的高达"三七"或"五五"开。特别是民国初年，苛捐杂税多如牛毛，又因军阀连年征战，从漳州及南靖过往的军队特别多，拉夫派役几乎隔日不隔月，挑夫完成徭役后，又常被关押以备下次之役。这便给地主豪绅一次次发财的机会，仅直接经办徭役的豪绅地主每人每年单此项剥削就多达数千元。

20 世纪 20 年代，反动军阀又轮番对漳州及南靖县进行残暴统治。1920 年底，粤军奉命讨伐桂系后，漳州沦入军阀李厚基手中。1922 年 10 月，李厚基被逐出闽后，皖系军阀王永泉入主福建。1923 年 4 月，直系军阀孙传芳、周荫人入闽，投靠孙传芳的反动军阀张毅开始对漳州及南靖人民进行血腥统治。

张毅霸据漳州及南靖四载，横征暴敛，搜刮民膏以中饱私囊。1926 年 11 月，他因北伐军入漳而逃离漳州时，即运走现洋 280 余万元。张毅勾结地主豪绅，鱼肉百姓，把南靖百姓推向苦难的深渊。其苛政的残忍凶猛令人发指。苛捐杂税有田赋税、鸦片捐、人头税、房铺税、挑夫费等不下数十种，几乎到了"无人不捐，无物不税"的暴政顶点。更令人痛恨的是，张毅令其爪牙强迫广大农民大量种植鸦片，大肆征收鸦片捐，仅程溪后安村被强行种植鸦片的土地就占 35%，靖城高达 80%。再者，豪绅地主对农民的压榨也是异常残酷的。他们开设赌场、烟馆、妓院，从精神上、肉体上麻痹和毒害群众，并制造房派、姓氏械斗，从中大发横财。如挑拨南靖山城乡鸿田与东钵两村的矛盾，引起两村械斗。在经济上，他们利用高额的地租盘剥农民，主要形式是分租制和定租制。分租制即好田佃农与地主四六倒，普通田二五对分，坏田三七开；定租制即上、中、下等田分别为5石、4石和3石。还有一种雇工剥削，长工工钱每年为光洋24元，短工每天扣除吃饭外发给2角钱。据统计，靖城29户地主7年间剥削农民粮食233万斤，制造人命案件153件，霸占土地3313亩、房屋400余间。总之，地主阶级主宰着南靖农村的经济命脉。

帝国主义的掠夺、封建军阀的横征暴敛和地主阶级的盘剥，致使南靖人民苦不堪言，走投无路。在那暗无天日的岁月里，南靖人民免不了离乡背井的厄运，不少人远渡重洋，谋求生存。因此，推翻帝国主义和封建主义的统治压迫，早已成为南靖人民的迫切要求。

三、军阀张毅祸害南靖

20世纪20年代，帝国主义支持下的中国大小军阀争权夺利，各踞一方。他们与地方豪绅相互勾结，横征暴敛，弄得国无宁日，民不聊生。南靖侨乡三团区侨汇源源不断。军阀张毅对此垂涎三尺，把南靖三团区作为重点敲诈对象，常驻曲江的军阀部队人马一到，拉夫派款接踵而来。从1923年至1924年，仅塔下侨乡就被勒索款项四五万块银圆，群众对张毅极为痛恨。在政治上，张毅惧怕广东国民革命军从永定进入三团区进行北伐宣传，因此，军阀部队在南靖三团区兵马不绝，这些反动武装强迫农民缴纳巨额的“军饷”和苛捐杂税。

1926年7月27日，张毅派旅长田宝銮、团长李柏舟、处长张跃军率兵数百人，进驻南靖曲江，加强所谓“办匪”，其目的在于筹集军饷12万块银圆。事前，由田宝銮等人串通山城官僚政客，让士绅刘金声跟随到塔下、曲江召开“家长”联席会议。会上，李柏舟与刘金声一唱一和，软硬兼施，诱骗各位“家长”答应张毅索要军饷的条件与数目。塔下“家长”因款项数额巨大，不敢贸然答应，于会后纷纷逃往广东大埔、汕头等地。军阀敲诈未果，便以农民“抗捐”为名，大肆抢劫抓人。8月6日，强行抓走塔下、大坝、汉水坑农民张卜三、张联开等 18 人作为勒索钱财的人质，要塔下“家长”前往谈判赎人，并乘机抢劫财物。同时李柏舟率部从曲江开往长教，强行对侨属开办的“向成”号店铺索要 1.3 万块光洋。“向成”无力缴交，李柏舟竟下令把店主兄弟简南铜、简南贞，店员简阿诗抓走。因交不起“军饷”而被抓去当人质的还有长教官洋、坎下、璞山 3 个村的侨属简庆海、简永见等 10 多人和下奎洋庄魁等 12 人。军阀所到之处，任意派款抓人，搞得人心惶惶。军阀的倒行逆施，激起了三团区人民群众的愤慨，并由此燃起了一场反抗军阀斗争的怒火。

第二节　南靖人民反抗封建军阀的斗争

一、南靖人民反抗封建军阀斗争的经过

军阀强行摊派的苛捐杂税，使南靖塔下、曲江、长教等地农民陷入绝境。受尽欺压的农民自发组织乡团武装，形成了一股势不可挡的反抗力量。

军阀张毅的士兵到长教后，疯狂地劫掠民财，也引起群众的仇视。青壮年纷纷潜住深山密林，他们三五成群，遇到抢东西的军阀士兵即予以迎头痛击。长教简续贤等人在南山用土枪向正在简生邑家中打死大猪的军阀士兵开枪，吓得军阀士兵丢下死猪拔腿逃命；简玉山带领青壮年在坎下村用土枪向正在池塘中捞鱼的军阀士兵射击，打伤了军阀士兵。东楼、店美联合两村青壮年集中土枪，在村口布防，当军阀部队一入“口袋”，土枪齐鸣，敌兵死伤数人。

同年 8 月 22 日，李柏舟带兵 300 余人，再次进犯长教。次日，从官洋笔仔尾沿河下至黄田，伺机包围正在黄田扎营训练的近 200 名长教民军。军阀士兵一进黄田村口，早有警惕的民军首领简及锋在永定抚溪民军首领张大成的支援下，带队伍抢先占领黄田狮山。就在军阀士兵迫近民军四五百米时，民军随着首领一声令下，冲锋枪、土枪、鸟枪一齐开火。受到突然袭击的军阀士兵四处逃窜，慌不

择路。至黄昏，军阀士兵死伤七八人，其余沿大墩山后败退龟缩至长教东大崇头山。翌日，塔下、曲江民军首领张庆三和张坤军组织民军300多人，持土枪、鸟枪、长矛、大刀、盾牌前来增援。许多侨属还拿出几十支洋枪和一批弹药支持民军。他们在长教西南部的石壁岭山上，向盘踞在大崇头山上的敌兵还击，以密集火力把敌兵打得人仰马翻，向山后溃散。勇敢善战的张大成在战斗中腿部中弹负伤，仍坚持指挥战斗，激励民军乘胜前进。这时，军阀官兵节节败退，沿途丢下一些尸体和呻吟的伤兵，星夜冲出重围，经天岭逃至船场，次日抵山城。

受到南靖民军打击、惨败而归的军阀张毅，三天后竟丧心病狂地将无辜被关押的塔下、汶水坑农民张卜三等18人杀害于山城。同时由旅长田宝銮派兵千余，气势汹汹地向南靖塔下、曲江、长教、下奎洋扑来。一路由姓冉的头目率五六百人从上峰村进入下奎洋，焚烧房屋，次日又洗劫长教；另一路由李柏舟带领五六百人，包围塔下，疯狂地打人抓人，滥杀无辜，抢劫财物，然后烧掉无数民房。8月30—31日，下奎洋、长教、塔下三乡的上空乌云翻滚，浓烟弥漫，遭到毁灭性的焚烧，被烧毁的大土楼49座，楼房、平屋、仓库、祖祠等计2560多间。军阀所到之处，见到能燃烧的民房等，便点上一把火。下奎洋小片楼，塔下裕德楼、万和楼，长教荣洄楼都是三四层大土楼，每座大土楼房屋都在百间以上，被火点燃后连烧三天三夜。塔下、长教许多侨属的楼房，成了一片废墟。三乡许多农民家破人亡，流离失所，部分离开故土，逃往南洋谋生。

南靖塔下、曲江、长教等地农民一次又一次的群众性自发斗争，都因为没有无产阶级政党的领导，最终遭到血腥镇压和杀戮。无数革命志士的鲜血，染红了九龙江畔的土地。“哪里有压迫，哪里就有反抗。”南靖大地的群众斗争，正期待着中国共产党的正确引导。

二、南靖民军配合北伐军攻打漳州

1926年7月1日，广东国民革命政府发表《北伐宣言》。10月10日，北伐军东路军占领了闽粤边界的大埔、永定。革命形势发展迅猛，如雷雨般波及南靖。与永定毗邻的南靖曲江，是南靖通往永定、大埔的必经之道，北伐军东路军政治部主任江董琴（中共代表）派干部郭醒民从大埔到曲江、长教、奎洋，宣传北伐的政治主张，号召群众支援北伐军，打倒军阀。由于打倒军阀等口号顺乎民心，所以，郭醒民所到之处倍受群众欢迎。长教民军首领简昌时、简及锋像对待亲人一样接郭醒民到自己的家中。随后，郭醒民在长教指导民军扩大队伍，还从大埔运来一批子弹，武装南靖民军。10 月下旬，活动在南靖水潮至山城一带的闽南民军游击队副司令张建德到船场月眉收编了张文旦部为南靖民军第一营。此时郭醒民在曲江召开南靖民军各路首领和社会贤达联席会议，张建德和张文旦也从船场赶来参加。会上研究如何配合北伐军攻打漳州。会后张建德收编了庄范卿部为南靖民军第二营，简昌时部为第三营。张文旦、庄范卿、简昌时分别任一、二、三营营长。曲江会议后，各营自筹武器和军费，以土枪、火药铳、鸟枪、大刀、长矛、盾牌等为武器，并发动群众报名参加民军，数天内，全县民军扩充到 800 余人。南靖民军的义举得到广大群众的支持，塔下和长教侨属自动献出了许多洋枪和子弹。

11 月初，一支由塔下、曲江、长教、下奎洋、船场等地组成的南靖民军途经船场、南坑，汇集于山城；简及锋另率一队约 100 人，取道梧宅，经龙山迂回浦南入漳州。驻山城的军阀营长，惊闻民军进入山城，速将一营兵力撤至靖城，临逃时，以“军饷未发”为由，强行向山城各商店“赊”走价值 4000 多块光洋的货物。民军进山城，军纪严明，秩序井然，并贴出“打倒张毅军阀，打倒列强，打倒劣绅”的大幅标语。居民、商人和各界人士皆大欢喜，纷纷宰猪煮饭犒劳民军。嗣后，民军队伍开往平和黄井、大田坑等地休整待命，随时准备攻打驻守漳州城内的军阀张毅。

11 月 6 日，张毅在漳州召开军事会议，决定放弃漳州。11 月 7 日晨，张毅率僚属离漳，下午 2 时全部撤离。3 时，闽南民军游击队司令林志民不鸣一枪，率数百人开进漳州。

11 月 8 日晨，南靖民军 800 多人跟随由 3 个营精选出的张桂芳、张土程、简福照、庄阿务等 48 名组成的敢死队为先锋，从蜈蚣山沿旧桥直捣张毅设在漳州道衙的司令部。8 日下午至晚上，北伐军东路军独立第四师张贞部及第十四师冯铁斐部陆续入城。北伐军和民军入城后军纪严明，秋毫无犯，很受市民欢迎。

南靖民军大部分来自西部山区，他们饱受张毅军阀的强权压迫，财物被抢光，如今张毅已被赶走，因而多数要求解甲归田，重建家园。东路军总指挥何应钦进城后，批准南靖民军的要求，支持回乡生产，于 11 月 20 日在漳州西教场召开欢送大会，发给南靖民军每人光洋 2 元、毛巾 1 条、镰刀 1 把；赠给匾额、锦旗各一面，匾额上写着“助我义师”4 个大字，署上“国民革命军东路军总指挥兼第一军军长何应钦赠”。其中，长教民军的一面匾额至今仍悬挂在长教简氏大宗祠中厅堂上。

南靖民军配合国民革命军东路军攻打漳州军阀张毅，是在东路军政治部派出的共产党人的参与领导下，把自发、分散的南靖农民武装组织到浩浩荡荡的北伐行列之中，一度成为大革命时期闽南革命运动的一支重要力量。

至此，南靖人民不仅挣脱了北洋军阀野蛮统治的枷锁，也为南靖革命斗争的发展提供了重要条件。

三、南靖妇女解放协会的组建与活动

南靖妇女解放协会是北伐军攻克漳州后成立的革命妇女组织，是第一次国共合作的产物。北伐战争的节节胜利，震醒了挣扎在生活最底层的南靖广大劳动妇女。

南靖是北伐军东路军攻克漳州的必经之路，受国民革命运动的影响较深，给南靖妇女革命解放运动提供了有利条件。

1926 年 11 月 7 日，北伐军东路军政治部的一支工作队进驻距漳州 30 多里的南靖县城靖城镇，受到群众的欢迎。国民党南靖县党部筹备处召集地方人士和群众 500 多人，在靖城文庙前召开欢迎大会。

会上，工作队蓝队长宣讲了北伐的意义；年轻的妇女干部廖韵音也上台演讲，阐述了“废除封建制度，实行男女平等”的政治主张；靖城小学17岁的女教师黄少范被公推为妇女代表，在会上呼吁“小女孩不能再裹足，已裹的要放开”“男女受教育要平等”等。她们的讲话，打动了遭受压迫的广大妇女的心弦，为南靖妇女解放协会的成立奠定了基础。

几天后，黄少范在靖城动员两位小学女教师韩慕英和李淑英参加妇女解放协会的筹建工作。韩、李仅用半个多月时间就发动了50多人参加妇女解放协会。11月26日，靖城镇文庙大门口召开群众大会，由廖韵音宣布成立南靖妇女解放协会。黄少范被推选为主任，韩慕英、李淑英被推选为委员，第一批会员有56人。

南靖妇女解放协会成立后，主要开展了以下几项活动：

第一，废除女子裹足的封建习俗。

第二，反对丈夫打骂老婆，招收女性入学。

南靖妇女解放协会召开各种形式和不同对象的会议，大声疾呼要实行男女平等，反对丈夫打骂老婆，主张女子要有接受文化教育的机会。南靖妇女解放协会还和国民党县党部共同制定了如下具体政令：

1.丈夫不准打骂老婆，屡教不改者，送交县党部究办惩处。

2.适龄女孩应上学读书，学校免费招收女生。

3.举办女子夜校，扫除妇女文盲。

政令一出，布告四贴，丈夫打骂老婆的现象果然减少。全日制小学招收了十几名女生，女子夜校也办起来了。这在当时，实属难能可贵的创举。

第三，反对虐待童养媳。

第四，呼吁取缔娼妓院。

1926年底，北伐军东路军撤出漳州。翌年1月，中共闽南特委在漳州成立。2月，中共闽南特委在漳州的省立第二师范学校举办“农工运动讲习所”，培养工农运动的骨干。黄少范作为妇运干部，被选送进“农工运动讲习所”学习。

蒋介石发动“四一二”反革命政变后，国民党右派在漳州、南靖、平和等地成立了“清党委员会”，改组了市、县党部，组织起“自治会”“民团”，到处捕杀共产党人，扼杀工农运动。霎时，白色恐怖笼罩闽南大地，革命形势急转直下。4月26日，南靖妇女解放协会被县“清党委员会”勒令解散。

南靖妇女解放协会从成立到被迫解散，时间虽然只有5个月，但所产生的影响是不可低估的。它较早地吹响了福建妇女革命运动的号角，在福建妇女运动史上留下了一段巾帼雄风。

第三节 宝林会议与南靖地方党组织的建立

一、中共漳州地方组织的建立

1925年1月，中国共产党为了加强对日益高涨的革命运动的领导，在上海召开了第四次全国代表大会。会议决定在全国范围内发展和建立中国共产党的组织，以适应革命发展的需要。

与此同时，1月26日，中国社会主义青年团也在上海召开第三次全国代表大会，动员全体团员贯彻党的四大决议，积极发展青年革命运动。

1925年6月中旬，在党的四大和团的三大制定的组织路线推动下，共青团广东区委候补委员蓝裕业受广东团区委的指派到厦门，发展了罗扬才、刘端生等人为共青团员，建立了闽南第一个团组织——厦门支部，选举李觉民为书记。在这个时期，季永绥（又名季康）在武汉高师毕业，并加入团组织。随后他被聘来漳州，在漳州省立二师发展了王占春、王德、陈进德、邱启明等加入共青团，建立共青团漳州支部，季永绥为书记。

闽南团组织建立以后，中共广东区委着手在闽南筹建党的组织。中共广东区委先后吸收罗明、罗扬才、李觉民、罗秋天等入党，随后派他们回闽南开展活动。毛泽东在广州主办第六届农民运动讲习所时，罗明受中共广东区委的指派，向闽西南各县招收学员。

1926年3月,罗明从集美学校录取了平和的朱积垒、诏安的黄昭明、龙岩的郭滴人、永定的胡永东等9人为广州农讲所学员。这些学员在广州学习期间,先后入党,后又被派回闽西南各县组建党组织。

1926年10月,中共广东区委派广州农讲所第6期毕业的共产党员朱积垒、黄昭明、李联星等,回到闽西南发展党的组织。朱积垒在平和上坪村塘背祠堂办起平民夜校,成立中共平和支部。黄昭明在诏安发展党员5名,成立中共诏安支部。李联星在漳浦发展党员8人,建立中共漳浦支部。

12月,中共党员翁振华、谢志坚受党的派遣,到漳州与季永绥取得联系。在他们的共同努力下,共青团漳州支部首批发展的团员均转为中共党员,建立中共漳州支部,书记翁振华。党员有王占春、邱启明等。

漳属各县迅速建立起来的党组织有力地领导了工农革命运动。在此情况下,中共广东区委决定建立统一领导闽西、闽南各地党组织的领导机构——中共闽南部委,并指定中共汕头地委书记罗明担任书记,中共闽南部委机关所在地设在漳州。

1927年1月,罗明在漳州主持召开中共闽南部委成立大会。中共闽南部(特)委直接隶属于中共广东区委。

中共闽南部委建立后,迅速在闽西南发展党的组织,其领导的漳州、厦门、泉州、龙岩各地党的组织有:1个市委、1个临委、1个特支、1个总支、30个支部。党员人数共有274名,其中漳州103名,厦门100名。中国共产党和共青团漳州地方组织的建立,使漳州近现代史册翻开新的一页,漳州成为福建最早建党、建团的地区之一。从此,漳州的工农革命运动有了坚强的领导核心。

二、中共闽南特委扩大会议在南靖宝林召开

北伐战争的胜利发展,工农运动的不断高涨,沉重地打击了中国反动派的统治,如火如荼的革命运动引起了国民党右派的恐慌。蒋介石为了实现其政治野心,于1927年4月12日发动了反革命政变。

1927年4月初,福建省国民党右派抢先行动,宣布全省戒严,通

令全省“清党”。福州、厦门、泉州相继发生反革命事变。之后，龙溪、长泰等县先后成立“清党委员会”。南靖也同样阴云密布，福建省国民党筹备处下令南靖成立县“清党委员会”，组织起“民团”等反革命组织。南靖的革命形势急转直下。南靖农民协会、妇女解放协会被迫解散，未收编的民军张建德部1000人占据南靖山城、平和小溪一带。

国民党右派发动反革命政变后，中共闽南特委及时采取应变措施，将主要力量转入各地农村，因此在白色恐怖下，不仅基本保存了其领导的闽南、闽西党组织，而且在农村发展壮大了革命力量。

1927年7月15日，武汉汪精卫国民政府叛变革命，蒋汪合流，大肆屠杀共产党员，第一次国内革命战争宣告失败。武汉“七一五”反革命政变后，中国共产党在各地的组织遭到破坏。中共中央十分关心闽南党的处境，指派陈明以福建省党务特派员的名义，和谢景德一起到漳州。他俩于8月初找到中共闽南特委书记罗明，由此恢复了特委与中共中央的联系。

与漳州毗邻的南靖县城西北郊的宝林村横山客栈，地处闽西、闽南接合部与九龙江西镇上游，水陆交通两便。水路有九龙江西溪漳州至水潮航道穿行其间；陆路除原有的汀漳古驿道外，新开辟的漳（州）龙（岩）公路也已从漳州修至宝林，汽车行程约一小时。该客店房屋充裕，有一座上、下各有三间的两层楼房，另外还有四间平房。客栈的东侧还有一露天温泉，过往商旅与挑担脚夫在此歇脚，常到温泉洗澡解乏。横山客栈由于交通便利，又安全僻静，吸引了不少南来北往的过路人来此投宿。罗明与陈明等人商议：在此召集会议，便于闽西南各地来的同志集中。中共闽南特委委员和下属各县党组织负责人大多接到会议通知，先后前往宝林村赴会。

8月中旬，中共闽南特委如期在南靖县宝林村（现丰田镇所辖）横山客栈举行了具有重大意义的特委扩大会议。

参加会议的有中共闽南特委成员以及漳州、厦门、泉州、龙岩、莆（田）仙（游）等地党组织的负责人罗明、罗秋天、邱泮林、李联星、许土淼、陈明、刘端生、陈祖康等17名代表。会上，陈明传达中共中

中共闽南特委扩大会议在丰田宝林横山客栈召开旧址

央的指示精神,要求做好策应南昌起义军入闽的工作。接着由罗明介绍中共闽南特委及下辖组织在“四一二”反革命政变后的工作情况以及闽西南各地工运、农运、学运的状况。随后,会议重点讨论中共闽南特委下一步的工作大纲和对付复杂政治环境的策略。经过热烈讨论,会议决定:特委除恢复、整顿、扩展支部组织外,应加紧训练宣传,积极组织农民协会及武装;在国民党内部秘密组织和扩大革命活动;收编散军、民团,并联络他们使之成为革命的同盟者。同时,根据以往对闽西南地区政治环境的观察与分析,“故对中央决定秋收暴动计划,在闽南的客观条件尚未具备”的情况下,“特委除将中央秋收暴动之意义及纲领策略特别宣传外,特别决定秋收减租及反抗烟苗捐二种运动,为闽南农民公开的斗争工具”。会议确定了以农民武装推动减租减息和反抗烟苗捐的斗争,并在条件成熟时举行武装暴动的方针,还具体研究了反抗烟苗捐的步骤和减租的策略,以争取民众,加强对农民运动的领导。会议号召闽西南各地党组织迅速恢复和加强党的工作,筹备党领导下的农民武装,为武装暴动做好准备。

会议选举和充实了中共闽南特委会。选举产生了以陈明为书记的新领导班子,即:书记陈明,组织委员李松林,宣传委员陈祖康,农委李联星,工委罗秋天,军委陈祖康(兼),民校陈明(兼),候补委员谢景德。同时成立共青团闽南特委会,书记刘端生,组织委员谢景德,宣传委员陈蛮。会议期间,特委获悉南昌起义部队正向赣南、闽西进军,决定原特委书记罗明等赶往上杭迎接起义军。9月,特委领导机构按党中央8月27日指示信,改称中共闽南临时委员会(简称闽南临委),书记罗明,隶属中共广东省委领导,下辖兴化、泉州、厦门、漳州、龙岩、汀州各属党组织。

中共闽南特委扩大会议,是闽南党组织在危难情势下召开的一次重要会议。这次会议成为闽南党史上的一个重要转折点。它关系到闽南党组织的命运,在关键时刻重新确立了闽南党的路线、方针和政策,并将工作重心由城市转向农村。这一战略转变,为此后开展土地革命战争创造了条件。这次会议,既为党在南靖开展土地革命和武装反抗国民党反动派做好了思想上和组织上的准备,也为党的八七会议精神在南靖的贯彻执行奠定了基础,具有重要的历史意义。

三、中共南靖特支的建立

中共闽南特委扩大会议后,中共闽南特委派出得力干部分赴闽西南各地,恢复和发展共产党组织。南靖地处闽西、闽南交接地带,联结闽、粤、赣三省的主要通道汀漳古驿道,由西北至东南贯通全境,战略地位尤为重要。为了加紧建立南靖地方党组织,中共闽南特委除指派王占春、卢克、王德、李金发等共产党员前往程溪发展党团组织外,还指示已打入国民党南靖县党部任清党委员会主任委员的邱启明(中共党员)要尽快打开工作局面。

邱启明,福建海澄县浮宫邱厝人,1924年考入漳州省立二师后,成为1927年初漳州首批中共党员之一。党组织利用他的老师谢臾秋时任国民党福建省"清党委员会"主任委员,又是龙溪县"清党委员会"主任委员张纯厚拜把兄弟的双重关系,让谢仰堂(罗明夫人谢小梅二哥、中共党员)给其叔谢臾秋写信,委派邱启明到南靖任

“清党委员会”主任委员。其时，与邱启明一起派往南靖的党政训练所学员还有谢兆明、江旭初、林景亮、吴玉树。由于国民党南靖县党部筹备处主任林维青在“四一二”反革命政变后被“清党”去职，所以邱启明他们 5 人作为省派出的筹备委员，继续在南靖组织国民党县党部筹备委员会。

按照中共闽南特委的部署，邱启明借着国民党“清党主任委员”“省派筹备委员”这些特殊的合法身份，着眼于从南靖国民党左派中秘密发展知识分子为中共党员。其时，国民党左派骨干林景亮则以筹委会宣传部部长的身份，致力于反帝反封建的宣传活动。他创办的《开步走》周刊，号召反对土豪劣绅，肃清贪官污吏，成为南靖民众的舆论中心。该刊虽然只出版数期就停刊了，但它在南靖传播新思想方面，却发挥了先导作用。

1927 年 10 月，南靖县国民党机关内部已有包括邱启明在内的中共党员 6 人，组建中共南靖特别支部(简称南靖特支)的时机已经成熟。于是，中共闽南特委派出负责在漳州、南靖一带发展党组织工作的刘乾初(1928 年 1 月任中共漳州县委书记)与王德到南靖县城(靖城)召开会议，正式成立南靖特支，并指定邱启明为特支负责人。此后，以邱启明为首的南靖特支，领导为数不多的中共党员，暗中与占多数的国民党右派进行顽强的较量。

中共南靖特别支部首任负责人邱启明

1927年10月，中共南靖特别支部成立旧址

1927年12月2—5日，中共福建各县负责同志联席会议在漳州召开。会议选举产生了以陈明（后罗明）为书记的中共福建临时省委，同时，省临委确定邱泮林分管漳州工作，南靖归其领导。

依照省临委指示，南靖特支适时把工作重点转移到农村，领导农民运动，开展反抓挑夫的斗争。1928年1月，国民党军队第十一军为军阀战争需要，从福建向广东移动，沿途相继抓去挑夫4000余人。兵移广东后，“因在东江无夫可拉，又来福建派夫2000名。挑夫之外，又有挑夫捐，种种压迫，真是无奇不至。因此民众忍无可忍，反抗情绪，达于极点”。南靖特支抓住这一时机，积极开展农运及反对贪官——县长李道宗的斗争，还领导农夫、农妇数千人开展反抗挑夫捐的斗争，组织群众到县政府请愿免派挑夫及挑夫捐。很多请愿群众十分勇敢，他们高呼“打倒新军阀”的口号，迫使第十一军减捐。

第四节　农民运动的开展

一、南靖农运骨干的培养

早在1926年11月，广州农讲所第6届学员、共产党员李联星（龙岩人），受中共广东区委派遣，到漳浦开展工农运动。他于1926年12月在漳浦县城创办一所农民运动讲习所，招收南靖、诏安、平和、漳浦等县学员10余人，在此学习革命理论等，学员们结业后返回原籍。由此，为南靖培养了第一批农运骨干。

1927年1月，中共闽南特委在漳州成立后，深感各地工农运动缺乏干部，迫切需要培养工农运动骨干，以推动国民革命运动发展。

2月，在国民党左派、漳属政治监察员陈卓凡的支持下，漳州农工运动讲习所在省立二师成立，由陈卓凡任所长，樊渊溥（中共党员）任副所长，罗明担任秘书长，教员绝大多数为共产党员。漳州农工运动讲习所依照广州农民运动讲习所的一套办法招生与讲学。来自漳属各县和闽西的先进青年有100多人。其中，南靖有妇女解放协会主任黄少范等5人被推荐前往参加学习。讲习所的主要教员由当时中共闽南特委领导担任。南靖学员与广大师生一起如饥似渴地学习马列主义，还积极参加革命运动。师生们走上街头演讲，演进步话剧，宣传反帝反封建的革命道理。

"四一二"反革命政变后，中共闽南特委提前结束了农工运动讲习所的学习，将学员疏散隐蔽到各县坚持地下斗争。疏散隐蔽到南靖坚持地下斗争的，除本县5名学员外，还有龙溪籍的王占春等学员。

漳州农工运动讲习所培养的这些骨干，为此后南靖土地革命运动的开展做了积极的准备。

二、程溪党组织与农民协会的建立

漳州是闽南的政治经济中心。南靖县程溪邻近漳州，因此，中共闽南特委于1927年1月成立后，即将农运工作的重点放在漳州南乡（含南靖靖城以南部分地区）和程溪，曾派王占春、王德、卢克等共产党员在程溪一带开展农运工作，并开始组织农民协会。但不久由于“四一二”反革命政变，工作人员不能立足，农会便趋于无形解散。

“四一二”反革命政变后，从漳州农工运动讲习所提前结业的学员王占春、卢克、王德等受中共闽南特委指派，隐蔽到程溪继续开展农运，并相机建立党团组织。1927年11月间，邱启明遵照闽南临委的指示，派洪心去程溪任党务特派员，以掩护王占春等人进行革命活动。洪心到程溪后，就委任王占春为程溪区各村农民协会的筹备员。这年冬天，王占春在南坑村开办了一间国民学校，既教学生文化知识，又向农民灌输革命道理。这时，先前由中共闽南特委安插在程溪工作的陈祖康也在此教私塾。于是，两人共同以教学为名，秘密从事革命活动。

此时，在南靖特支配合下，中共漳州县委的王占春、卢克、王德、李金发等一批共产党员在程溪一带已逐渐站稳了脚跟，工作很有成效。1928年1月，王占春根据程溪、南坑一带农民苦于国民党反动派鸦片捐的勒索，便以此入手发动数百名农民到漳州进行请愿斗争。请愿农民强烈要求减轻烟苗捐，国民党官吏见农民队伍声势浩大不敢推辞，答应将烟苗捐由2000元变为60元。请愿斗争取得胜利后，王占春随即着手发动组织南坑农民协会，发展会员23人，接着又将范围扩大到白云、后安等地。此时，南坑农会会员已发展到50余人，并推举许石降为农会主席。南坑农会还组织了一次反抗挑夫捐的斗争，取得胜利。由于农会能代表农民利益，于是程溪区农民纷纷要求组织农会。王占春等人因势利导，发动群众，与国民党征收捐税的委员做针锋相对的斗争。其中，反抗烟苗捐影响为最大，因为委员下乡收烟苗捐时，农民坚持反抗，结果烟苗捐无形取消。在很短的时间里，程溪区除了顶叶村外，南坑、白云、后安、寨仔脚等各村都先后成立了农民协会，并波及漳州南乡。至1928年2月，南乡“各乡之来要求组织农民协会者益多，会员约8000人，有农民支部1个，可以公开宣传土地革命、共产主义”。至1928年4月，程溪党团组织已发展到20余人，其中团员10余人，于是成立了中共程溪（党团混合）支部；在邻近12个乡建立了农民协会，会员有三四百户，建立了童子团、少年先锋队，并组织了二三十名的农民自卫军，由许孛门任队长，利用冬闲期在南坑集训。

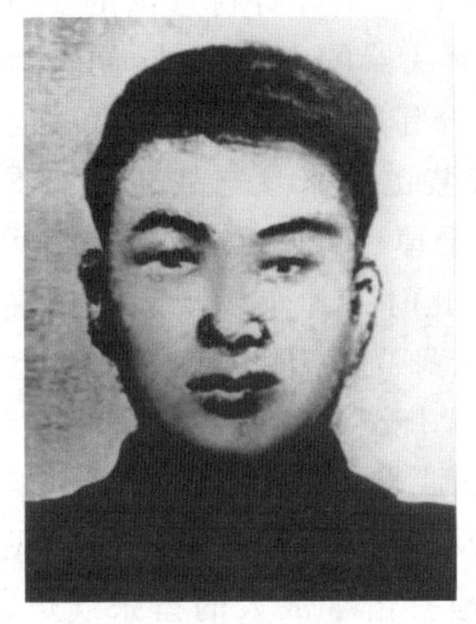

闽南红一支队长、闽南红三团首任政委王占春

程溪乡炮楼

注：1928年3月28日，共产党员王占春组织农民武装40多人袭击程溪乡公所，取得暴动胜利。

此后，中共程溪支部在王占春等人领导下，始终与工农大众一道，为推进工农革命运动进行不屈不挠的斗争。

1928年3月24日，为支援平和工农武装斗争，中共漳州县委派王占春到南靖程溪后安村，秘密召集附近各村农会会长开会，制订暴动方案，为武装斗争做好各项准备。

程溪地处龙溪、平和、漳浦、南靖四县交界处，是漳州平原南沿群山环抱的一个小盆地，周围方圆百里均为崇山峻岭，是个山区圩场，距离漳州仅30余里。在中共闽南特委扩大会后，闽南党组织曾在该乡及附近数乡组织农会，并领导农民反抗捐税，取得胜利，使每个农民少出 10 元捐税，农民对党组织和农会很信任。很快，农会组织发展到 12 个乡村，会员有三四百户，党团员也有 20 余人，并组织了二三十人的农军，同时也组织了童子团、少年先锋队。

程溪驻有国民党保安队数十人，平时征收捐税，欺压百姓，农民对保安队苛收捐税甚为仇恨，要求农会出面杀捐棍并缴保安队的枪。在平和暴动的影响下，当地农民反抗情绪高涨。为此，中共漳州县委即加紧宣传和组织工作，组建了农民武装。3 月 26 日凌晨，经过周密部署后，王占春带着南坑、后安、下叶等村选出的 100 多名农民，手持割笋刀、火药枪、土炸炮等武器的农民武装，向程溪进发举行暴动。农民武装到达程溪保安分驻所，由邹塘农民武装骨干王却车、叶五县带领的 30 多名农民武装也赶来参与战斗。两支队伍会合后，开始突袭行动，摸哨组很快干掉一名哨兵，另一名哨兵却喊起来，致使敌人发现，并开枪扫射。此时王却车发现敌人虽高踞楼上，但楼板却是杉木结构，于是他纵身高跳，闯进敌人驻所楼下大喊："搬来煤油、松柴，再不投降就放火烧楼！"在强大的心理攻势下，敌兵担心放火，无心恋战，纷纷放下武器，开门投降。此次暴动成功，收获不小，毙敌 2 人，缴枪多支及部分弹药，救出被捕农民林大钟，余敌仓皇逃向漳州。此举沉重地打击了敌人的嚣张气焰，农民的斗志受到了极大鼓舞。

第五节　"第三党"对南靖革命的负面影响

1928 年 4 月，正当南靖革命运动呈现生机勃勃的景象时，由于中共福建临时省委书记罗明赴莫斯科参加中共六大，因此，省委书记一职暂由省委执委、常委陈祖康代理。但是，陈祖康反对党的八七会议关于暴动和建立苏维埃政权的政策，主张用和平方式改良中国社会，鼓吹发展"平民革命"，组建非国民党也非共产党的组织，历史上谓之"第三党"。

陈祖康"第三党"的政治主张，在南靖党内也有一定的市场。1928 年 6 月 16 日，受不了敌人威胁利诱的陈祖康竟公然发表脱党宣言，投靠新军阀张贞，反对党的土地革命政策。

陈祖康叛变后，首先与张贞拉上关系，表示愿意为张贞所用。随后在张贞的允许下，他们在漳州开办银行，发行报刊（如《漳潮报》），蒙骗工农群众。因受陈祖康影响，任南靖特支负责人的邱启明也逐渐与共产党脱离关系，致使南靖特支无形解散，丧失了战斗力。

革命洪流犹如大浪淘沙，既筛选出了英雄本色王占春这样的真金，也淘汰了陈祖康等一堆沙砾。程溪暴动后，特别是陈祖康叛变后，王占春已无法在程溪立足，只得转移到上坪、人家、坑口、洋尾溪、奎坑、石门仔、官园、中西、山顶等地工作，继续秘密组织农会和农军，开展抗租抗税，但对南坑、后安一带的工作仍旧保持着联系。这一时期，敌人利用当地的土豪劣绅组织情报网，发现线索就立即跟踪追击。他们常到南坑、后安等村抓人、抢东西，时而驻扎几天，时而抢掠一阵就走。反动派实施残酷的摧残手段，扰得当地群众不得安宁，致使田地大片荒芜。尽管这样，广大人民群众并没被吓倒，反而更加坚强，对国民党反动派更加憎恨。

第二章　革命根据地的创立及其艰难斗争

党的八七会议后，南靖人民在党的领导下，高举土地革命的旗帜，建立工农武装和革命根据地，同国民党反动派展开针锋相对的斗争。1928年3月8日，中共平和县临委率领工农武装举行暴动，攻占县城，打响了福建人民武装反抗国民党反动统治的第一枪。同时，党在漳州城郊建立工农游击队，打土豪抗捐税，在（南）靖、（平）和、（漳）浦边区点燃土地革命的烈火，特别是1932年4月20日，毛泽东率领中央苏区红军一举攻克漳州，给漳州及南靖革命以深远影响。中央苏区红军帮助漳州党组织建立闽南工农革命委员会和红军闽南独立第三团，促进漳州及南靖革命根据地的巩固和发展。中央红军长征后，南靖人民在党的领导下，坚持了三年游击战争，把革命斗争推向兴盛阶段。1938年2月，闽南红军游击队改编为新四军，开赴苏皖抗日前线。而留在漳州及南靖各地的党组织，高举抗日旗帜，积极组织民众，广泛开展抗日救亡运动和反顽斗争，终于迎来抗日战争的胜利。在解放战争中，党领导革命武装猛烈开展游击战争，于1949年9月与解放大军胜利会师，最终解放了漳州全境。

第一节　靖和浦红色区域的创建

1928年10月，中共福建省委发出了“大规模的武装暂时没有组织的必要和可能，但要注意零星小队的组织和训练”的指示。按照省委部署，中共漳州县委即在靖城近邻的漳州南北乡广泛开展活动。至1929年初，北乡农民运动发展迅猛，各村普遍建起了农民协会，会员发展到数千人。在此基础上，中共漳州县委建立了北乡区委，并组织了一支拥有9支枪的北乡游击队。同时，王占春在南乡也巩固了原有的党组织和农会，建立了一支有10余人的游击队，并时常活动于漳州城郊，打土豪，杀捐棍，由此扩大了队伍，加强了武器装备。

1930年12月，中共福建省委派陶铸等人到漳州重建中共闽南特委，指定陶铸为书记，特委机关设于南山寺德星堂内。中共闽南特委重建后，加强武装斗争的领导与发展工作。这时，虽然漳州南北乡都展开了武装斗争，并建立了游击队，但为了打开工作局面，12月13日，中共闽南特委召集南北乡两支游击队的骨干在南乡开会，正式成立工农红军闽南游击队第一支队（简称红一支队），支队长王占春，政委李金发，陶铸代表特委随军行动，全队共20多人。同时，特委在红一支队中建立党团特别支部，有党员9人，团员5人。红一支队的建立，使闽南工农武装由分散的小组织向集中的、统一的红军队伍转化，成为党直接指挥下的一支地方红军。

红一支队成立后，即投入开展武装斗争，准备成立漳属苏维埃的工作。游击队活动范围不断扩大，时常出没于龙溪、漳浦、平和、南靖等县边境各地乡村，至1931年初，在南靖已开辟建立了沥水、洋尾溪等乡村游击队的基点。是年五六月间，王占春率领游击队20余人前往程溪恢复工作，住在南坑村后的酒运山上。当地贫苦农民闻讯，悄悄上山投奔王占春，参加游击队。7月间，王占春率领游击队与当地群众百余人，在径仔埔截击前往南坑收捐税的反动民团陈唇部，击毙团丁2名。红一支队的武装游击活动，扩大了党的影响，凡是游击队活动过的乡村，群众都普遍提高了对革命的认识。红一支队在斗争中成长壮大，由原来的20多人发展到百余人。

红一支队转战靖和浦边界，虽然在开展武装斗争中取得很大成绩，但也疲于摆脱张贞部队的穷追堵截，因此，游击区域处于得而复失状态。这种状况使中共闽南特委意识到建立革命根据地的重要性。早在1931年4月25日，在中共闽南特委领导下，中共漳州县委曾召开常委第三次会议，提出了“游击区域目前当然要注意小山城赤色区域的建立”，还要“努力去建立西北乡及南靖一带的工作，使这一带变成斗争的区域，一面包围漳城，一面与闽西取得更切近的联系”。

1931 年 8 月 9 日，为了有利于游击战争的发展，中共闽南特委将红一支队改称为“闽南红军游击队”，设司令部，帮助组织农会，领导群众反抗地主豪绅的剥削和压迫。同时，闽南红军游击队公开进行宣传，发传单，砍电线杆，破坏公路，打击张贞的反动统治，以实际行动支援闽西苏区的革命斗争。

闽南红军游击队集中对敌人实行有计划的骚动。他们奔袭的第一个目标，就是国民党南靖县政府驻扎在山前的警备第四队。该队队长林石滨，是山前一带本地人，有根深蒂固的反动基础。这支由土匪改编成的反动军队平时在山前一带欺压群众，无恶不作，群众恨之入骨。这次奔袭，当场击毙林石滨，并缴获数支长短枪。闽南红军游击队的正义行动，得到山前周边数十里地区群众的拥护和支持，震动了全漳属。9 月 25 日晚，王占春率领游击队员 13 人到白云，秘密召集 4 个贫雇农开会，发动他们抗捐抗税，迫使国民党政府人员不敢前往收捐税。接着，在群众的迫切要求下，王占春又率领游击队员到龙溪圩抓土豪，而后袭击小山城，出其不意地击毙了土劣吴补鼎。此后，漳浦的小山城、龙岭及南靖大坪、中西一带成为赤色区域。

1931 年 12 月，陶铸调任厦门中心市委组织部部长，中心市委另派巡视员邓子恢接替陶铸工作，担任中共闽南特委书记。邓子恢认为必须建立革命根据地。于是，特委决定将闽南红军游击队分成三路行动：一路到山前和小山城，一路到海澄、石码、南乡一带，另一路到北乡、西乡、南靖一带，发动群众，建立农村革命根据地。邓子恢在对闽南农村进行深入调查研究的基础上，指出目前在漳州党的中心任务是“创造赤色游击区域，应以漳浦属之(小)山城、龙岭；南靖属之龙溪(圩)一带范围”，通过对小山城的情况进行分析，邓子恢首先选择了小山城作为革命的落脚点。其时，中共闽南特委还派张子同、高松到南靖属之洋尾溪、奎坑、石门仔、山顶、人家等地加强领导工作，建立赤卫队。赤卫队参加者有100余人，队长许克市，交通员黄连同。

1932年2月间，邓子恢、李金发、王占春等在小山城领导农民抗捐、抗税、抗租，使武装斗争向纵深发展，接着又发动群众组织农会。邓子恢等人根据群众减租和米粮平粜的要求，发动群众禁止米粮出口，规定公平粮价，从而扩大政治影响。农民群众看到革命给他们带来好处，满腔热忱投身革命。中共闽南特委为创建靖和浦革命根据地的尝试，在小山城取得了成功。受其影响，与之毗邻的南靖大坪、洋尾溪、奎坑、石门仔、山顶、人家等村也开始秘密组织农民协会。4月11日拂晓，敌人纠集一个连与民团总计两千余兵力向小山城进攻，还强迫附近的南靖龙溪圩农民去抢东西。为此，不明真相的小山城群众对龙溪圩农民心存怨恨。中共闽南特委努力化解矛盾，向小山城群众宣传："这不能怪龙溪圩农民，只能怪强迫他们来的国民党反动派。"随后，中共闽南特委派人前往龙溪圩组织起秘密农会。4月中旬，龙溪圩地主担心农民也像小山城一样搞粮食平粜，暗中准备将粮食运走。中共闽南特委获悉此情，即发动农会团结当地三点会商议对策，迅速制止船家起运粮食。随后，农会就带领一帮人涌进地主家中说理："本村的农民没粮吃，你的粮应卖给本村农民吃。大家又不抢你的粮，何必运走？"地主惧怕农民人多势众，不敢把粮运走，只好从船上将粮卸下，搬回村中。接着，龙溪圩农会又发动群众向地主"按人口平均借粮，后还钱"。这种实为分粮的斗争取得了胜利，群情十分振奋。

经过抗捐减租、禁运粮食出口、平粜分粮等革命斗争，漳浦小山城和南靖龙溪圩、中西、大坪、奎坑、洋尾溪、石门仔、山顶、人家及附近村庄的农民，成立了一支200多人的武装赤卫队。这时，靖和浦边区已从限制米价、借谷、限债斗争，转入分谷、烧契约、分田地，实行土地革命的斗争。闽南武装斗争获得新的发展，开始实现在一定范围内的武装割据，并形成了以小山城、车本、龙岭为中心的较为稳固的（南）靖（平）和（漳）浦根据地。至红军东路军进漳前，根据地已粗具规模;东南至漳州南乡、北乡,包括南靖的程溪、洋尾溪、大田坑、小田坑、白云等地;西南与云霄县交接,西北与闽西毗邻,纵横达100多平方公里。

第二节　中央红军攻克漳州及对南靖的影响

1932年4月1日,由苏区中央局和红军东路军领导,在长汀召开会议,明确提出红军东征漳州的指导思想,部署战前准备工作。4月10日,东征战役打响,红军攻占了龙岩城,随即向漳州方向的南靖县挺进。4月19日,红军向南靖县、漳州发起总攻。是役,红军取得了重大胜利,战果辉煌。歼灭国民党军四十九师4个团,毙敌二九三团团长陈启芳等多名,俘敌一四六旅副旅长魏振南、二九二团副团长谢玉成以下官兵1647人,缴获步枪2331支、机枪9挺、山炮2门、迫击炮2门、平射炮2门、飞机2架、电话机10架及大量弹药。中央苏区红军攻克漳州,对于巩固闽西苏区,开展闽南的游击战争,支援东江根据地人民的斗争,都起了重大作用,同时为中央苏区第四次反"围剿"做好了充分的物资准备。

4月20日,红军举行隆重的入城典礼,受到漳州人民的热烈欢迎。同日,闽南地方党组织领导人蔡协民、邓子恢等进入漳州,与红军接上关系,并在芝山寻源中学与毛泽东、罗明等亲切会面。

4月22日,毛泽东又向红三军、红四军等连以上干部做了《关于目前政治形势及第二次行动问题》的报告。确定红四军一部分留驻漳州,一部分开赴石码、海澄、长泰一带,帮助地方党组织建立红色政权,进行筹款工作,发动青年参加红军。

红军驻漳期间,采取多种形式广泛进行了抗日宣传,开展了筹款筹物的工作,并扩大了红军。在漳州人民的支持下,红军筹集了100多万光洋,并筹集了大批粮食、食盐、药品、布匹、鞋子等物资,这些财物由漳州汽车工人支前运输队如数运往中央苏区。红军在漳州扩军1500多人,其中李子芳、苏静、苏精诚、李兆炳等900多人参加中央红军，另外600多人参加刚组建的闽南红三团。

5月28日，中央红军为了执行新的任务，主动撤出漳州，回师闽西、赣南苏区。

第三节　红十五军分兵南靖巩固革命根据地

1932年4月20日，红军胜利进占漳州；21日，毛泽东制定分兵发动群众的第二次行动计划，总部要求红军指战员向群众宣传，扩大红军的政治影响，并准备随时打击入闽粤敌。

根据总部指示，红十五军分兵南靖到天宝一线，设军部于靖城。其司令部和政治部分设在孔子庙和城隍庙。4月22日，军长黄仲岳、政委左权在靖城召开会议，决定军部所辖三个师沿荆江流域分布：四十三师驻龙山一带，四十四师驻靖城一带，四十五师驻山城一带。随后，各师陆续开往指定地点开展工作。四十三师（师长李青云、政委高自立）设师部于龙山基督教堂，分兵龙山、金山、和溪、宝林；四十四师（师长苏进、政委刘英）设师部于靖城，与军部为邻，分兵靖城、天宝；四十五师（师长寻淮洲、政委张际春）设师部于山城商会（今县邮电宾馆所在地），分兵山城、南坑、船场与平和小溪。

由于国民党反动派的严密封锁和歪曲宣传，红军刚到南靖时，群众对红军的顾虑仍不少。地主豪绅逃跑了，一些农民也跟着躲进山里，人心浮动。为了把共产党的主张、红军的性质传遍南靖，红军自4月14日进入南靖境内，就沿途书写了大量墙标。

南靖乡村分布零散，交通极其不便，如和溪的都美云水坑、乐土村，南坑的下圩村等都是极偏僻的村落。但是红军指战员深入至南靖各地农村，广泛组织农会，开展打土豪、开粮仓、救济贫苦民众的斗争。他们最普遍的宣传方式是写标语、教唱歌谣。如在人口集中的靖城、山城、和溪、金山、龙山等地，红军书写大标语，张贴安民告示，团结教育群众，劝告国民党士兵弃暗投明。当年书写于山城、靖城、宝林、龙山、南坑等地的“农民起来实行土地革命”“南靖劳苦大众一致团结起来”等墙标，都符合人民的愿望，又对唤醒南靖大众起着振聋发聩的作用。至今，山城（今为南靖县城）大庙口附近墙上还完整地保留着一首长达 384 字的《告白军士兵歌》。

1934 年，红十五军四十三师在龙山镇龙山旧圩书写的墙标：“扩大红军”

红十五军卓有成效的宣传工作，有力促进了红军在南靖建立革命根据地工作的开展。

1934 年，红十五军在南靖丰田凤安陈氏宗祠书写墙标：“农民起来实行土地革命”

红十五军对造谣惑众、为害百姓的反动民团、土豪劣绅则予以无情打击。如四十四师获悉靖城土豪、民团长王活水欺压草前村群众，便立即派一个连队奔袭其盘踞在大房村炮楼内的反动民团。得知径口村土豪林晋原、林晋忠兄弟在乡间为非作歹，四十四师又派出一个连前往该村收拾了林氏兄弟的反动武装。5月16日，驻山城的四十五师奉令撤回靖城军部，南坑民团长张河山及逃窜到山城的金山民团长吴启昌认为有机可乘，即纠集乌合之众疯狂反扑，将100多名无辜群众关押在山城商会进行吊打。四十五师获悉，即于5月23日兵分三路从沥水、下碑、北隙岭回师山城，合击张、吴"还乡团"。吴启昌被当场击毙，张河山险些被擒，其余团丁四处逃窜，100多名群众被解救。红军的革命行动，鼓舞了人民群众的革命斗志。

红十五军在南靖的筹款工作是在有秩序的情况下进行的。红军在筹款工作中，注重调查研究，区别对待，严格执行党的政策。如四十五师在山城成立了以商业界为主体的捐款小组，捐款小组由鸿美布店谢阿宏等5人组成。在谢阿宏的带动下，各商店采用自报公议的办法，如金合成店捐款500元，天瑞号捐款4000元。对少数恶霸地主、奸商、高利贷者公布其罪状，没收浮财。如山城奸商猪仔浪（韩浪）靠放重债发财，红军到他家募捐时，猪仔浪逃之夭夭，却让老婆假扮成衣衫褴褛的"用人"。起初，这女人对红军采取一问三不知的态度进行搪塞。当群众揭发她是猪仔浪的老婆后，这女人见抵赖不过，只得从鞋里掏出金条，供认了埋藏在地下盛着近万元的钱柜。红军便没收了她的全部浮财。

由于能区别对待，严格执行党的政策，红军在南靖不到一个月的时间里，筹款就达16万元，约占整个漳州地区筹款总额的1/6。单山城地区的筹款就有8万元，仅四十四师某团副团长周化民带领的一支队伍在草坂村就筹款近万元。红十五军指战员注重深入群众，发动青年参军，并分别在靖城、山城、龙山、和溪等地设立了招兵站，作为新兵入伍报名处。设置于龙山的新兵报名处，在短短的一个多月时间里，南靖各地相继入伍的青年就有200多名，占漳州地区参军人数的1/5。

第四节　保家卫国的抗日救亡

1935年冬，日本帝国主义继侵占东北三省之后企图并吞华北五省，并且兵不血刃地盘踞了冀察两省。空前严重的民族危机，激发了全国人民的抗日热忱，抗日救亡运动风起云涌。

1935年12月，中共闽粤边特委确定了“开展反日统一战线与创造反蒋统一战线而斗争”的指导方针。随着“抗日反蒋”方针的确定，中共靖和浦县委和红军游击队在领导广大群众粉碎国民党军队的“清剿”时，广泛地武装群众，普遍地组织抗日义勇军和农民自卫军。

1936年6月，红三团改编为“中国人民红军抗日第三支队”（简称红抗三支队），下辖3个中队，计350多人枪。支队长张长水，政委何鸣。1936年7月，漳州人民抗日义勇军总指挥部在平和邦寮成立，何浚任总指挥。原中共靖和浦县委领导下的抗日义勇军合并到漳州人民抗日义勇军总指挥部。指挥部下辖3个大队。其中，第二大队常在南靖、海澄、浦东等交界地区活动，有70多人。

在中共靖和浦县委领导下，靖和浦游击根据地群众、抗日义勇军奋起抗击国民党军队。抗日反蒋斗争的深入开展，不仅为靖和浦游击区反“清剿”斗争取得胜利提供了保障，而且为游击战争的发展产生了积极的影响。

1935年12月底，闽西南军政委通过上海的联络站与党中央取得了联系，获悉党中央关于开展抗日讨蒋统一战线的指示，便于1936年1月1日在上杭召开会议，决定将闽西南的红军游击队改称为“中国工农红军闽西南抗日讨蒋军”，将原闽西南的四个作战分区调整为三个游击作战分区，把红军游击队整编为一、三、五、七支队（以后又增加二、四支队）。龙岩、岩南漳、岩永靖、永和靖地区为第三分区，司令员邱金声，政治委员伍洪祥。

为了在组织上充实和加强抗日反蒋统一战线的领导，在南靖与

1936 年中国工农红军闽西南抗日讨蒋军书写在南靖县船场赤坑庄氏祠堂的《告赤坑全体工农群众公开信》

龙岩、漳平及南靖与永定、平和交界处分别成立岩南漳、永东县军政委员会。岩南漳县军政委员会于 1936 年 2 月 16 日成立，主席魏金水。下辖龙岩东部之内山前、南靖之和溪、漳平之东河等 10 个区。永东县军政委员会于 3 月 1 日在永定湖坑黄泥坪成立，主席阮文松。此时书洋上版寮、下版寮、五更寮一带均归永东县管辖。

在军事上，各地党组织发动青年参加游击队，增强抗日反蒋的武装力量。3 月下旬，永东地区的红军游击队整编为中国工农红军闽西南抗日讨蒋军第四支队（红四支队），支队长阮文松，政治部主任王直。下辖 3 个大队，全支队有 300 余人。6 月 28 日，永东县军政委召开全体会议，决定将永东县军政委改为永和靖县军政委，促进了游击战争的发展。

1936 年 12 月 12 日，爆发了震惊中外的西安事变。西安事变的发生，使得国共两党实行第二次合作成为不可抗拒的趋势。国共合作、团结抗日的浪潮席卷全国。

1937 年春节前后，与党中央失去联系近两年半的闽粤边特委，终于与中共南方临时工作委员会（简称南委）接上关系。3 月 5 日，南委向闽粤边特委发出指示信，要求特委改变正在使用的某些抗日口号。如将“打倒蒋介石”的口号改为“要求蒋介石督师抗日”，提出“红军粤军联合起来，一致抗日”。南委的指示信，为闽粤边特委与国民党驻军合作抗日的谈判做了方向性的指导。6 月中旬，何鸣、卢叨作为闽粤边特委和红军的全权代表，前往漳州，与第一五七师代表师参谋长张光前举行谈判。

1937 年 6 月 26 日，根据中共中央指示精神，何鸣代表闽粤边特委同第一五七师代表陈浚（团长）在漳州正式签订了合作抗日的政治协定，标志着闽南抗日民族统一战线的初步形成。

闽西南军政委收到闽粤边特委转来的南委于 1937 年 3 月 5 日指示信，来信要求南方党组织与红军游击队“同国民党军队进行协作谈判”。4 月 25 日，闽西南军政委在南靖科岭下斜村（后山林中，地名大湖堀）紧急召开常委扩大会议。会议由张鼎丞主持，会议做出了“在闽西南开展和平运动，以推动国民党抗战，迎接全国的抗日高潮”的决定。科岭会议，是闽西南的革命斗争由“抗日反蒋”走上“联蒋抗日”的重大转折。

在闽西南军政委的部署下，南靖各边界党组织和红军游击队展开一个声势浩大的争取和平运动，赢得了各界群众的广泛支持。

岩南漳县军政委主席魏金水与粤军第四六九旅驻适中的营长吴琪首先接触谈判，达成了停火协议，为推进高层谈判创造了气氛。闽西南军政委在确定了谈判的条件后，先后派谢育才、邓子恢为代表与粤军正式谈判，自 6 月 15 日开始，直至 7 月 29 日双方才达成协议，商定红军游击队于 8 月 13 日集中在平和芦溪点编。

为了适应全国抗日形势，1937 年 10 月，中共闽粤边省委在龙岩白沙成立。随着闽西南军政委的撤销，省委调整合并了县级的领导机构，重新建立了县委。撤销岩永靖、永和靖两个县军政委，以加强永定、永和靖两个县委，永和靖县委书记为萧振忠。岩永靖只建立区委，归永和靖县委领导。同时，留下工作团高德胜、游和顺等 13 位同志在科岭建立交通站，积极开展革命活动。

1937 年 10 月 2 日，中共中央就南方八省红军游击队改编为国民革命军新编第四军问题，同国民党政府达成了协议。10月初，为顾全联合抗日的大局，坚持在靖和浦游击根据地的红三团与坚持在岩南漳、岩永靖、永和靖各游击根据地的红八团、红九团撤离根据地，分别集中到平和芦溪和龙岩白沙点编，准备开赴皖南抗日前线。

1938年2月27日，新四军第二支队在白土整编。由和溪、科岭、版寮等地参加红军游击队的南靖子弟被编入第三团，由程溪、靖城等地参加红军游击队的南靖子弟被编入第四团。新四军第二支队整编完毕，举行了盛大的北上抗日誓师大会。3月1日，南靖人民的优秀儿女终于实现了开赴抗日前线的夙愿。他们随同二支队全体将士，在张鼎丞、邓子恢、谭震林率领下，从龙岩白土整装出发，离开家乡，浩浩荡荡开赴苏皖抗日前线。

1937年卢沟桥事变爆发后，全国民众抗日情绪高涨，南靖城乡抗日救亡群体纷纷成立，抗日救亡运动广泛开展。7月，中共闽粤边特委在漳州恢复成立中共漳州工委。嗣后，中共漳州工委派党员、芗潮剧社负责人柯联魁到南靖发展党组织。柯联魁利用山城中心小学教师身份与同校的党员教师郭若萍、郭章穆、林子青等在山城建立了党支部。中共山城支部隶属于中共漳州工委。

柯联魁和山城支部坚定执行党的抗日民族统一战线政策，采用灵活的革命策略与顽固势力进行斗争，不仅完全掌握了抗日救亡宣传工作领导权，而且联合了山城地区的进步群众团体及爱国开明人士，利用国耻大会、全面抗战纪念宣传大会、精神总动员宣传大会等，开展抗日宣传和募捐、慰劳等活动，使山城成为抗日救亡运动的重要阵地。

在山城，柯联魁和山城支部开展了一系列卓有成效的抗日宣传活动，主要有：

创办南靖抗敌剧团。先后公演了《汉奸的子孙》《放下你的鞭子》等剧目揭露日寇的凶残和汉奸的无耻。组织歌咏队，上街演唱和教唱《打杀汉奸》《统一战线》等抗日救亡歌曲。

组织宣传工作队。仅几个月时间，抗敌后援会山城支会就拥有

7个宣传工作队、60名队员。这些宣传队员上街演出小型话剧，教唱抗日歌曲，报告时事和前方战况。宣传工作队还经常绘制抗敌标语、漫画挂贴在各乡村的交通要道。

1940年春，厦门大同中学内迁南靖山城，聘请进步教师任教。师生经常利用课余时间在繁华地带书写抗日标语，在集市高唱抗日歌曲，在广场演出抗战话剧《悔罪男》《有钱出钱》，取得很好的效果。大同中学师生还利用假期到南靖县内船场、南坑、奎洋、梧宅、龙山等地巡回演出皮影戏《抗日英雄小白龙》，齐唱《开路先锋》《大路歌》等歌曲进行抗日宣传，赢得了各界群众的赞扬。

第五节　历时三载的树海革命根据地

1945年8月抗日战争结束后，蒋介石于1946年6月向解放区发起全面进攻，国民党福建省保安团步步进逼"围剿"革命根据地。

1947年1月，内战乌云密布，闽南革命斗争环境险恶，整个闽南的革命力量仅剩下110人左右。中共闽南地委决定组织地委机关人员由云霄乌山转移南靖树海，在新根据地发动群众，保存力量，待机而动。

树海位于博平岭山脉南坡，跨越南坑、船场、书洋、梅林4个乡镇，贯穿几十个行政村和树海采育场，沟通南靖与平和、永定县毗连的部分山区，方圆数百里。境内群山连绵，森林万顷，有如波涛澎湃的海洋，因此得名"树海"，是开展游击战争的理想场所。

1947年1月，在象溪陈公雅山上，宣告成立中共树海支部。成立后的树海党支部担负起发展工团人员、工团武装、接头户和筹备军粮、侦察敌情等繁重任务。至南靖解放前夕，相继建立了下山、雁竹、平和、象溪、南坑、船场、奎洋、书教、梅江工团和漳码地下工作团组织，发展工团人员160余名，拥有枪支100多支、子弹3000余发，为开辟、巩固树海游击根据地奠定了基础。树海党支部和工团还在树海密林深处建立武器修配所、伤病员护理所、物资供应所和保护

南靖县南坑镇树海一隅

干部战士家属的后方等后勤单位，储备军粮200余石，积极策应闽南各地武装斗争的开展。

中共闽南地委机关驻地——南坑镇大岭村白咏自然村

注：1948年10月，闽南地委迁驻南靖树海。

中共闽南地委机关挺进树海后不久，国民党省保安二团及地方反动武装联合大举进犯游击区，残酷摧残革命基点村和老区群众，树海游击根据地陷入腥风血雨的艰难岁月。

1948 年春，为加强树海地区的武装斗争，相机消灭地方反动武装，闽南支队三连、七连及平和黄虎文独立大队转战树海后，打响了拔除树海根据地前沿小山城敌据点的战斗，一举攻下自卫队的炮楼，解除 30 多名反动武装，击毙自卫队长赖林放夫妇。继而镇压了虎伯寮、腊石脚、南坑仔、往厝旗等村的反动保长，没收了大旗尾土豪的财产，分给当地群众，在树海地区敲响了国民党反动政权的丧钟，扫清了巩固树海根据地的障碍。

1948 年 11 月，地委在北坑召开树海党支部和工团主任会议，确定对敌采取"进攻重点，争取一般，分化瓦解"的战略战术，有的放矢地袭击新罗自卫队和攻打南坑圩，彻底摧毁了县联防队副总指挥曾捷元在家乡的老窝，逼使国民党船南乡反动乡长张文藻不敢回乡。这期间，村雅自卫队长刘文知慑于闽南支队的威力，弃暗投明，率 70 余名自卫队员投奔树海工团。此后，树海根据地扩展到大岭、象溪、北坑、小山城、新罗、高港、村雅和船南部分自然村，并连成一片。

1949 年春，在辽沈等三大战役取得胜利的鼓舞下，中共闽南地委再度组织地委机关、无线电台和《前哨报》社等工作人员，进驻树海大岭脚白咏，把前沿指挥中心移至南靖树海，以便就近指挥部队控制漳龙公路，更好地领导闽南革命斗争。

1949 年 1 月 27 日，闽南支队七连解除了清溪保、双溪保、枫树坪保、赤奎保的联防队武装，镇压了为虎作伥的店美民团长庄子东，仅用两个多月时间便开辟了奎洋新区，还发动青壮年参军参战，七连兵员扩充至 200 多人。在此基础上，还组建了闽南支队第八连，活动地区又扩大到梧宅、金山、和溪等地。

1949 年 6 月初，闽西南联合司令部宣告成立。6 月中旬，闽粤赣边纵第八支队整编为十九团、二十一团、二十三团和安溪第四团。粤东十三团同时划归第八支队指挥。

1949 年 9 月，二十一团、粤东十三团从树海出发，在闽西南联合司令部指挥下,配合第七支队解放龙岩县城后,挥师南下,解放南靖的和溪、金山、龙山等地。9 月 21 日,二十一团回师南靖。傍晚,中共闽南地委机关、永和靖县工委等也从树海进入山城。9 月 22 日,南靖全境宣告解放。作为闽南革命根据地的树海,从此胜利地完成了它的历史使命。

第三章 苏维埃政权的建立和土地革命

随着漳州各个边区武装斗争的深入开展，闽南党组织注意发动群众，建立工农政权，维护工农利益。1929年，福建省第一个县级红色政权平和县革命委员会在平和长乐张坑成立，饶和埔县苏维埃政权在大埔县大产泮村成立。1932年，饶和埔诏县苏维埃政府成立。1934年3月，靖和浦边区苏维埃政府成立；7月，靖北区苏维埃政府成立。1936年2月，岩南漳县军政委员会成立；6月，永和靖县军政委员会成立。在土地革命战争时期，南靖建有乡级苏维埃政府(含革命委员会)。随着红色政权的广泛建立，各革命根据地开展了轰轰烈烈的土地革命，组织群众开展大规模的分田分地运动，农民第一次实现"耕者有其田"的愿望。没有分田分地的地方，也普遍开展抗租、抗税、抗捐、抗债和分米的斗争，使广大苏区农民群众在斗争中得到实惠，更加拥护共产党的领导。

第一节 南靖东北边界苏维埃政权的建立

1929年3—6月，红军第四军在党代表毛泽东、军长朱德、政治部主任陈毅亲率下两度进入闽西，攻占长汀、龙岩城，连克永定，上杭白砂、旧县和连城新泉，纵横驰骋在汀江以东的广大地区。土地革命的浪潮波及龙岩、永定、上杭、长汀、连城五县，打开了闽西革命斗争的新局面，促进了以上杭古田，龙岩大池、小池为中心区域的闽西革命根据地的形成，同时也对与闽西接壤的南靖震动很大。其时，中共福建省委即指示闽西特委："龙岩、永定两县要调出二十个以上的干部，立即派到南靖，由永定到山城，龙岩到漳州之重要地区如山城、和溪、水头（潮）、金（山）、龙山一带来工作。"为此，南靖与闽西交界的边缘地区成为闽西革命根据地的组成部分。此后，南靖和溪、仙岭、水潮、山城、靖城等地均有闽西党组织派人前来活动。1929年7月间，共产党人谢光辉从龙岩适中进入奎洋乡仙岭村，以当地的武术馆为阵地，向群众宣传革命。8月，仙岭村苏维埃政府在该村宗祠"丹桂堂"成立，主席尤元炮、副主席尤玉树。一支以武术馆成员为主体的闽南游击大队仙岭中队应运而生，中队长由武术馆首领尤江中担任。与此同时，与龙岩仅一山之隔的和溪乐土村也成立了游击队。

1930年2月26日，毗邻和溪的漳平县永福乡大岭下村数百名贫苦农民在陈廷月率领下举行暴动，建立区苏维埃政府。革命烈火迅速蔓延，和溪红畲、坪仑等村纷纷暴动。大岭下一带的武装暴动，引起了和溪、月水等地土豪、地主、民团的恐慌。和溪民团团长林价人、月水民团头目陈仁根、吕阿宝驱使民团五六百人，到大岭下骚扰。已逃亡的红畲村土豪吕连灯也带领民团乘机反扑。一连几天，每天都有数批民团到红畲、坪仑作孽，烧民房，抢财产，牵牛扛猪。

1930年3月18日，闽西第一次工农兵代表大会在龙岩省立第九中学召开，成立闽西苏维埃政府。其时，南靖有2名代表参加了会议。根据25日通过的《闽西第一次工农兵代表大会宣言决议案》，为统一对闽西红军的领导，闽西苏维埃政府军事委员会于3月底在龙岩组建了一支能独立作战的红军第九军。为了巩固闽西革命根据地，闽西红军采取了波浪式的向外推进的策略，积极向苏区外围发展，扩大根据地范围。4月初，红九军所辖第一团（4月底改称红十二军第一〇〇团）在团长邓毅刚率领下，在漳平、南靖、平和、龙溪各县转战数月，发动了数十万闽南群众的蓬勃斗争，沉重打击了各地反动武装。闽西红军开辟新苏区，在和溪的月水乡（今分为月星、月明两村）和红畲、迎坑、乐土、迎富（1957年前属华安县管辖）等村建立了苏维埃政府，还公开竖起红旗，成立赤卫队组织。苏维埃政府领导群众严惩反动武装，发动青壮年参加红军。

月水乡苏维埃政府，地址设在月星村“金钩祠”，土地委员吕福全（红畲村人）；红畲村苏维埃政府，地址设在该村吕水木家，主席吕朝才；迎坑村苏维埃政府，地址设在下堀盂圩，主席张潘陆；乐土村苏维埃政府，地址设在鳖坑造纸寮。同时，迎富村也成立了苏维埃政府。

是时，乡、村苏维埃政府领导农民参加革命斗争。如在配合大岭下赤卫队攻打月水、和溪的土豪时，红畲、坪仑周围三个村的贫苦青壮年全部参加，热情很高。红畲村苏维埃政府领导群众破了土豪吕连灯的谷仓，分了他的粮，宰了他的猪，吓得吕连灯只身逃往漳平县。乐土村苏维埃政府经常在深坑鳖坑召开秘密会议，计划扩展革命队伍和开展武装斗争。

然而，闽西红军所采取的波浪式向外推进的策略，却未能得到中央和省委的支持。为能“与全国红军有一致的行动，向东江发展……以推动全国革命高潮”，5 月 13 日，闽西苏维埃政府召回正在南靖、平和一带执行扩大根据地任务的红十二军第一〇〇团。5 月 16 日下午，在龙岩中山公园，5000 多名群众参加了欢送红十二军全体将士出击东江誓师大会。次日，红十二军分三路经永定出击东江。

红十二军出击东江后，闽西军事力量单薄。当时，在闽西苏区周围尚有不少民团、土匪反动武装，经常伺机袭扰，时时威胁着苏区的安全。为了肃清这些反动武装，巩固苏区，1930 年 8 月间，新组建的红十二军第三纵队在司令员卢其中、政委江桂华率领下，奔袭南靖西南边界的书洋乡版寮村，击毙当地民团多人。9 月间，在出击南靖梅林乡科岭村后，又返回永定县先后打击了苦竹、洪坑等民团，取得了一定的战果。

1930 年，蒋介石开始第一次大规模地对中央苏区进行“围剿”，驻闽西的军阀张贞部也同时向闽西苏区大举进攻。

由于党内“左”倾冒险主义的发展，初见成效的南靖土地革命形势丧失了发展的机遇，暂告沉寂，直到 1932 年 4 月红军攻打漳州时才得以复兴。但是，闽西红军成立初期在南靖边界地区的活动，点燃了当地人民革命斗争的火种，为此后红军东征漳州、攻占南靖及三年游击战争时期岩南漳、岩永靖、永和靖游击根据地的开辟奠定了基础。

二、和溪区、乡苏维埃政府的建立

南靖是红军攻克漳州的主战场。从 1932 年 4 月 10 日先头部队进入南靖境内算起，到 1932 年 5 月 28 日部队全部撤出南靖为止，红军在近 50 天时间内，领导和组织南靖人民打击反动武装，极大地推动了南靖革命运动的发展。在红军的帮助下，南靖红色区域迅速扩大。红军进漳州后不久，南靖被并入中央苏区的版图，成为中央苏区组成县份之一。

红军进漳州后一个多月时间，是南靖区、乡、村苏维埃政府(或革命委员会)建立的鼎盛时期。当时，在南靖与漳平、华安两县交界处分别成立了南平区、南华区苏维埃政府。在红十五军四十三师某团政治处主任程翠林的领导下，和溪区 13 个乡有乐土、麟埜、坂场、月水、和溪、茶山、迎富、永溪等 8 个乡成立了革命委员会、赤卫队、贫农团、妇女会组织。

南平区苏维埃政府，成立于 1932 年 4 月，地址设在和溪下堀盂圩后坝楼(现月星小学所在地)，后迁移至月星村“金钩祠”。下辖南靖红畲、半岭、月水、迎坑和漳平边界乡、村苏维埃政府。主席陈火铭，副主席陈启明。

南华区苏维埃政府，成立于 1932 年 4 月，地址设在和溪坂场“收租院”。下辖迎富、坂场及华安边界乡、村苏维埃政府。副主席李元昌。

乐土乡革命委员会，成立于 1932 年 4 月 16 日，地址设在乐土“瞻依堂”祖祠。是时，程翠林主持成立大会，宣布组织机构名单。“瞻依堂”前公开竖起有镰刀、斧头标志的红旗，刻制“南靖县和溪区乐土乡革命委员会”木质长方形印章一枚。主席黄瑞坤，副主席黄业成。同时，还成立赤卫队、贫农团、妇女会。赤卫队与妇女会地址也设在“瞻依堂”。赤卫队队长黄瑞坤(兼),队员有20余人。妇女会主席游玉香。贫农团地址设在乐土“小四学”。主席黄为恒,副主席黄士勤。

麟埜乡(今分为林中、林坂二村)革命委员会,成立于1932年4月,地址设在林中村下厝公祠堂。刻制“南靖县和溪第二区麟埜乡工农革命委员会”木质长方形印章一枚。主席林振旗,副主席林锡庭。同时,还成立赤卫队、妇女会、儿童团。赤卫队有队员100余人。

林中萃美堂外景

注:南靖县和溪麟埜乡工农革命委员会在林中萃美堂成立。

坂场乡革命委员会,成立于1932年4月,地址设在下溪坂,公开竖起红旗,刻制木质长方形印章一枚。主席李元昌。同时,还成立了赤卫队。赤卫队有队员10余人。

月水乡革命委员会,成立于1932年4月,地址设在月明村小溪楼。主席陈仁突,副主席吕万龙。赤卫队有队员10余人。

和溪乡革命委员会,成立于1932年4月。主席游维民。赤卫队地址设在和溪都美(今称斗美)云水坑“德益楼”,有队员10余人。

此外,茶山、迎富、永溪等3个乡革命委员会,也都成立于1932

年4月。

和溪区、乡苏维埃政府(或革命委员会)领导人民群众开展轰轰烈烈的打土豪、分田地的革命斗争。如坂场乡革命委员会主席李元昌率领赤卫队,破了外乡土豪设在坂场的谷仓,把租谷分发给当地的群众(每人50公斤左右),还前往下溪坂、新营、白土垄、后格等村打土豪。乐土乡革命委员会主席黄瑞坤率领赤卫队,在乐土、高才、林中、都美等村,破了当地土豪和外乡土豪的谷仓,先后没收粮谷3万多公斤、银圆100多元,还捉了3头大猪。除赈济当地贫民1万余公斤粮食外,其余全部支援红军。

南靖县和溪镇都美云水坑“永盛楼”——和溪游击队员接头和活动地点之一

和溪区、乡苏维埃政府(或革命委员会)在组织赤卫队打击土豪、扩大政治影响的同时,还着手分田,发动青壮年参军,积极配合红军完成东征三大任务。在短短的一个多月时间里,和溪区便组织1200余人参加运输队,帮助红军运送军需物资。

第二节　靖和浦边区苏维埃政府的成立与分田运动

1933年11月20日，国民党十九路军领导人蔡廷锴联合李济深等反蒋势力，发动抗日反蒋的福建事变，并于11月12日在福州成立“中华共和国人民革命政府”，公开宣布与蒋介石决裂。随着“汀龙省人民革命政府”12月12日在漳州成立，南靖也相应在靖城成立了“南靖县人民革命政府”。十九路军停止向靖和浦苏区进攻，并于12月15日撤出龙岭、龙溪圩等地。然而，当地反动民团却始终没有放松“剿共”行动。为此，红三团于12月28日消灭龙岭守望队之后，继而击溃驻洋尾溪的程溪民团，击毙6人，活捉民团长陈九十等30余人。接着，红三团乘十九路军撤退之机，拔除了敌人安插在根据地内的龙岭、小山城等反动据点，恢复了老苏区。

福建事变后，蒋介石十分恐慌，急调兵进驻厦门，准备进攻漳州。蒋介石派出的飞机于12月22日轰炸靖城，次日又轰炸漳州，对十九路军的抗日反蒋行动进行威胁。刚成立十几天的“南靖县人民革命政府”就此夭折。

1934年1月，蒋介石自兼“讨逆军”总司令，抵闽坐镇建瓯指挥，以陆海空三军力量向十九路军发起进攻。在蒋介石对十九路军大举弹压之际，张贞部杨逢年也乘机率兵进入靖城，成立“闽南讨逆军”，狐假虎威镇压南靖人民。为了威慑敌人，1月5日，红三团50余人在团长尹林率领下，奔袭位于山城关帝庙旁的南靖第四区公所。当晚10时许，红三团先派一名战士摸入区共所楼内，一名战士在外警戒。待楼内枪声一响，埋伏在外围的指战员即蜂拥而入，当场击毙区长黄锦镛、副区长黄茂春等3人，击伤商会秘书等2人。

1934年1月13日，在中外反动派强大军事力量扼杀下，“闽变”宣告失败，十九路军遭到整编。此时，蒋介石还来不及部署兵力向根据地进攻。中共漳州中心县委抓住这一时机，深入靖和浦中心区

14 个乡，在约 1 万人口的地区，组织群众开展大规模的分田运动。分田之初，以漳浦的小山城为试点，取得经验后才在靖和浦革命根据地全面铺开。

中共漳州中心县委按照土地革命的方针政策，要求各乡先成立苏维埃政府，组织农会，建立贫农团，经过宣传发动后，再成立土地委员会。分田工作由土地委员会负责。分田步骤为：首先，进行划分阶级，确定对象。对地主阶级的土地及反革命分子的土地进行没收，对群众则采取自报田亩和人口的办法。其次，将全乡田地分为上、中、下三等。然后，以乡为单位，在原耕地的基础上，按人口平均分配，个别中农不愿参加平均土地的，允许保持其原耕的土地，照顾他们的利益。分田结束后，烧毁旧田契，取消一切债务，确定土地所有权。此时，南靖白云、大田坑、小田坑、上峰、郭水尾、庵埔等地在陈克领导下，成立白云乡苏维埃政府，由张总任主席。同时，成立土地委员会，推举张凤等 5 人为代表，进行分田，平均每户能分到 10 多亩田。南靖的奎洋、洋尾溪、汤兜一带在许其伟的指导下，也成立了洋尾溪乡苏维埃政府，由许伏耳任主席。同时，成立童子团，负责人李金，并成立妇女会，由许青任主席。

1934 年 3 月，为适应分田后革命形势的发展，加强党对靖和浦边区的领导，中共漳州中心县委改为中共靖和浦中心县委（后又改称中共靖和浦县委），书记何浚，组织委员林路等。下辖一、二、三、五、中心区等 5 个区委。第一区委设在南靖白云，辖白云、上坪、草鞋店、沥水、草坂、狮头等村，书记陈克。第二区委设在南靖洋尾溪，辖洋尾溪、洋奎、石门仔、山顶、人家等村，书记许克市。第三区委设在漳浦车本，书记何兴。第五区委设在漳浦灶坑，书记朱振川。中心区委设在平和三坪，书记吴庭坚。

3 月 18 日，靖和浦苏维埃代表大会在平和县欧寮村召开。会上，成立靖和浦边区苏维埃政府。大会选举林路为苏维埃政府主席，吴庭坚为副主席。边区苏维埃政府下辖欧寮中心区苏维埃、五南区苏维埃和 18 个乡苏维埃、1 个乡革命委员会，总计人口近 2.8 万人。靖和浦苏维埃政府内设经济委员、军事委员、肃反委员等。

苏维埃政府机关设在欧寮楼仔村。此时,苏区村村有党员,乡乡有支部,党员数几人至二三十人不等。如白云村党支部有张总等13名党员,支部书记由第一区区委书记陈克兼任。由于这些党支部都是在严峻斗争环境下建立起来的,绝大多数能发挥独立战斗的作用,因而成为区、乡、村的领导核心,并担负起战争环境中的各项任务。支部除领导乡苏维埃以外,还领导共青团、少先队、妇女会、儿童团及赤卫队、半脱产游击队。当时,苏区除地主、富农和反革命分子外,群众都统一组织起来。他们积极配合红三团,为保卫苏区、开辟新区贡献自己的力量。如三四月间,洪安定率领白云、大田坑、小田坑一带游击队,配合何鸣率领的红三团共100余人,前往靖城攻打蔡钱山经营的径口公司,缴获步枪8支,谷子1000多公斤。

5月,中共闽粤边区临时特委在靖和浦苏区成立。7月,闽粤边临委在平和三坪举办游击干部训练班,培养了一批领导骨干,加强了南靖白云一带游击根据地的斗争力量。同时,临委还派吴运琳、黎炳光到靖城径溪开展工作,组织了游击队,吴、黎分任正、副队长。接着,靖城的草鞋店、洋坪、草坂一带的革命工作也恢复起来。

第三节　岩永靖游击根据地的巩固与发展

1936年1月1日,闽西南军政委在上杭县召开第二次全体会议,决定执行抗日反蒋统一战线的策略方针。会后,岩永靖县军政委在扩大游击武装的同时,打土豪、分田地,进行土地革命,建立区、乡、村苏维埃政权,推动了全地区形势的向前发展。

一、成立科岭乡苏维埃政府

1936年5月29日,在岩永靖县军政委的领导下,科岭乡苏维埃政府在上科岭上学堂成立,选举王德辉为主席,王定团为副主席,并建立赤卫队、少先队、儿童团、妇女会组织。赤卫队60余人,队长王荣庆;少先队13人,队长王德仁;儿童团35人,团长王德仁;妇女会

35 人，主席陈满娘。

科岭乡苏维埃政府带领人民群众，开展打土豪、分田地运动。分田工作于 6 月 4 日开始进行，至 6 月 16 日结束。为了适应斗争的形势，科岭采取了简便、快速的分田办法：先进行形势和阶级教育，继而发动群众自报田亩，经过民主评议，最后按照“以村为单位，以原耕为基础，抽多补少，抽肥补瘦，按人口平均分配”的原则进行分田。每个人口所分得的田，以收获量来计算。在具体分配时，红军家属和接头户分给较好的田。其结果是：上科岭村每人 9.5 担，下科岭村每人 9 担，坑下村每人 8 担，都宁头村每人 6.5 担，下斜村每人 4.5 担。为了巩固土地革命成果，分田结束后，科岭乡苏马上发动群众烧田契、借约。烧契约时，业主和佃户都在场。在对契约逐条宣读，双方确认无误后，进行烧毁。科岭分田以后，群众生产积极性很高，当年夏收就比土地革命前增产两成多，群众生活得到很大改善。

二、成立岩永靖北区苏维埃政府

1936 年 6 月，以陈济棠为代表的粤系军阀和以李宗仁为代表的桂系军阀，借“抗日救国”的名义，联合发动了反对蒋介石及其南京政府的“西南事变”。蒋介石为维护反动统治，急将部署在闽西的 4 个师调离，让其入粤讨伐陈济棠。国民党军在闽西的兵力骤减，因而被迫中止第三期的“清剿”行动。此时形势的急转对红军游击队的发展有利。

闽西南军政委根据形势的变化，于 6 月中旬在永定金丰大山召开会议，做出《关于西南事变与目前党的紧急任务的决定》，认为“西南事变的反蒋战争”，“这是打倒卖国贼蒋介石的战争”，它已造就“闽西南新的局部反攻局面”。因此，决定在军事上集中部队牵制国民党进粤，在政治上布置农村建立苏维埃政权，扩大红军，创造对日作战根据地。

6 月下旬，为加强对抗日反蒋工作的领导，闽西南军政委机关从永定金丰迁往紧邻科岭的龙岩适中。7 月 15 日，在闽西南军政委主席张鼎丞的领导下，岩永靖靖北区苏维埃政府成立大会在上科岭村永隆楼召开。会议由岩永靖县军政委主席李明康主持。参加会议的有南靖、永定、龙岩、平和四县的代表200余人。会期一天一夜，整个会场气氛热烈，与会代表精神振奋，斗志昂扬。

下斜岩永靖县军政委员会旧址

注：1935年8月，在南靖县科岭村下斜成立中共岩永靖县军政委员会。

会议主要议程：一是成立岩永靖靖北区苏维埃政府，选举王永根为主席，邓亚钦为副主席。下科岭村妇女会主席郭治妈被推选为区妇女会主席。二是提出当前的斗争任务是：健全各种革命群众组织，努力发展生产；继续开展打民团，抓土豪，筹款借粮的斗争。会后，代表们回到各地，发动群众，开展革命斗争。

红军游击队不仅在南靖的梅林、曲江、版寮、五更寮、葛竹等30多个自然村打民团，抓土豪，而且还到龙岩、永定、平和等县边界的许多乡村活动。岩永靖县军政委与靖北区苏领导科岭附近10余乡成立苏维埃政府，分田分山，组织赤卫队、妇女会、少先队、儿童团。同时，积极发展党团组织，使科岭乡党员从原有的5名增加到13名，支部也从1个发展到3个。随着斗争形势的发展，岩永靖游击根据地进入土地革命战争的全盛时期。由此，科岭人民群众真正得到了实惠:其一,地主、高利贷者不敢收租放债;其二,反动派不敢前来收捐税;其三,地主的耕牛、粮食、衣物被没收分发给农民,群众的生活得到改善。

游击战争时期的南靖县梅林镇科岭

西南事变期间,从6月到8月,红军游击队和广大群众共同奋斗,在岩永靖"这些新地区分田了,建立苏区","又是红旗飘扬了",呈现出一派令人喜悦的红色苏区景象。

第四章　南靖老区人民在党的领导下建立革命根据地斗争中的历史贡献和地位

南靖革命根据地的发展、巩固，经历了艰难曲折的过程。这主要是由于国民党反动派麇集重兵，连续对根据地进行疯狂的“围剿”，使根据地屡遭屠戮。但南靖革命根据地军民却不屈不挠、坚持斗争，取得了新民主主义革命在南靖全境的伟大胜利，赢得了“红旗不倒”的盛誉。在长期的革命斗争中，南靖老区人民做出了重大的贡献，付出了巨大的牺牲。据不完全统计，有800多名南靖人民的优秀儿女参加红军游击队、新四军和人民解放军，有1万多人参加赤卫队、民兵等组织。全县为革命光荣牺牲的烈士200多人(包括因公牺牲和失踪红军)。革命老区遍布6个乡镇和4个乡镇部分部分地区，红色区域人口占当时全县人口的一半。全县被摧残的革命基点村33个村，被毁村庄23个，绝户474户，被杀被抓727人，被迫逃亡926人，饿死、病死1225人，被烧毁房屋5296间，被抢耕牛651头。新中国成立后，南靖有216人被评为革命烈士，650人被认定为“五老”人员(老地下党员、老游击队员、老交通员、老接头户、老苏区乡干部)，135个村被认定为老区村，占全县自治村总数的73.77%，属于全省重点老区县。革命前辈与革命先烈的丰功伟绩，将与日月同辉，与天地共存。他们在革命斗争中所创造的业绩，为中国革命史写下了光辉的一页，他们的光辉思想、崇高品德和优良作风，是我们党宝贵的精神财富，将永远激励南靖人民及其子孙后代，在新的历史时期里，为建设中国特色社会主义而努力奋斗。

第一节　南靖老区在中央苏区和福建革命历史的地位和作用

一、地处连接闽西与闽南的重要战略通道，使南靖苏区成为中央革命根据地的组成部分

南靖地处闽西、闽南的接合部，全县面积1962平方公里，是连接闽粤赣三省交通线——漳（州）龙（岩）公路的主要通道。境内山峦重叠、山高林密、地势险要，而且当时国民党力量较为薄弱，有利于开展武装斗争，建立革命根据地。南靖靠近漳州、厦门等沿海城市，与外界交往联系紧密。在土地革命战争、抗日战争、解放战争中，南靖一直是联结闽西革命根据地和闽南革命根据地的重要枢纽，成为中共闽西党组织、中共闽粤赣特（边）委和中共福建省委开展革命斗争的重要区域之一。特别是土地革命战争中，南靖是闽西革命根据地的重要组成部分，也是中央苏区不可分割的一部分。

由于南靖是连接闽西与闽南的重要战略通道，历史上各种势力都视其为战略要地。特别是土地革命战争开始后，南靖既是国民党军队进攻闽西苏区的咽喉之地，又是闽西苏区红军向南扩大革命影响、保卫苏区安全的腹地要冲，红白双方在此进行了剧烈的拉锯争夺。因此，南靖与闽西苏区、中央苏区结下了割不断的革命之缘。

闽西四大暴动后，闽西南的革命势力迅猛发展，南靖逐渐成为闽西党和红军以及苏维埃向外发展的重要区域。早在1928年2月中共福建临时省委第二次全体会议通过的《目前政治状况及党的工作方针》就指出："应设法开展南靖等地工作，与上杭区域联成一片，使不久的将来造成割据的局面。"1930年1月8日《中共福建省委给闽西特委、四军前委的信——政治形势、闽西党的过去及今后工作》明确要求，"特委要帮助岩、永两县调出二十个以上的干部，立即派到南靖，由永定到山城、龙岩到漳州之重要地区如山城、和溪、水头

(潮)、金(山)、龙山一带来工作”。

南靖与其近邻的苏区有着相互依存的关系。1930年2月7日《永定县第二次工农兵代表大会宣言》指出:“向东江大埔、平和、南靖发展,扩大赤色区域,以巩固永定和闽西苏维埃政权。”中共闽粤赣边特委成立后,1931年1月3日《中共福建省委给闽西特委信——组织动员广大群众坚决粉碎张贞的进攻》说明:“我们的战略是,巩固龙岩、永定,一方面向南靖一带发展,一方面向平和发展,与漳属农民的斗争,实际汇合起来,动摇张贞的统治。”

南靖曾成为中央革命根据地的组成部分。中央苏区第三次反“围剿”胜利结束后,赣南、闽西苏区连成一片。1932年3月中旬,粤敌向赣南、闽西苏区进犯,中央军委和苏区中央局根据形势的变化和毛泽东的建议,令中央红军入闽执行巩固闽西苏区,打击入闽粤敌的任务。

1932年4月中旬,漳州战役在南靖境内打响并取得胜利。战斗一结束,毛泽东致电周恩来,称“南靖一战,张贞部队大部消灭,达到剪除粤敌一翼之目的……影响时局甚大,有调动粤军求得战争之可能……”之后,红十五军分兵南靖各地筹粮筹款,建立革命政权,历时1个多月完成任务,回师中央苏区。

南靖正因为是闽西通往闽南的必经之道,成了闽粤赣边区重要的革命战略支点,形成了(龙)岩南(靖)漳(平)、永(定)(平)和(南)靖、(南)靖(平)和(漳)浦等连贯全县东、西、南、北边界的党组织和革命政权,出现一道亮丽的苏区繁荣景象。

1934年1月,为粉碎敌人对中央苏区的进攻,在敌人后方开展游击战争,中共中央决定将厦门中心市委领导的漳州中心县委与福建省委领导的饶和埔县委等合并组成中共闽粤赣边区特别委员会,直属中央领导,并指定黄会聪为书记,主持特委筹建工作。这年4月,红军独立第八团进入闽西地区,在漳(州)龙(岩)公路沿线打军车、剪电线、烧桥梁、毁公路,活动范围逐步扩大到南靖梅林、书洋、奎洋和金山、龙山一带。

同年5月1日,中共闽粤边临时特别委员会成立,下辖靖和埔县委、饶和埔县委等，武装力量有红三团、红三大队、饶和埔游击队共四五百人。6月，中共闽粤边临委领导靖和埔边区农民进行土地革命，在已分田的地方开展查田、查阶级工作，贯彻执行土地革命路线，落实各项分田政策，在尚未分田的地方，继续领导农民分田分地。

中央红军主力长征后，福建革命转入三年游击战争。这时期在南靖科岭下斜成立了岩永靖县军政委员会；南靖、平和、永定、龙岩4个县代表200多人在科岭开会，成立了靖北区苏维埃政府；闽西南军政委员会又在科岭下斜大湖堀召开扩大会议，讨论研究联蒋抗日统一战线问题。

抗日战争时期，中共闽南特委领导和平和县委领导决定组织武装队伍开展斗争，随即成立平和县委武工队，活动于南靖半山、炭坑、油柑坪、港仔口等地。

抗战结束后，王涛支队第一大队在支队代司令员郑金旺、政委陈仲平率领下，挺进南靖树海。之后，中共闽南地委机关迁入树海，平和县委也撤到南靖，并成立“中国人民解放军闽粤赣边区总队闽南支队”，闽南支队七连转战南靖树海。

福建解放前夕，中共闽南地委再次迁至南靖树海，领导闽南各地的革命斗争。1949年9月17日，卢叨率领的第八支队所属3个团，在南靖宝林与中国人民解放军三十一军九十二师参谋长田贤成率领的三十一军侦察营会师。第八支队接受参加漳厦战役任务，迅速配合侦察营，绕道南靖、平和直插九龙岭，切断残敌沿漳诏公路逃窜及港尾撤往厦门海面的退路。

在福建革命斗争的历程中，南靖一直是闽西南和闽粤赣边党组织开展革命的活动地，一度成为指导闽南漳、厦、泉革命的中心，起到了不可替代的作用。

二、南靖是中央革命根据地和福建革命在闽西南的坚固堡垒

南靖是福建较早开展革命运动和建立地方党组织的县份之一。

1926年8月31日，军阀福建陆军第一师师长张毅以“清乡”为名，率部洗劫塔下、长教等地，酿成惨案。同年11月初，南靖组织一支800多人的农民军，配合国民革命军北伐东路军攻打盘踞在漳州的张毅军阀。

大革命失败后，1927年8月中旬，中共闽南特委在南靖县宝林的横山客栈召开扩大会议，为党在闽南开展土地革命和武装反抗国民党反动派做好思想上和组织上的准备。同年10月，南靖建立了党组织——中共南靖特别支部；在中共南靖特支的帮助下，1928年4月成立中共程溪（党团混合）支部，程溪区12个乡建立了农民协会，会员三四百户，还建立了童子团、少年先锋队等革命组织。由于受平和县农民武装暴动的影响，南靖程溪于1928年3月28日爆发了农民抗捐抗税的武装斗争。

1931年9月21日，在陶铸的领导下，受命打入敌人内部的中共党员颜长标，发动国民党张贞部第一营第三、四连在南靖县山城举行武装起义。山城兵变作为“福建革命兵变的信号”，为此后福建各地党组织领导兵变提供了经验。

1931年11月，中央革命根据地正式形成后，南靖苏区的斗争与中央苏区的关系进一步密切，南靖作为闽西苏区向外发展的前沿阵地的地位更加突出。按照中共闽西特委的指示，和溪、奎洋、梅林、书洋以及金山、龙山等地乡村苏维埃政府和赤卫队、农会积极领导农民开展斗争，巩固革命政权。

1932年，红军攻打漳州及分兵发动群众期间，在南靖歼灭张贞主力，为闽西苏区消除一大隐患，闽西红军乘势恢复和开辟大片红色区域，闽西苏区进入发展新阶段。至1932年7—8月，闽西苏区已拥有龙岩、永定、南靖、长汀等10多个县的大部分地区，先后占有永定、南靖（靖城）、漳平等10多座县城。

中央红军撤回闽西、赣南苏区后，国民党军队十九路军以区寿年师为先头主力，企图进犯闽西，于1932年7月21日向南靖推进，集结于南靖县的水潮圩、马公圩一带做准备。在严峻的形势下，中共福建省委和省苏命令南靖南华区和科岭、南平等区苏维埃地方游击队加以袭扰，迫敌不敢直趋冒进，直至1933年二三月间，敌区寿年师才攻占龙岩城。十九路军进入龙岩后，对南靖苏区的龙山、金山、和溪、奎洋、梅林等地进行多次“围剿”；至4月，反动军队攻入上科岭、下科岭、坑下、都宁头、曲江、长教、奎洋等地，“烧毁房屋，抢掠东西，杀害革命群众和革命负责人”，吕福全、陈承金、陈扁头、王和、林顺开、王定板、王兆升、王定灶、林仁山、马春松、王志荣、黄顺魁、黄沾焕、黄万桃等一批区苏、乡苏干部和游击队员英勇牺牲。5月、7月，十九路军特务一团团长李金波两度赴南靖“剿共”，杀害王添助、欧水印、许友金等共产党员，使南靖苏区受到很大的破坏。

被烧成废墟的科岭坑下自然村一角

注：三年游击战争时期，科岭等许多革命根据地遭国民党烧、杀、抢，到处都是残墙破壁。

1933年11月，十九路军发动“闽变”，并与中央苏区临时中央政府达成协定，停止进攻苏区。在中共福建省委的领导下，南靖苏区得到了恢复和发展，特别是1934年初，成立中共闽粤赣边特委，在闽西、闽南、粤东交界的广大地区开展游击战争。4月，福建军区的红八团依托闽西南地区，恢复并扩大南靖苏区，使之成为中央苏区反国民党第五次“围剿”的前哨阵地。

1934年10月，国民党八十师纠集南靖“剿匪”大队长张河山部、靖城大房民团王活水部共2000多人，分兵四路“进剿”南靖大田坑、小田坑、白云苏区。敌人进村后大肆烧杀，洗劫一空。

1935年3月，国民党八十师对苏区采取“划区清剿”，将龙溪、南靖、海澄、长泰4个县划为第一“清剿”区，限令于4月底将红军游击队全部肃清。9月，国民党八十师纠集翁猪母部1000多人，从长桥、程溪、官园三路“清剿”留在南靖洋尾溪的红三团，符义山带领红三团教导队掩护群众退至溪仔山。

1936年11月上旬，粤军一五七师黄涛部进驻漳州，对闽粤边进行“驻剿”、封锁、伏击。为适应形势的发展，中共闽粤边特委决定撤销靖和埔县委，分别成立漳浦县委及平和县委。

1938年6月5日，中共党员、积极宣传抗日的漳州芗潮剧社领导人柯联魁和南靖县的革命志士高岗山等被国民党反动派暗杀。

1941年夏，国民党第五行政专员公署保安副司令汤涛率保安队员“围剿”狮头山，强迫群众移民并村。

1945年10月10日，抗战刚结束，国民党福建省主席刘建绪在南靖山城基督教堂召开“防共”会议，部署省保二、保三两个团对闽西南党组织和人民群众武装进行全面的军事“清剿”。

1946年6月26日，省保二团陈式辉1个中队驻防南靖县葛竹，赖德辉1个大队驻小山城、南坑和船场、山城等处，与县保安队以及各乡、保联防自卫队遥相呼应，妄图一举扑灭南靖革命斗争的烈火。

1947年1月16日，由于黄乌鸡的出卖，地下工作人员沈发兴被省保安二团陈式辉杀害。3月9日，小山城交通联络员黄墙、洪来花在黄厝楼被陈式辉扣押。4月，受命打入省保安团内部搜集情报的陈文俄及由平和地下党组织派到小山城，以打工为掩护开展地下活动的区委委员陈扁，都因叛徒黄乌鸡的出卖而被捕牺牲。11月5日，叛徒黄汉龙引带国民党保安团及县警察便衣队300多人袭击港仔交通站。突围时，地方武工队队长黄大红等3位同志壮烈牺牲，副队长王长水被杀害，地委宣传部部长罗琳（后叛变）等3人被捕，赖葱、陈古老等3人突围脱险，交通站被敌破坏。当晚，长期埋伏在双清保坚持地下工作的中共党员赖国珍被捕，12月22日被敌杀害于南靖城郊的三下渡口。3 天后，中共闽南地委设在半山的交通联络点亦遭敌袭击，前往接头的靖和埔县工委交通员杨和文、卢友信和地委交通员赖国文等突围转移，地委交通总站站长张东华中弹牺牲。

1949 年 4 月 15 日，在金山新村休整的闽粤赣边纵第八支队第七、八连遭到省保安二团赖德辉部、县保安中队杨春福部和下峰自卫队庄烈坤部共 1000 余名重兵的包围袭击，第七、八连突出重围，战斗中庄中亨等 8 位战士壮烈牺牲。

无论是建立苏维埃时期，还是解放战争时期，国民党的残酷镇压都吓不倒南靖人民，南靖的党组织一直坚持革命斗争。这说明南靖人民具有顽强的革命斗争精神，体现了南靖苏区成为中央革命根据地和福建革命在闽西南的坚固堡垒作用。

三、南靖苏区是在中共领导人指导下创建的

南靖苏区的发展，一直是在中国共产党领导人的指导下创建的。

在闽西党和苏维埃组织的推动下，南靖广大群众革命热情空前高涨，红色区域迅速在南靖县境内扩展开来。

1929 年 8 月，中共闽西特委领导邓子恢派共产党员谢光辉到和溪、奎洋活动，建立了南靖第一个苏维埃政权——仙岭乡苏区，隶属龙岩县马坑区苏区。1930 年 2 月，在邓子恢的领导下，南靖和溪、漳平永福、龙岩象山边界的农民组织大岭下暴动，并建立岭下区苏区，在闽西红十二军第一〇〇团的帮助下，岭下区苏活动范围不断扩大，建立了月水、红畲、迎坑等 10 多个乡村苏维埃政府，苏区范围覆盖了南靖的和溪、奎洋全境和龙山、金山的大部分乡村。

为统一闽西红军的领导，闽西苏维埃政府军事委员会于 3 月底组建闽西红军。谭震林率领的这支部队挺进南靖和溪、奎洋、梅林等地，建立政权分田地，开辟红色区域，帮助建立了半岭、月水、坂场、版寮、曲江、塔下、河坑、汶水坑、科岭、下斜、都宁头、双溪、泉坑、五更寮、冷水坑等乡村苏维埃政府、农会，并组建了游击队和赤卫队。1930 年 9 月，为加强南靖、漳平边界地区日益兴起的苏维埃运

动的领导，中共闽西特委还在南靖县和溪月水乡成立了中共(漳)平南(靖)特区委。

1932年4月，中央红军东路军攻克漳州、解放南靖后，在中央红军的帮助下，中共龙岩县委派漳平籍共产党员陈朝攀、陈新山到岩南漳边区开展活动。他们在南靖和溪坂场乡组建南(靖)华(安)区苏维埃政府，在和溪月水乡组建南(靖)漳(平)区苏维埃政府。随后，又分别在和溪、奎洋、金山、龙山等地巩固发展了月水、红畲、迎坑、乐土、迎富、坂场、麟埜、永溪、仙岭、上洋、新村、下永、荆都、吉春、英勇、茶山、双明、太保、平重等10多个乡苏维埃政府或革命委员会。同时，在中央红军首长的帮助下，中共漳州中心县委所属的闽南红军游击司令部，深入南靖、平和、漳浦3个县边界地区开展武装斗争，开辟建立了靖和浦革命根据地。

1932年4月9日，中央红军东路军先头部队从永定进入南靖县梅林、书洋等地，当地群众积极响应。在红军的帮助下，岩永靖边区科岭乡苏维埃政府重建，恢复发展了上马、刘厝、五更寮、磜头、版寮、李厝、枫林、科岭、双溪、梅林、坎下、长塔、上坂、下坂、双峰、高溪等10多个乡村苏维埃政府，广泛开展打土豪、分田地、分浮财、分米谷、赈贫民等活动，随后还组织了消费合作社。

由于中央红军攻打漳州，解放南靖，红十五军分兵南靖期间，毛泽东、林彪、李富春、何长工、聂荣臻、罗荣桓、杨得志、杨成武、罗瑞卿、左权、萧劲光、宋任穷、唐天际等都驻扎过南靖，对南靖决战和南靖苏区建设都亲自参与，并给予关心、支持。他们在新中国成立后都成为党、政、军重要领导人，因此，1932年南靖苏区的鼎盛时期正是他们参与创建和领导的结果。

1935年5月，敌人对闽西南红军游击队发动第三期“清剿”，闽西南军政委员会领导人张鼎丞、邓子恢等和各作战分区领导人分赴闽西南各县，领导各部红军游击队开展反“清剿”斗争。6月3日，张鼎丞等人到书洋五更寮发动群众，他在永安楼住了5天，组织起37人参加的游击队，由陈木树担任队长。

直至1936年7月15日，南靖、平和、永定、龙岩4个县代表到科岭永隆楼开会，成立岩永靖边区靖北区苏维埃政府。张鼎丞、邓子恢等领导人在南靖进行革命实践，播撒革命的种子，才使得南靖的革命斗争形势迅猛发展，在抗日战争和解放战争中始终“红旗不倒”，树海成为闽南革命的中心，从而为福建革命做出重大贡献。

南靖不仅是福建省建立苏维埃政权较早的县之一，而且影响力大，为以后党在南靖和闽南的发展奠定了基础。

抗日战争胜利后，王涛支队第一大队在司令部的率领下，于1945年10月从闽西进入南靖的大岭、北坑、村雅、象溪等地，胜利开辟了以大岭为中心纵横数十里的树海游击区。

1948年7月，闽南支队一进树海；9月，中共闽南地委将树海党支部扩建为中共永和靖县工委；10月，中共闽南地委机关从乌山迁驻树海。从此，树海成为党组织指导闽南和南靖人民开展革命斗争的领导中心。

1949年1月，改名为解放军闽粤赣边区纵队第八支队的闽南支队三进树海，开辟了下奎洋、上奎洋、梅林、双溪和金山、龙山部分新区，控制漳龙公路交通要道。6月，闽粤赣边区领导成立了解放军闽西南联合司令部，统辖第七、第八支队。9月1日，第八支队协同第七支队解放龙岩县城，随后，第八支队沿公路直下南靖，解放和溪、金山、龙山、宝林；9月17日，南下解放大军先头部队第三十一军加强营与中共闽南地委、第八支队和南靖县工委在宝林胜利会师；9月18日，会师部队取道南靖进攻漳州；9月22日，南靖宣告解放，新的政权诞生。

可以说，南靖苏区坚实的革命基础，加快了闽南革命的进程，推动着福建革命向前发展。

第二节　南靖老区人民对革命的贡献

1932年4月，漳州战役的伟大胜利，是红军广大指战员英勇善战，坚决执行毛泽东正确的战略、战术的结果；同时，也与人民群众的支持密不可分。人民群众是革命战争的胜利之本，如果没有人民群众的支持帮助，红军远离苏区作战，即使有优势的兵力，也难以取胜。南靖人民为漳州战役的胜利做出了重要贡献，具体表现在：

1.积极支前。红军一进入南靖境内，许多群众就主动为红军分忧解难。如红军大部队刚进入水潮，河墘村不少村民就自告奋勇做向导，前往水潮为红军带路至马山，然后又从上苑翻山越岭至南坪。4 月 16 日，红军一部队须往隔河的铁尖穴犁尾山制高点对宝林桥守敌实施火力侦察，溪口村村民主动为红军当向导，设法为红军解决船只问题，采用在岸上拉绳索使船移动的办法，往返 20 多次，将红军安全送达彼岸。4 月 17 日，红军强渡永丰溪急需大麻绳，凤安村村民毫不犹豫地献出自家采摘水果的大麻绳，许多群众纷纷无私地献出家中仅有的门板、木料，由会凫水的青壮年跳进急流中架搭浮桥，协助红军过河。4 月 19 日，红军激战十字岭受阻，当地群众冒着枪林弹雨，引带红军从胶东湖、畚箕湖两面出击石鼓仑敌机枪连阵地，加速了战斗的胜利。

在漳州战役中，南靖还是东路军转运物资的重要基地。漳州战役的前夜，红军集结在龙岩西陂的大量物资和武器弹药，即由人工挑至水潮，转运前线。十字岭、风霜岭战斗打响后，从前线抬下来的伤员，也是经水潮及时送往龙岩医院治疗后，转送中央苏区。漳州战役中，红军缴获的大批战利品，和从南靖、漳州等地筹集的大批的粮食、被服、布匹、药品、食盐等物资，都要随红军运回中央苏区。当时，从漳州到中央苏区瑞金约有 400 公里的路程，除漳州至南靖县水潮有 60 多公里可车载船运外，水潮至瑞金 300 多公里均为崎岖山路。南靖人民积极响应省苏维埃政府的号召，帮助红军运送大批军需物资和战利品，仅和溪区就有 1200 余人参加运输队，金山、龙山、宝林、靖城等地也有不少群众参加。他们采用分段运送的办法，将全部物资和伤员安全运送到中央苏区。

2.踊跃参军。1932 年 4 月 16 日，红十五军刚抵达宝林，当地青年吴开进、王长水一马当先参加了红军。在他们的带动下，该村先后有 10 多名青年也踊跃参加红军。4 月 24 日参加红十五军四十三师的吴行敏等7个小店员，则是首批参军的龙山人。当时，四十三师设在龙山的自愿参加红军报名处挤满了人，不到10天时间，龙山便有120多人参军。此外，靖城、金山、和溪等地也有许多有志青年参加了红军。

当东征漳州的红军回师闽西、赣南不久，国民党第四十九师张贞残部立即猖狂反扑，建立过苏维埃政府（或革命委员会）的乡、村重陷敌人魔掌。敌人进村烧房、劫财，大肆掳掠，革命同志被抓、被杀、被通缉。如曾任和溪红畬村苏主席吕朝才、月水乡苏土地委员吕福全、乐土乡贫农团主席黄为恒及秘书黄仁荣等先后被抓，惨遭杀害。

第三节　血肉相连的游击区军民关系

当主力红军撤出中央苏区进行长征以后，国民党反动派就对靖和浦、闽西苏区的红军、游击队进行轮番的“清剿”，残酷屠杀共产党人和革命群众，摧毁革命基点村，企图以血腥屠杀和政治瓦解的反革命两手，破坏红军游击队赖以生存和发展的群众基础，并把红军游击队困死、饿死。在国民党军队进攻的同时，豪绅地主也乘机反攻倒算，进行阶级报复。白色恐怖笼罩着苏区的每一个村庄，到处是田园荒芜、十室九空的惨景。

当时，留在靖和浦、岩永靖、岩南漳、永和靖各根据地坚持游击战争的只有人数甚少的红三团、红八团和红九团。在敌我力量悬殊的情况下，党组织和红军游击队紧紧地依靠游击根据地的广大群众，在军事上采取“分兵以发动群众，集中以应付敌人”的游击战术打击敌人，粉碎敌人的政治瓦解阴谋。

红军游击队热爱根据地的一草一木。他们每到一地都主动帮助群众播种、收割，搞好生产，积极领导群众开展生产自救。部队关心、爱护群众一点一滴的利益。群众藏在山上的粮食，部队尽量不吃，并帮助保管好。1936年，由于敌人的多次“清剿”，科岭的耕牛被杀光、抢光,造成田园荒芜,给发展农业生产带来极大困难。驻科岭的红军游击队就一边帮助群众用人力拉犁耕地,一边到外乡打土豪,牵回耕牛分给群众使役,还帮助群众修坝沟、兴水利。收割时,红军游击队不仅下田帮忙割稻,还派战士到村外放哨,发现敌情,立即通知群众转移。

红军游击队记挂群众的冷暖疾苦,及时为他们报仇雪恨。1936年春,倚仗南靖下版寮民团80多个匪徒、百把支长短枪的保护,附近的地主、恶霸都龟缩到这里。他们奸淫妇女、抢劫财物,闹得老百姓鸡犬不宁。为了解救下版寮群众,红四支队以迅雷不及掩耳之势,拔除了国民党、地主恶霸盘踞的下版寮这颗钉子。

正因为红军坚持群众性的游击战争既要有把握地消灭敌人,又要照顾到群众的利益,因此,人民群众与红军游击队结成了血肉相连的密切关系。红军游击队如果没有广大人民群众做基础,要坚持长达三年的游击战争是不可想象的。

第四节　南靖老区人民对游击战争的全力支持

在艰苦卓绝的三年游击战争中,尽管国民党反动派实行白色恐怖,也无法动摇南靖人民群众支持革命的决心;相反,南靖人民群众千方百计保护和支援红军游击队。

1935年春,当红三团转移到狮头山、白云一带时,部队物资供应紧缺,草前草鞋店村、大房东苑美村的群众,经常冒着生命危险到漳州为红军购买雨伞、电池、药品、线面、饼干等急需品,深夜挑到山上给红军游击队。大房民团团长王活水察觉后,到草鞋店村恫吓群众说:“你们草鞋店人‘通匪’(指红三团),以后再发现,我就将你们一个个打死。”敌人的威胁吓不倒人民群众,群众依然义无反顾支持红军。

在敌人残酷的军事“清剿”与严密的经济封锁下,红军游击队长期隐蔽在基点村周围的崇山峻岭中,过着“深山密林做营房,野菜竹笋当食粮”的艰苦生活。为了支持红军游击队渡过难关，根据地人民冒着生命危险将粮食、食盐、药品等紧缺物资送上山给红军游击队。靖北区苏妇女主席、共产党员郭治妈，经常带领一批年轻姑娘，翻山越岭给红军游击队运粮食，送情报，采办物资。反动乡长魏大麻子知道后，向国民党梅林区公所报告，将送粮的群众抓走、打伤，还经常威胁群众要将他们移民并村到梅林。但是革命群众无所畏惧，在科岭党支部的领导下，将粮食分散到各个山棚里坚壁起来，然后利用黑夜再悄悄地运上山。下科岭村 50 多岁的王宪荣老汉，不顾自己年老体弱，常为部队买药购布。有一次，他到永定县古竹为红军购买物品，不幸被捕，受尽酷刑，坚贞不屈，直至献出生命。

在艰难的游击战争中，红军游击队的伤病员主要靠群众掩护和照料。为了使红军游击队伤病员尽快痊愈，群众总是竭尽全力，倾其所有。科岭水口山上的红军临时休养所住着 10 余个伤病员，科岭党支部就让妇女会主席郭治妈组织妇女群众轮流给休养所送药、送饭，还派出两个姓李的十三四岁的小姑娘日夜在休养所帮助护理。

国民党反动派企图用“连坐法”和“十条禁令”的残酷手段，来阻止群众与红军游击队的联系。但是，人民群众奋不顾身地支持和保护红军游击队。靖北区苏妇女会主席郭治妈，一次在送粮进山回村时不幸陷入魔掌。凶残的敌人威逼她讲出红军游击队的活动情况，剥光衣服对她严刑拷打，甚至割下乳头，在伤口处撒上盐巴。然而，郭治妈坚贞不屈，只字不吐，最后从容就义。

三年游击战争时期，在敌人的野蛮蹂躏下，南靖各游击根据地的田园荒芜，房被烧，村被毁，人被杀。如 1936 年六七月间，敌纠集省保安团和南靖曲江、长教及永定洪坑等地民团三四百人，兵分三路围攻上版寮，见人就抓，见物就抢，宰猪杀牛，放火烧屋，大火两天两夜不熄。这次被烧去土楼 11 座计房屋 500 余间，还有纸寮、牛栏、粪间、厕所不计其数。从 1934 年至 1936 年，科岭全村房屋被国民党军队放火焚烧 13 次，除一座庙宇外，就连厕所、粪间都化为灰烬。被杀害的革命组织负责人和群众 30 多人，因敌人封锁和抢劫而饿死病死的有100多人。下斜村王鼎荣一家，革命前有6口人，革命中父亲和两个哥哥被敌人杀害，母亲饿死，家破人亡。群众的生活极端困难，科岭全乡除了13户因劳力较强或有外来经济援助、生活勉强可以自给外，其余的农户都借了高利贷。大多数的农民一年到头依靠米糠、地瓜、野菜度日，但他们还是竭尽全力支援红军。

在三年游击战争中，人民群众不仅倾其全力支持红军游击队，而且积极参军参战。从1935年至1936年，版寮、水头、水尾、田治、枫树坪、书洋、高溪、奎洋、高港、葛竹等乡村，踊跃参加红八团、红九团的人数达百余人。其中，仅版寮一个乡村就有40余人参加红军，人口还不足百人的李屋小自然村就占了11人。除直接参加红军外，革命基点村的青壮年几乎都参加游击队、赤卫队。

南靖游击根据地的人民群众，就是这样与红军游击队同生死，度过了三年游击战争的岁月。

第五节　南靖老区人民对抗战和解放战争的贡献

闽西南革命武装主力北上抗日之后，国民党顽固派破坏国共合作抗日协议，强行解散人民抗日团体。此后，又派保安队进驻革命基点村，实行搜山、查户口和移民并村，大搞策反，利用叛徒破坏共产党组织，派便衣特务四处活动，摧残革命家属。在这种情况下，南靖苏区广大人民在党的领导下，与国民党反动当局进行斗争，虽倍受摧残，却坚韧不拔。特别是漳南工委机关同狮头山群众建立了鱼水般的亲密关系，群众对党、对革命进行大力支援和无私奉献，党组织对群众也给予无微不至的关怀和照顾，无论发生多大的惊险事件，党和群众亲如一家，保证了狮头山这个红色据点永远立于不败之地。

在抗日民族解放战场，南靖人民子弟兵为取得抗日战争的胜利也做出贡献，付出巨大牺牲。李长绵、李锦洲、黄和泉、刘传芳、李听乾、杨中央等新四军指战员奔赴抗日前线，冲锋陷阵，浴血奋战，表现了视死如归的英雄气概。

解放战争期间，树海老区群众坚定支持革命，他们团结在共产党的周围，为巩固树海游击根据地做出无私奉献。

1947 年 1 月，地委机关人员进入树海新区，象溪接头户赖井、赖两有、黄日升、沈乌九、沈清协助地委机关筹粮送信，解决给养问题；后来，树海工团又通过接头户沈佛、周棉、沈一峰等出面向富户赖两参、保长沈潭等陆续筹到粮食 300 石、猪肉数千斤，保证了中共闽南地委及其领导下的闽南支队在树海活动期间的给养。

1948 年 10 月 8 日，一伙号称“闽西支队”的省保安团陈式辉部在叛徒引带下闯入小南坑村，诱骗接头户沈豆粒当向导，寻找树海工团负责人赖石狮等人的下落，幸被沈豆粒及时识破。她机警地与敌周旋，故意带着他们穿梭于村庄内外，连声大喊：“赖石狮！赖石狮……”以这种特别的报警方式向隐蔽在附近山上的同志们发出敌情通报，出色地掩护了革命同志安全撤离险境。不一会儿，保安团的大队人马包围了村子，沈豆粒生怕同志们没有听见，又故意在她家门口大喊三声赖石狮的名字。陈式辉发觉上当，恼羞成怒，当即命令几个保安团士兵用手榴弹和石块猛砸其头部，直至头颅陷裂，血肉模糊，当场壮烈牺牲。敌人进而抓住沈豆粒的养女毒打和审问，逼她说出工团的下落，其养女像母亲一样坚贞勇敢，忍受着肉体被折磨的极度痛苦，始终只说出“不知道”3 个字。这个仅有 6 户人家的革命基点村的群众，在敌人威胁利诱面前，个个守口如瓶，视死如归。敌人无法从他们口中得知工团的下落，又凶残地杀害了两位接头户，并在村里驻扎下来。为了保护这批革命群众，工团马上接应乡亲们转移他处，进行妥善安置，直到敌人撤走，才送他们重返家园，做好善后工作，安排生产自救。

1949 年 4 月，在新村突围中的闽粤赣边纵第八支队一名战士被捕叛变，向敌保安团供出了北坑村老接头户赖香仁和赖壬癸的情况。于是，敌保安团赖德辉又一次率部猖狂扑向革命基点村——北坑，接头户赖香仁、赖壬癸两家惨遭劫难。赖香仁矢口否认与工团有过联系，并乘敌不备逃出虎口。赖德辉在追击赖香仁时，从田埂上跌倒摔了个筋斗，这个杀人不眨眼的魔王，一怒之下，竟下令将赖香仁的父母和妻子活活打死；赖壬癸当时不在家，其妻和堂弟、堂弟媳也同样惨遭杀害。他们两家的房子同时被敌人放火焚烧，顷刻间化为灰烬。同月 15 日，从新村突围冲杀出来的闽南第八支队第七、八连指战员前往奎洋松和潭、奎坑集结，途中不论住在下半径，还是取道下水、梧宅、船场转移到树海北坑，一路上都得到群众的大力支持。

南靖苏区人民发扬了大无畏的自我牺牲精神，树海游击根据地的党组织、工团和闽南支队才能在那样艰难困苦的斗争环境中生存下来，坚持下来，直至取得斗争的最后胜利。

解放战争后期，解放军闽粤赣边区纵队第八支队三进树海开辟南靖奎洋新区，在科岭坑下以第七连为基础扩建了第八连。1949 年 6 月，解放军闽粤赣边区纵队闽西南联合司令部在永定湖雷成立，第八支队整编为 5 个团，其中以南靖子弟兵为主体的第八连被编入第十九团。而整个解放战争时期，在当地党组织的领导下，南靖还组建了港仔口武工队、树海武工队、版寮武装基干连、曲江武工队、南靖游击总队、靖和浦独立大队、永和靖游击队等人民武装，为巩固发展游击区，积极配合解放军解放南靖和闽西南贡献力量。

第六节　活跃在南靖各地的隐蔽战线

由于南靖地处闽西通往闽南的交通要道，闽西党组织和闽西红军一直把建立秘密交通线作为一项重要工作。1932 年 4 月，中央红军攻克漳州后，闽西南党组织开辟从厦门经漳州、龙岩适中到永定和从“龙岩经适中、和溪、龙山、南靖到漳州”的交通专线。这些交通线护送了邓子恢、曾志、陶铸、罗明、陈明等许多领导同志，也为苏区转运了大批的物资。

抗日战争和解放战争中，中共闽南地委在南靖境内开辟了几条交通线，东：象溪—跳垅—内樟祠—油柑坪—寨仔—港仔口—小梅溪—漳厦白区党组织；东南：象溪—小山城或半山—炭坑或军刀洋—三坪—狮头山—漳南工委；南：竹仔崎—嫌仔坑—无里洞—官峰—大芹山—乌山根据地；西：金竹—大霜坑—上版寮—永定金丰大山—闽粤赣边区党委；北：北坑—仙师公—三宝坛—赤坑—奎洋—漳龙公路—华安、安溪中心县委。这些以树海为中心对外联络的5条主要通道，使树海成为中共闽南地委与各根据地和白区地下党秘密交通网络的中枢，其中半山、港仔口交通站的位置尤为重要。

山城镇溪边村油柑坪交通联络站旧址

通过树海地下交通网络，还为根据地的游击战士提供了大量的医药、电池、食盐等军需用品和经济给养。同时，及时传达中共闽粤赣边区党委指示，为闽南全境和福建全省的解放与接管发挥了重大作用。

南靖处于闽西南交界，中央苏区前沿的特殊地理位置，南靖苏区的斗争复杂，环境恶劣，但在土地革命战争、抗日战争、解放战争时期，南靖苏区的革命烽火从未熄灭，广大区乡群众一直担任保卫和巩固闽西南苏区、中央革命根据地的艰巨任务，为此付出了重大牺牲和代价。全县被摧残的革命基点村33个村，被毁村庄23个，绝户474户，被杀被抓729人，被迫逃亡926人，饿死、病死1225

人，被烧毁房屋5296间，被抢耕牛651头。新中国成立后，南靖有216人被评为革命烈士，650人被认定为“五老”人员，135个村被认定为老区村，占全县自治村总数的73.77%，属于全省重点老区县。

一些重要历史文献、历史档案中，都记载南靖县为中央苏区扩展时期管辖的范围。1930年1月14日《中共福建省委通告第五十六号》指出：“闽西斗争最近向连城、长汀、永定金丰及南靖、漳平边界进展”；3月1日《中共福建省委通告第三号》指出：“闽西工农群众更加热烈地起来扩大苏维埃政权，克复永定、龙岩二县城，更进一步积极向南靖、漳平发展”；老一辈无产阶级革命家、闽西革命根据地的主要创始人张鼎丞、邓子恢在《红旗不倒——福建老根据地革命斗争特辑序言》中明确指出：“闽西革命根据地包括南靖等13县，在第二次国内革命战争时期，这里曾经是当时中央苏区的一个组成部分。”1988年3月，福建党史委在上报中央党史委《闽粤赣边区革命根据地的建立及其斗争情况》专题材料中明确指出：“闽粤赣苏区地域包括南靖县的部分区乡”，其附件30中也指出：“闽西系指福建省西部地区，它主要包括南靖等13县。”

为了表彰南靖苏区对革命事业的重大贡献，1951年，南方老根据地访问团中央苏区分团第十二分队访问南靖科岭、和溪时，对南靖作为中央苏区组成部分的客观存在和斗争史实进行了全面的调查和验证，在《福建省老根据地访问工作总结报告》中指出：“闽西南老根据地都属于中央苏区，包括南靖等20个县，其中曾在全县大部分地区建立过苏区的有南靖等13个县。”

南靖苏区人民为中央革命根据地的形成、发展和福建革命的成功做出了重大贡献，2011年4月1日，中共中央党史研究室确认南靖为原中央苏区县。这不仅是中国共产党领导的革命斗争历史对南靖苏区的回馈，也是对南靖苏区在闽西苏区、中央革命根据地和福建革命史的重要地位和历史贡献的肯定。

第五章　南靖在创建和发展革命根据地过程中的重大历史事件

大革命失败后，南靖人民在党的领导下，建立工农武装和革命根据地，同国民党反动派进行坚决斗争。1928 年，爆发了令人震惊的福建程溪暴动，打土豪、抗捐税，点燃土地革命的烈火。1931 年 9 月 20 日，南靖爆发威震闽西南的山城兵变，205 名士兵从国民党营垒中冲杀出来，投奔中国革命。1932 年 4 月，为攻克漳州，毛泽东率领中央红军，途经南靖进行激烈的战斗，中国工农红军取得著名的漳州战役的重大胜利。1946 年，党领导下的革命军队在茫茫树海开辟新的革命根据地，使南靖成为漳州地区开展革命运动的指挥中心。1949 年，南靖老区人民积极配合大军解放南靖及漳州等地。

第一节　程溪农民武装暴动

大革命失败以后，以蒋介石为代表的国民党右派建立了反共反人民的新军阀统治。在闽南，国民党反动派、地方军阀、地主豪绅紧密勾结，对广大人民实行残酷剥削和掠夺，恢复了大革命前的各种苛捐杂税，广大农村经济凋敝，农民群众挣扎在饥饿和死亡线上，生活极为困苦。

当时的南靖，村落式微，民居衰败，所有的房子都破烂不堪。如金山、龙山两个圩场除了卖几双草鞋及小小的杂货外，其余什么都没有。水潮约有 30 间商店的大街，由于生意不好，没有人再来营业，都空空如也，全无人影。各式各样的苛捐杂税使百姓不堪重负。

如反动派为修筑漳(州)龙(岩)公路强行派工,按人口摊派,规定每人担负 4 个工日外,还要缴纳 5 元光洋的公路捐,倘若不能出工,便要缴纳更多的钱。若派 16 岁以内的童子出工,则做 2 个工日只能抵算 1 个工日。农民因无力缴公路捐,被迫死的不知有多少,南靖人民已到走投无路的地步了。

1928 年 2 月下旬,蒋介石嫡系部队陆军独立第四师(后改称第四十九师)张贞部从江苏进驻闽南后,更是巧立名目,搜刮民脂民膏,除了强征果子捐、公路捐、人头税、壮丁款外,各种用税增加 39 种,而且毫无人性地强迫程溪一带的农民扩种罂粟,以收取高额烟苗捐(俗称鸦片捐)。多如牛毛的苛捐杂税使本来难以度日的南靖农民雪上加霜。百姓无不愤恨地骂道:"张毅换张贞,捐税加二升。杀头换枪毙,手杖赛过枪……"

南靖程溪与龙溪、平和、漳浦接壤,是个农工商兼有的山区圩场。每逢圩日,四县边民在此买卖交易,热闹非常。国民党地方政府在程溪设立保安分驻所,驻扎保安队员数十人,在此欺压百姓。已摇身变为保安分驻所所长的杨凌秋不仅包揽征收捐税大权,而且为中饱私囊,借机大量加派烟苗捐,离程溪仅三四公里的南坑村首当其冲。南靖县政府下达给程溪区 300 元大洋的烟苗捐,杨凌秋全部将它摊派在南坑村民身上。屡受压迫的农民对保安队苛收捐税甚为仇恨,常常引起冲突,而保安队在一次收捐税时竟开枪向农民示威,更引起广大农民的极大愤慨。广大农民对党组织和农会更加信任,纷纷要求农会出面杀捐棍并缴保安队的枪。于是,王占春与南坑农会代表亲赴程溪区公所,据理力争,要求减少税款。然而,区公所反而派保安队到南坑抓走 2 名"闹事"的农会会员。迫捐与抗捐针锋相对,剑拔弩张。

1928 年 3 月 8 日,毗邻南靖的平和长乐爆发了共产党员朱积垒领导的农民武装暴动,攻占平和县城。中共福建临时省委为牵制张贞镇压平和农军的兵力,指示闽南各地及时组织武装力量,相机进行暴动。

3 月 24 日,后安村反动家长林廉由于贪污村民合股买芦藤(一种毒鱼的药草)的公款激起了公愤，农会会员林大钟一气之下将其狠揍了一顿。怀恨在心的林廉便向杨凌秋告状，杨凌秋以"殴打家长"的罪名派人将林大钟抓到保安分驻所关押。王占春闻讯，与后安村农会代表前往保释。不料，杨凌秋非但不放人，反倒借机勒索60元大洋的"和息礼"。村民闻讯，无不义愤填膺。于是，王占春以此为契机，迅速引燃了以抗捐抗税为主的程溪农民武装暴动的导火线。

当晚，王占春召集后安、南坑、下尾、溪边、云后、土围、望坑、外云、顶叶、下叶、东宝楼等村农会主席在后安村会馆秘密商议。会上，大家一致决定由各村分头发动群众，以在后安村耕牛失盗为由，于次日晨一起行动，包围攻打程溪保安分驻所。3月25日凌晨，王占春率农民武装和农友500多人，从后安村分路悄悄向程溪圩进发。拂晓，由龙溪县邹塘农民武装骨干王却车、叶五县带领的30多名农民武装也赶来参加战斗。临近圩场，这些手持鸟枪、柴刀、棍棒等武器的农民一路疾跑高呼："土匪偷牵牛啦！抓住他！快追呀！"以迅雷不及掩耳之势，霎时将保安分驻所包围。这场战斗，毙敌2人，缴枪1支，解救出被关押的农会会员林大钟。由于杨凌秋外出未归，未能当场将其捕获，于是，王占春又率领暴动队员围攻杨凌秋夜宿的叶宅。最后，在顶叶村封建家长的出面"议和"下，杨凌秋签名同意免去程溪农民的捐税，释放被抓走的2名南坑农会会员，并保证今后不再危及各村农会的安全。程溪暴动取得了胜利。

3月26日，国民党地方当局派南靖县保安队队长张建德率60余人前来救援。因农军事先有所准备，当敌人进入南坑路口时，四五百名农军用鸟枪开火截击，保安队落荒而逃。接着王占春带领农军到各乡村捕捉捐棍，吓得平日为非作歹的土豪劣绅闻风逃窜。

几天后，张贞闻讯大惊，急调所部驻南靖二团之一营纠集保安队和反动民团，携带许多机枪开往程溪镇压。是时，农军和农友数百人在山上设防，准备迎击敌人。张贞部见农军有所准备，只巡行示威，不敢开火，即于当日下午撤兵了事。接着，张贞驻南靖二团团长杨逢年又派保安队到程溪，要求各乡家长以交出王占春等为首者，并接受罚款和缴枪为条件，否则就派兵弹压相威胁。王占春针锋相对，领导农会以全体农民名义发表宣言，向社会各界说明与保安队冲突真相。

中共福建临时省委及时指示南靖地方党组织：(1)应发动群众，与保安队对抗，无论如何不可退让及妥协调和。(2)应尽可能设法使张贞军队保持中立，非必要时不要与张贞直接武装斗争。经过农会出面斗争，张贞部二团不敢单对农民罚款，只得将县保安队队长张建德撤职查办。

程溪农民武装暴动不仅策应了平和暴动，牵制了张贞的兵力，而且以其为标志，使南靖革命斗争由日常的反抗烟苗捐开始转向持久的武装斗争新阶段。

第二节　威震闽西南的山城兵变

盘踞在漳属的反动军阀张贞为达到称霸闽南的野心，一方面拼命收编各地的民军和土匪；另一方面残酷地镇压工农革命运动，横征暴敛，大肆搜刮民财，仅在漳属地区就增加捐税 39 种，广大人民怨声载道。反动统治的政治危机与经济恐慌，给闽南人民和军阀部下的士兵带来了深重的灾难。国民党第四十九师张贞部由于军费严重不足，曾有 4 个月无钱发饷。即使发饷，那为数不多的饷钱又常被各级军官截留，往往发到士兵手中的饷钱还不够买一双胶底布鞋。士兵生活很苦，因此士兵厌战情绪与日俱增。他们受闽西南工农革命活动的影响，日益觉醒和倾向革命。

1927 年 12 月，中共福建临时省委成立后，就十分注重兵运工作，提出了“发展士兵革命的组织，使他们拿起武器向他们的长官反攻，帮助工农革命”的口号。1928 年 8 月，中共福建省委正式成立后，进一步加强了兵运工作。1930 年 12 月，被委派到漳州重建中共闽南特委的陶铸，按照省委的部署，加强了兵运工作。1931 年春，中共永春县委原委员颜国泰，因在家乡暴露身份，省委安排他到漳属工作，陶铸派颜国泰打进国民党军内部开展兵运工作。于是，颜国泰改名颜长标，化名陈秀，通过在第四十九师独立团第一营任连长的永春同乡周达仁的关系，巧妙地打入张贞部，被安排在第四连任班长。

张贞独立团第一营辖有4个连，驻防南靖。其中驻在山城镇（今县城）的第三、第四连，大部分系招募不久的浙江籍、湖南籍新兵。他们当中有不少人由于生活所迫，无奈当了国民党兵。

颜长标按照陶铸的部署，首先发展先进分子加入中国共产党，进而建立党支部。在短短的几个月时间里，士兵会会员就发展到100多人，占了第三、第四两个连士兵的2/3。

中共闽南特委于1931年8月9日在漳浦召开会议。会议认为，第三、第四连已具备兵变条件，决定利用此时张贞在南靖的统治力量较薄弱的机会，由王占春领导的工农红军闽南游击队第一支队（简称红一支队）攻打山城，策应第三、第四连党组织领导士兵起义，形成里应外合，收缴山城驻军和附近反动民团的武装，拉出队伍开展游击战争。

颜长标接到特委通知后，即秘密召开支部会议，决定每个党员分头对士兵宣传鼓动，卓有成效地把兵运工作引向深入。而红一支队也加紧整训队伍，并与第三、第四连党支部取得了联系。

9月20日，驻扎在山城镇的第四十九师独立团第一营营长李良荣接到师长张贞命令：全营于22日出发，配合南靖、平和、漳浦三县民团“进剿”红一支队。于是，李良荣通知驻扎在漳浦小山城的第一、第二连到南靖山城集合。得悉此事，颜长标与第三、第四连党支部召开紧急会议研究对策，放弃原定由红一支队配合、策应起义的行动计划，决定提前举事，将起义时间定在21日凌晨4时，并确定起义队伍番号为“工农红军闽南游击队第二支队第二大队”，颜长标亲任大队长。

9月21日凌晨4时，震撼闽西南的山城兵变爆发了。颜长标率领党员和士兵会骨干，刺死反动连、排长，割断电线，断绝了山城的对外联络。第三、第四连士兵共205人，携枪180余支，迅速集结在山城镇中山公园待命。颜长标宣读完《国民党十大罪状》讨檄书后，正式宣布起义，投奔红军，参加抗日。尔后，他领着士兵沿街张贴标语，率队向平和游击区进发，沿途袭击民团和乡公所。

当日，张贞得知山城兵变。立即派出飞机2架追击，星夜调回“进剿”红一支队的第一、第二连；命令漳龙护路大队大队长汤涛亲率5个分队实行南北夹击。尔后，张贞又电令一四六旅旅长王祖清和一四五旅旅长杨逢年从闽西速回漳州，对起义军全面“围剿”。

1931年，南靖山城起义联络点——山城大庙口

中共闽南特委获悉第三、第四连已提前兵变，便派出联络员寻踪联络，并组织红一支队向起义军靠拢，但由于联络员途中被捕，加之敌重兵阻隔，组织接应的红一支队始终未能奏效。中共厦门中心市委积极采取措施，设法营救，于9月24日迅速将山城兵变情况呈报中共中央，并向各报馆投稿，将起义事件公之于众，以扩大山城兵变的政治影响。

21日，起义军行踪被敌机发现，遭到轮番扫射。22日，孤军作战的起义军英勇冲杀，但因地形不熟而误入平和白区。为了摆脱敌军，颜长标率起义军沿平和小溪、坂仔、南胜转往峨眉山，以期与红一支队汇合。但转战中又屡遭敌兵围追堵截，损失惨重。当队伍迂回至平和双溪口的虎下庵时，再遭张贞一四六旅主力围攻。起义军终因弹尽粮绝，除少数人突围外，大部殉难，大队长颜长标重伤被捕，随即被解送漳州第四十九师师部，于 11 月 5 日在漳州北郊英勇就义。

颜长标，永春县石彭乡人，大革命失败后毅然从马来西亚回国投身革命，1929 年加入中国共产党，1930 年 7 月任中共永春县委委员。他的牺牲是闽南兵运史的重大损失。

山城兵变，是闽南革命史上的重大事件，尽管受到特定历史条件的限制而失败，但 205 名士兵毅然从国民党营垒中冲杀出来，投奔中国革命的义举令世人瞩目。山城兵变作为“福建革命兵变的信号”，为此后福建各地党组织成功地领导形式各异的兵变，提供了宝贵的历史经验。

四九师独立团哗变情况

中央：

四十九师（张贞）独立团在南靖山城第一营于本月二十一日在我们领导之下实行兵变。该营有四（个）连，均有我们党与士兵的组织，第三、四两连尤多。原来计划是要漳州游击队从外面进攻，他们从里面哗变出来，因为游击队需要补充军实迟延时间，第三、四两连他们便自行哗变，杀死连排长之后，全部携枪向平和之小溪方向去……

厦门中心市委

一九三一年九月廿四日

中共厦门中心市委关于“四十九师独立团哗变情况”向中央的报告

第三节　红军攻打漳州在南靖的战役

一、国民党军队张贞部在南靖的布防

中央苏区第三次反“围剿”胜利结束后，赣南、闽西苏区连成一片。1932 年 3 月中旬，由于粤敌向赣南、闽西苏区进犯，中央军委、

苏区中央局根据形势的变化和毛泽东的建议，令中央红军东路军（辖红一、红五军团）入闽执行巩固闽西苏区、打击入闽粤敌的任务。东路军由林彪任总指挥，聂荣臻任政委，罗荣桓任政治部主任，陈奇涵任参谋长。毛泽东以中华苏维埃共和国临时中央政府主席身份随东路军行动。

4 月 10 日，红一军团攻占龙岩城。敌一四五旅旅长杨逢年率残部仓皇向南靖逃窜。龙岩的胜利收复，打开了红军进漳的大门。

红军进军漳州必经南靖。其时，盘踞闽西南的新军阀国民党四十九师张贞部设师部于漳州，但由于漳州地处平原，无险可以据守，所依恃的只有雄踞于漳州西北郊、离城 20 多公里的天宝山山脉。北山脉屹立于南靖龙山、宝林、靖城至龙溪天宝之间，主要有五峰山、十字岭（今称十二岭）、风霜岭、笔架山、榕仔岭等，由于峰峦叠嶂、岭岭相连，从而构成了漳州西北郊的天然屏障。

为防备红军袭击漳州，张贞以龙岩为第一道防线，以和溪为预备防线，以天宝山为最后一道防线，并将其主力部署在南靖至龙岩一线及漳州外围。4 月 10 日，龙岩失守，张贞大为震惊，一面飞电福州告急，一面决计在南靖龙山、靖城一线与红军决战。他将两旅主力布防如下：令杨逢年旅二九〇团、二八九团扼守左翼榕仔岭、笔架山、宝林桥东等地，设旅指挥部于靖城；调王祖清旅二九三团（原驻龙溪角美）、二九四团（原驻漳州江东桥）扼守右翼十字岭、风霜岭主阵地，设旅指挥部于天宝；另以二九二团一个营置乌石山附近配合陈国辉部警戒华安至浦南一线，防备红军抄后路入漳州，2 个营置于天宝附近作为总预备队相机向两翼增援。同时，派出飞机 2 架沿漳龙公路侦察红军行动，师部则控制一些直属队等仍驻漳州指挥。

左翼杨逢年接令即在宝林桥东岸两侧板墙内部署重兵，并分兵把守铁炉寨、埔尾山、刘仔山、牛崎头、龟仔头、榕仔岭等山头；而右翼王祖清强令士兵以十字岭、风霜岭为中心，匆忙挖战壕、筑简易掩体，企图踞险顽抗。杨、王两旅原本貌合神离，矛盾极深，而张贞又将其倚重的杨旅置于比较安全的左翼阵地，把战斗力较弱的王旅置于比较危险的右翼阵地。

二、红军取道南靖攻占漳州

为切断杨逢年残敌向南靖逃窜的退路，东路军总部在龙岩战役尚未发起前，即派出先遣队红四军十一师3个团，从永定坎市经南靖梅林、奎洋，迅速迂回插入龙山。

4月13日，毛泽东、林彪、聂荣臻等率领东路军进漳部队离开龙岩，兵分两路向南靖长驱直进，一路经过适中到和溪，一路从马岩岭经漳平龙车到和溪。总部及第四军（军长王良、政委罗瑞卿）14日抵马山，16日在马山组织对敌情、地形的侦察。第十五军（军长黄仲岳、政委左权）14日抵和溪，15日抵龙山，16日抵宝林后，即令四十四师对宝林桥守敌进行火力侦察。红五军团14日抵龙岩后，即令第十三军驻守龙岩，负责保障从龙岩到漳州的战勤供应运输线，令第三军疾速向南靖推进，与红一军团一起参加进攻漳州战斗。第三军（军长周子昆、政委葛耀山）15日抵金山，16日抵龙山。至此，东路军进漳部队已全部进入南靖县境内，占领了和溪、金山、龙山、马山，逼近了敌之要道宝林桥（当时少有的建筑坚固钢筋混凝土大桥）和距漳州城仅20多公里的要隘十字岭、风霜岭一线。为有效地歼灭敌人，东路军在南靖境内进行了积极的战前准备。4月16日，毛泽东率人在马山组织对敌情、地形的侦察后，即率红四军从马山越过坪林岭进驻凤安村。总部通过四十四师对宝林桥一带守敌的火力侦察，对整个作战计划进行周密部署：确定以敌之右翼十字岭、风霜岭一线为主攻目标，由红四军担任主攻，红三军为预备队。待吃掉敌之右翼后，即由红十五军组织夹攻，合击敌之左翼。

4月16日下午，红十五军政委左权率四十四师对宝林桥守敌实施佯动佯攻；四十五师则在游击队配合引导下，登上大岭头，佯攻牵制笔架山守敌，以掩护红军主力横渡永丰溪，进抵风霜岭、十字岭敌前沿阵地南坪、内洞村一带。

红军主力以十一师三十三团为先导，克服渡河困难，于16日、17日陆续进抵南坪、内洞一线前沿阵地。红军总部于南坪、内洞之间的寨前山设立前沿指挥部。在此指挥作战的有林彪、聂荣臻等东

1934 年 4 月，红军东征漳州佯攻地点——南靖丰田镇宝林桥

路领导人，而总部和直接指挥东路军行动的毛泽东则在寨前山顶侧的墓仔顶（今南坪村所在地）。由于 17 日、18 日两日连降大雨，河水陡涨，视线迷蒙，给总攻带来困难，毛泽东、林彪、聂荣臻等指挥员依据敌情、地形和天时诸条件，遂将总攻时间推迟到 4 月 19 日。

4 月 19 日拂晓，漳州战役在南靖境内打响。总攻信号一响，红四军第十一师在第十师配合下，分头从正面向十字岭、风霜岭一线敌阵地发起猛烈的进攻。在争夺主阵地的激战中，红四军遭到固守在十字岭的敌机枪连顽抗而受阻。在此关键时刻，毛泽东亲临寨前山前沿指挥部，改变战术，调兵从石鼓仑两侧的胶东湖和畚箕湖袭击敌机枪连。此时，已占领五峰山的三十一团也居高临下，从侧后包抄而来。在红军上下夹攻下，十字岭敌阵地顷刻土崩瓦解，守敌二九三团伤亡过半，团长陈启芒、营长游其富被红军击毙。陷于唇亡齿寒境地的风霜岭守敌二九四团，纷纷逃窜。上午 9 时许，王祖清一四六旅两个团皆被红军击溃。红四军占领了敌右翼阵地，红三军随后跟进。红三军与红四军并肩作战，合围驻天宝之一四六旅指挥部。旅长王祖清临阵脱逃，副旅长魏振南被红军生擒。

红十五军四十五师在配合红四军、红三军击溃王祖清旅后，即

1932 年,红军攻克漳州决战南靖主战场——南靖龙山镇南坪村内洞五峰山

1932 年,红军攻克漳州决战南靖主战场——南靖龙山镇南坪村十字岭

神速地向靖城迂回,威逼敌一四五旅指挥部。旅长杨逢年急令驻榕仔岭、笔架山之二九〇团、二八九团增援靖城,但援兵前锋未及,靖城已为四十五师占领,而后卫尚未撤出阵地,便被四十四师冲杀得

七零八落。在红军围攻下，敌左翼全线崩溃，大部被歼，小部泅水南逃中也溺死不少。旅长杨逢年泅渡对岸后，即剃去胡须，脱掉军装，化装成农民逃跑，上演了一出当代“割须弃袍”的丑剧。亲往天宝茶铺督战的师长张贞亦如惊弓之鸟，急忙乘车逃回漳州安排后路。

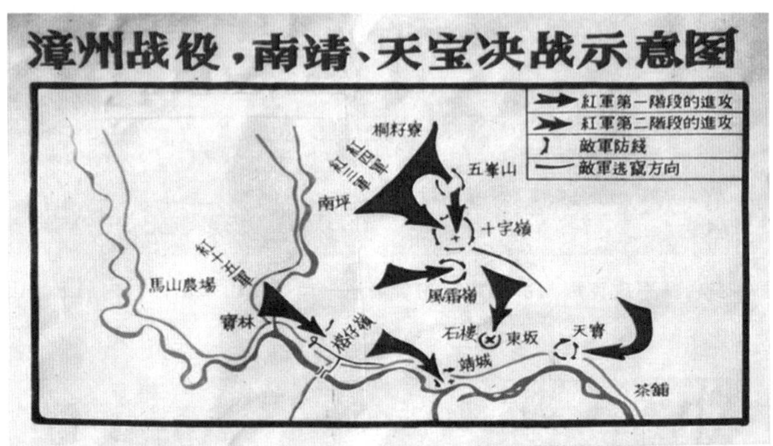

1932 年 4 月，漳州战役南靖决战示意图

下午 3 时许，红军东路军突破了敌设于南靖境内的所有防线，为 4 月 20 日胜利进占漳州扫清了路障。

十字岭、风霜岭这场决定性战斗宣告了漳州战役的伟大胜利，它使张贞苦心经营多年的武器兵员损失殆尽。在漳州战役中，红军取得重大胜利，战果辉煌，共歼灭国民党军 4 个团，毙敌二九三团团长陈启芳及营长游其富等多名，俘敌一四六旅副旅长魏振南、二九二团副团长谢玉成以下官兵 1674 人，缴获步枪 2331 支、机关枪 9 挺、山炮 2 门、步枪弹 13.32 万发、炮弹 4942 发、炸弹 242 枚、飞机 2 架、电话机 10 架。红军伤 349 名，阵亡 103 名。自此，喧嚣一时的新军阀“闽南王”“福州剿匪总司令”——张贞，一蹶不振。4 月 22 日，毛泽东在漳州致电周恩来，称：“南靖一战，张贞部队大部消灭，达到剪除粤敌一翼之目的……影响时局甚大，有调动粤军求得战争之可能……”

1932 年 4 月，林彪(左)和聂荣臻(右)在漳州战役缴获的飞机旁合影

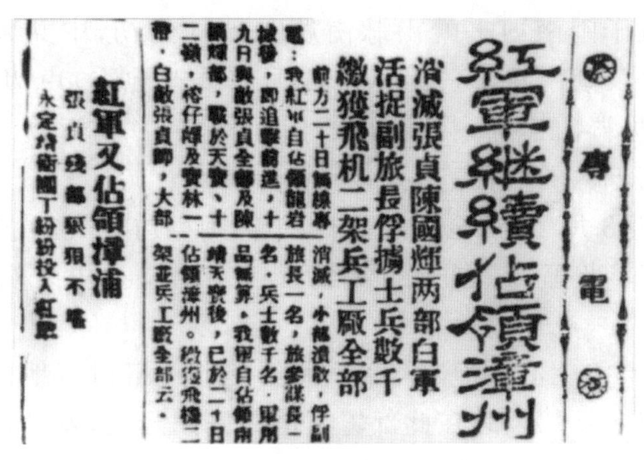

專電

紅軍繼續佔領漳州

消滅張貞陳國輝兩部白軍
活捉副旅長俘擄士兵數千
繳獲飛機二架兵工廠全部

前方二十日無線專電：我紅軍自佔領龍岩後，即追擊前進，十九日與敵張貞全部及陳國輝部，戰於天寶、十二嶺，捨仔嶺及寶林一帶，白敵張貞部，大部消滅，小部潰散，俘副旅長一名，旅參謀長一名，兵士數千名，鹵所品無算。我軍自佔領南靖天寶後，已於二十日佔領漳州。繳獲飛機二架並兵工廠全部云。

紅軍又佔領撑浦
張貞殘部竄狼不堪
永定靖衛團丁紛紛投入紅軍

红军漳州战役中的专电

第四节　树海——漳州地区革命运动指挥中心

抗日战争胜利后，国民党政府一心想消灭共产党及其领导的武装力量，独占抗战胜利的果实，实行独裁专政。

1945 年 10 月 10 日，国民党福建省主席刘建绪在“出巡”闽西南途中，在南靖县城基督教堂召开闽南各县县长会议，布置实施“清剿奸匪”计划，命令福建保安第二团开赴平和、第三团开赴闽西执行“清剿奸匪”。驻闽西南的福建省保警总队头目陈余珊指挥保二团官兵到了南靖、平和县境，肆无忌惮地滥捕无辜、奸淫妇女、洗劫农村。

中共中央及闽南各地党组织对蒋介石坚持内战独裁的图谋行径，早有警觉。抗战胜利后，闽南地区党组织在中共闽粤边委领导下，适应时局的发展。1944 年冬，中共闽南特委派卢炎带领闽南政保队两个班，从平和山内转移到南靖树海，就地开展游击活动。当地不少青年参加闽南政保队。因此，抗战胜利前夕，中共闽南特委已在南靖打下了较好的群众基础，随时准备投入新的战斗中去。

一、王涛支队第一大队挺进树海

树海位于闽南博平岭山脉南麓。1946 年初，中共闽粤边临委书记魏金水及闽南特委（1946 年 11 月特委改地委）卢叨来树海，登高远眺，只见群山连绵，林涛万顷，因而称之为“树海”。从此，树海便成为南靖苏区的别称。

1945 年 8 月 27 日至 9 月 3 日，中共闽粤边委决定，由陈天才率领卢炎、陈育光等 20 多人组成武装工作组，前往南靖树海开辟新区。

1945 年 12 月，王涛支队第一大队挺进南靖树海地区的大岭系山村。代司令员郑金旺在此部署了消灭民团土匪，发动群众打击豪绅恶霸，支持革命斗争的活动。

1946 年 2 月 2 日，部队从小村仔开拔，前往象溪村袭击豪绅恶霸沈清溪，采用伏击战术，打死沈清溪的长子和县保安中队 2 名士兵，击伤 2 人，缴枪 5 支、子弹 280 余发。

同月，中共闽粤边临委决定集中队伍搞一次大动作，通过出击闽南，直捣南靖山城，以打乱敌人的“清剿”部署。于是，通知王涛支队各大队向南靖树海集结，休整待命。3 月 11 日，王涛支队第一、三大队及长胜支队由平和长乐向南靖树海方向进发，行至小芦溪休息时，省保三团、驻芦溪的吴子高保二团等反动武装 1000 多人跟踪而至。战斗打得十分激烈，敌伤亡数十人，狼狈逃窜。王涛支队副司令员巫先科在战斗中英勇牺牲。当晚，部队分散转移，王涛支队第

一、三大队即向南靖树海转移，隐蔽在系山荒坑尾一带原始森林中搭寮整训。这是王涛支队第二次进驻树海。

5 月 18 日，王涛支队第一、三大队返回闽西。

1947 年春，驻防南靖、平和交界的葛竹村的省保安二团，与周围各乡保的反动联防队队长，天天逼着数百名壮丁搜山。这些壮丁二三十人一队，自带柴刀、干粮，整天在山上山下大喊大叫，造成隐蔽山上的地委机关人员无法与外界取得联系，给养一时中断。陈文平立即召集陈天才、卢炎等人开会研究对策，决定将计就计，对壮丁队采取政治攻势，教育争取壮丁队为我所用。

第二天，地委警卫班赖景明等 10 多名战士在象溪村陈公雅山小溪边的竹林里设伏，一举逮住了溪山保搜山的壮丁队。

1947 年夏季，中国人民解放军已从战略防御转入战略反攻。中共闽粤赣边区党委根据中央和香港分局指示，决定把为“创造闽粤赣边人民解放军和解放区而奋斗”作为边区党和人民的总任务。

二、中共闽南地委坚持树海革命斗争

树海林深竹茂，以南靖大岭脚、北坑为中心，跨越南坑、船场、奎洋、书洋、梅林等乡镇，贯穿几十个行政村，以及南靖与平和、永定县交界山区，方圆数百里的广大乡村，是解放战争时期最重要的闽南游击区，也是中共闽南地委领导闽南全境解放的指挥部。

1946 年 6 月，正当蒋介石向全国解放区发起全面进攻之际，国民党福建省保安二团加紧了对树海游击区疯狂的“清剿”，布兵驻防树海各地。仅葛竹保就驻有陈式辉一个中队，赖德辉一个大队则分驻船场、山城、南坑炮楼等处，赖林放联防自卫队驻防小山城，县保安队派兵驻象溪炮楼监视游击队的行动；另有杨春福为中队长的南靖县保安队和以张介义、曾捷元为正副总指挥的各乡、保联防自卫队与之遥相呼应，层层把守，妄图一举扑灭树海地区革命斗争的熊熊烈火。树海游击根据地的斗争虽几经受挫，但仍不失为解放战争时期闽南革命的一个大本营。

1947 年 1 月，内战乌云密布，闽南革命斗争环境险恶，“整个闽南还存110人左右(乌山50余人,平和、树海50余人)”。中共闽南地委经研究决定,由书记陈文平带领机关人员转移至南靖树海,他们先后在象溪、大岭、北坑等10多个偏僻小山村,执行上级党委关于“隐蔽精干”“分散活动”的指示,在新区深入发动群众,发展武装,解决给养,以达到“添丁发财”、保存力量、待机而动之目的。

7月间,中共闽南地委决定结束隐藏,成立“解放军闽粤赣边区总队闽南支队”。会后,地委决定卢叨、陈文平留在树海处理日常事务,1947年农历八月初一日,在乌山葱仔寮集中原钟赛支队的一些骨干,编为3个班,卢叨宣布闽南支队成立。从此,这支人民武装担负着打击敌人,配合解放军正面战场作战的任务。

三、中共闽南地委机关重进树海

1949年春,在三大战役取得胜利的大好形势鼓舞下,中共闽南地委贯彻执行闽粤赣边区党委关于“抓紧时机发动群众,扩大队伍,争取各块游击区连成一片”的任务,决心以新的战果来迎接大军渡江南下,解放闽南全境。抓住这一有利时机,卢叨再度率地委机关、无线电台和《前哨报》社等工作人员,重进树海北坑村;13日进驻大岭脚白咏,把前沿指挥中心推移至永和靖边界的南靖县境内。

地委机关重进树海后,下山曾风绪、高港曾银帕、平和县赖长寿等几股反动武装仍在负隅顽抗,严重威胁着驻树海地委机关人员。因此,地委采取各个击破的战术,扫清树海周边的各股反动势力。

首先,政治瓦解下山联防队。地委派出下山工团主任曾明星直接找曾风绪谈判,开展攻心战,向他宣传闽南全境和全国即将解放的形势,指出只要弃暗投明,可以既往不咎。下山工团几经与之谈判,终使曾风绪愿意接受谈判代表提出的条件。曾风绪和联防队员5人挑着38支枪和一批子弹交给驻在葛竹辉华楼的八支队第一连。

地委机关重进树海直到南靖全境解放,无线电台和《前哨报》的工作有条不紊,从未间断。无线电台抄录新华社每天播发的电讯稿。

1949年8月下旬,中共闽南地委决定成立龙溪军管会接管团,立即从各战斗部队、地方工团分批抽调知识分子骨干，集中于树海学习培训。首批有30多人。随后，又抽调20多位回国同志，以及30多位厦门大学、厦门侨师具有大专文化程度的同志参加。

第五节　配合南下大军解放南靖

一、宝林会师

1949年6月，闽粤赣边区党委为了迎接胜利的形势，决定统一闽西、闽南武装力量，成立闽西南联合司令部（以下简称“联司”）。6月3日，联司宣告成立。党委决定集中兵力，接管闽西各城市，迅速恢复老区，建立巩固后方，扩大政治的影响，积极准备挺进闽南，迎大军解放福建全境。

就在解放大军节节进击之下，从江浙一带溃退下来的国民党败兵纷纷入闽。胡琏兵团由江西逃到闽西，刘汝民兵团窜入闽东南，漳龙公路上和闽南沿海各县到处塞满了国民党的残兵败将。因此，联司各支队的活动受到了暂时的阻碍。党委分析了这个新情况，立即决定以团为单位分散活动。

7月间，边区党委决定由李仲先带领30余位同志回到闽南乌山老根据地发动群众，准备粮食，迎接大军。十三团、十九团、二十一团等3个团回到平和、南靖一带老区活动。

8月17日，解放军第十兵团解放了福州，继而又向南挺进。活动于泉州地区的闽粤赣边纵第八支队第四团也解放了安溪、永春等6个县。这时，国民党败兵大部已从闽西窜入广东。在不断取得胜利的新形势下，联司党委集中兵力于9月1日解放龙岩。

龙岩一解放，联司即部署分头出击，中共闽南地委率闽粤赣边纵第八支队各部，沿漳龙公路向漳州进军。9月3日，二十三团解放漳平重镇——永福，部分连队配合安溪四团攻击漳平县城。9月8日，四团一举攻下漳平，立即回师闽中；二十三团奉令向漳龙线靠拢，配合南下解放大军的军事行动。

是时，中共闽南地委和闽粤赣边纵第八支队及时总结经验，分析形势，部署任务，决定地委、司令部带领十三团、二十一团迅速向南挺进，由二十三团配合地方工团在漳龙公路沿线肃清散兵游勇，接管国民党基层政权，发动群众建立民主政权，保护公路、桥梁，筹备支前粮草。经过短时间的休整，党委决定由李仲先、卢叨带领十三团、二十一团两个团沿漳龙公路直下闽南，沿途解放适中、金山、龙山等地。队伍日夜兼程，所向披靡，一路挥戈南进。

9 月中旬的一个深夜，支队部宿营在金山庵后吴氏祖祠，地下交通员带来了五位身穿黄军装的大汉，这就是地方游击队日盼夜想的大军。一位参谋简要地向第八支队领导介绍他们是第十兵团三十一军侦察营的侦察员，约第八支队指战员明天晚上到宝林桥会师。随后，支队连夜把干部找来开会，通报大军侦察员前来联系的情况，让大家分享胜利的喜悦，大家高兴得彻夜未眠。

闽粤赣边纵第八支队整队开赴宝林桥。大约 9 点钟，远处传来了解放军的整齐步伐声，李仲先、吴扬正副司令员赶紧迎上去，与三十一军九十二师参谋长田贤成紧紧地握手。桥东桥西一片欢呼。

1949 年 9 月 17 日，第八支队与解放军三十一军侦查营在南靖县宝林胜利会师

田贤成参谋长传达第十兵团三十一军首长命令："我军主力即将兵分三路进攻漳州，会师队伍必须在19日以前赶到漳州东南面截击往厦门或漳浦逃跑的敌人。"会上决定由二十一团团长张振礼带第一连第二排配合大军侦察营一个连，连夜出发到漳州东面直插海澄、港尾，切断敌人撤往厦门的退路。深夜，会师部队1000余人经龙山太监亭，宿营莱坑（今太保）横峰庙宇，第二天拂晓越过北隙岭，取道南靖县城外围的浮山、洪濑口、平和县黄井，18日晚到达程溪塔潭。19日晨，漳州发起总攻，驻漳的刘汝明兵团残部迅即溃退，大部分逃往石码、厦门。八支队十三团、二十一团的指战员分别在林下、木棉、港尾及漳浦马口桥、杜浔拦截逃敌，俘敌官兵419人。

解放了的漳州城一片欢腾，到处锣鼓喧天。在新成立的中共福建省第六地委和第六行政督察专员公署（后改为龙溪地委、龙溪专员公署）的领导下，一面紧张地投入漳州城市接管，组织人民恢复生产和生活，积极筹备粮食、船只，支援大军跨海解放厦门；一面继续指挥部队解放闽南各县。

二、国民党军政人员弃城东逃及被歼

9月17日闽粤赣边纵第八支队与解放军三十一军侦察营在南靖宝林会师后，是时，南靖县城虽唾手可得，但会师部队肩负重任，直抵漳南的程溪、林下一线，截击漳州战役打响之后南逃之敌的后路，暂且放弃对南靖县城的解放与接管。

9月19日上午，国民党南靖县长、"汀龙漳护路支队司令"陈维猷召集南靖国民党军政人员四五百人开会，部署撤退。县政府秘书戴机生带大印和两个护路中队随其身边，一个护路中队为前锋，两个县自卫中队殿后，当日撤离县城往葛山、下戴，是夜宿营阡桥观音山。同日，"反共救国军漳龙边区游击队"由副司令吴奇峰指挥从山城元湖撤出，经葛山、下戴，宿营尚寨。

9月19日，第八支队十九团团长张振顺为首，带领120多人，沿黄井溪直下靖城沥水，夜宿新楼。二十三团则由团长吴昂成率领，沿山城水尖山东面，直达沥水并在此夜宿。

与此同时，已宣布起义的县警队队长戴评章部，也奉命集结塔土尾和沥水旗尾山，随时准备配合第八支队阻击逃窜的国民党军队。

9 月 20 日拂晓，“反共救国军漳龙边区游击队”（亦称“良川”部队）200 多人，从尚寨出发，渡过九龙江到达沥水村。其时，河对岸的闽粤赣边纵第八支队早已严阵以待，西南面旗尾山也有戴评章起义部队 100 多人。当“漳龙边区游击队”行至新楼时，即遭到十九团的迎头痛击，惊慌退至附近的岩仔山麓，又被扼守在南面水尖山的二十三团以严密的火力封锁，无法从山后逃窜。此时由陈维猷带领的队伍登岸后也向新楼行进，企图向草坂方向逃窜，也受到十九团的阻击，敌因前进受阻，就近抢占制高点与十九团进行抵抗，双方相持不下。陈维猷孤军无援，决意背水一战，遂令一个中队向畚箕湖的十九团阵地猛冲，但很快就败下阵来。继而陈维猷又令另一个中队向后突围，仍被十九团打得溃不成军。下午三四时，陈维猷见败局已定，无力指挥作战，马上扔掉左轮手枪独自潜逃。县保安中队长杨春福和护兵戴河水在河边的刺竹丛中被俘。被俘的还有县护路支队副司令曾捷元。余下的 400 余名官兵四处逃散，有的当了俘虏，有的在泗水过河时溺死，有的向靖城附近的地方工团投降。

至此，南靖县国民党反动武装覆灭，陈维猷只身逃到漳州后，即落入解放军的手中。此战，全歼弃城东逃国民党军政人员及士兵 600 多人。

9 月 21 日下午，由中共闽南地委常委兼平和县委书记陈天才派出秘书周三三，带着国民党平和起义县长、临时支前办副主任张介义及武装人员数十人，进驻南靖县城，以帮助维持稳定县城秩序。9 月 22 日，闽粤赣边纵第八支队二十一团奉命回师解放南靖县城，执行警备及收编戴评章起义部队等任务。当天下午 3 时，解放军以整齐的步伐步入南靖山城，受到南靖人民的热烈欢迎。顿时，口号声、鞭炮声响彻县城上空，从这一天起，南靖县城宣告解放。

三、接管南靖县城建立新政权

1949 年 9 月 24 日傍晚，陈文平、陈锐志、陈清定率领地委机关、县工委、武装工团和民兵 120 多人进入山城。进城后，陈锐志以南靖县军事管制委员会主任、陈清定以南靖县人民政府县长名义张贴布告，安定民心，开始进城后的各项工作。25 日，随大军一路南下的长江支队第五大队第二中队 47 名干部，在南下县委书记王杰率领下，从漳州驱车至靖城后，徒步回到山城，与南靖县工委、永和靖县工委及地方武装会合。

南下县委与地方党组织、游击队会合后，立即进行安定地方秩序和建立人民民主政权的工作，重新调整了军事管制委员会的领导，主任王杰、副主任陈锐志。

9 月 26 日，县军事管制委员会派出 16 个工作组，正式接管国民党县政府、县党部、稽征税务处、县立中学、民教馆、农业推广所、水利局、邮政局、军事合作站、自卫团总部、警察局、司法处等 16 个单位，摧毁了国民党反动政权，解散了反动社团组织，对国民党旧职人员进行了教育安置，按照“约法八章”，留用了一批愿意为人民服务的公务人员，初步建立起新的革命秩序。

在接管工作中，主要抓好以下几方面的工作：(1)按照党的政策，组织愿意留下来的旧职人员学习，边审边安置，给予生活出路；(2)面对解放初期土匪猖獗，布置开展剿匪反霸、镇压反革命的行动；(3)恢复学校复课，商店开业。

同年 10 月初，中共南靖县委成立，县委书记王杰、副书记陈锐志；同月，建立南靖县人民政府，县长陈清定、副县长魏宏，宣布将全县划分为 6 个区，并在各区设立区分委、区公所，作为县委、县人民政府的派出机构。此后，县委、县人民政府开始在全县各乡村建立基层政权，带领全县人民恢复生产，发展经济，开展了大规模的剿匪反霸运动。从此，南靖县进入了社会主义建设的新时期。

第六章　创建和发展革命根据地中的英模英烈事迹

闽南革命斗争是福建革命重要的组成部分，南靖老区的革命斗争在福建革命中独具特色，在福建革命史册上写下了光辉的篇章。

南靖处于闽西南交界、中央苏区前沿的特殊地理位置，南靖苏区的斗争和中央苏区核心区的斗争同样复杂，但在土地革命战争、抗日战争、解放战争时期，南靖苏区的革命烽火从未熄灭，广大老区群众一直担任捍卫和巩固闽西苏区、中央苏区、福建革命东大门的艰巨任务，成为中央苏区和福建革命在东南部的重要屏障，锻炼和培养了一批无产阶级革命家和坚定的革命者。仅 1932 年 4 月在中国革命史上写下辉煌一页的漳州战役，就从南靖决战和攻占漳州的硝烟中走出许多党、政、军领导人。1955 年中国人民解放军授衔时，有林彪、聂荣臻、罗荣桓荣膺元帅，大将萧劲光、罗瑞卿，上将朱良才、刘亚楼、李涛、杨成武、杨得志、萧华、宋任穷、陈士渠、陈伯钧、陈奇涵、赵尔陆，中将王宗槐、王辉球、王紫峰、邓逸凡、孔庆德、刘忠、苏静、李雪三、吴富善、邱创成、周贯五、袁子钦、聂鹤亭、唐天际、曹里怀、康志强、梁必业、梁兴初、彭明治、温玉成、蔡顺礼、谭冠三，少将王奇才、王集成、龙道权、龙福才、朱虚之、刘彬、刘鹏、刘福、刘绍文、刘显宜、刘辉山、汤光恢、杜国平、严俊、苏进、李元、李化民、李兆炳、李振邦、李道之、杨世明、杨尚儒、肖文玖、肖思明、邱子明、谷广善、汪祖美、张树才、陈信忠、罗桂华、周长胜、周志刚、胡备文、赵章成、钟辉、钟人仿、钟发宗、姜齐贤、徐国珍、郭延林、郭金林、资凤、黄霖、黄炜华、盛治华、董永清、游好扬、曾光明、曾克林、曾保堂、曾雍雅、谢正浩、黎同新、潘焱、潘振武。

在波澜壮阔的南靖革命斗争中，无数先辈追求真理，不惧艰险，前仆后继，英勇奋斗，参加革命实践，播撒革命种子，抛头颅，洒热血，取得一个又一个的伟大胜利，推动革命斗争形势迅猛发展。

第一节　他们在漳州战役主战场的南靖决战中留下光辉的足迹

1932年4月，中央红军为了向外发展革命战争，粉碎敌人的经济封锁，毛泽东率领红军东路军一、五军团东征漳州。4月19日，东路军在南靖境内的风霜岭、十字岭、五峰山、榕仔岭一带歼灭国民党四十九师张贞部一四五、一四六旅，20日胜利进驻漳州。之后，东路军分兵南靖发动群众，帮助地方建立工农武装和苏维埃政权，扩大红色区域，促进了南靖革命斗争向前发展。

南靖是红军进军漳州的前哨、撤离漳州的后站、攻克漳州的主战场。1932年4月，毛泽东率红军进入南靖，在南靖的五个日夜里，运筹帷幄，亲临前线指挥，一举歼灭国民党四十九师。红军攻克漳州后，红十五军回师南靖，历时1个多月，打击土豪劣绅，成立地方政权，组建地方武装，发动青年参军，威震全国。当年聂荣臻、罗荣桓、罗瑞卿、杨成武、杨得志等许多指战员和地方革命先驱们，跟随毛泽东东征漳州，在漳州战役主战场的南靖决战中留下光辉的足迹，历经血与火的洗礼，不少人成为共和国的开国元勋和新中国各项事业的领导者。一代元勋与将星闪闪发光，彰示着他们是民族的脊梁，共铸世纪的辉煌……

毛泽东(1893—1976)　湖南省湘潭县人。1921年7月，出席中共一大，1931年后，任中华苏维埃共和国临时中央政府主席。1932年4月，率领红军东路军从赣南东征福建龙岩、漳州。4月13日，东路军的红四军、红十五军、红三军先后从龙岩进入南靖。16日，为部署红军的进攻，毛泽东与林彪、聂荣臻、罗荣桓等总部主要领导人亲临前线察看地形。19日拂晓，漳州战役打响。红四军以十字岭为主攻目标，向敌人发起猛烈的总攻击，遭到守敌的顽抗。这时，毛泽东派一部分红军登上五峰山，居高俯攻十字岭敌阵地。在红军前后夹击下，敌人大部被歼。下午3时，红军随即向天宝镇发起攻击，仅几十分钟，就结束战斗。毛泽东又做出“创造小红军，建立小苏区”等重要指示，使南靖苏区成为中央苏区的组成部分。新中国成立后，历任中华人民共和国主席、中共中央主席、中央军委主席等职。

罗荣桓（1902—1963） 湖南省衡山县人，1927年加入中国共产党（以下简称“入党”）。1932年3月，任红一军团政治部主任，与林彪、聂荣臻一起指挥漳州战役，消灭了军阀张贞第四十九师大部。新中国成立后，历任中央军委副主席等职。1955年9月被授予元帅军衔。

聂荣臻（1899—1992） 四川省江津县人，1923年入党。1931年4月，作为红军东路军政委参与指挥漳州战役，消灭了军阀张贞第四十九师大部。新中国成立后，历任解放军代总参谋长等职。1955年9月被授予元帅军衔。

林　彪（1907—1971） 湖北省黄冈市人，1925年入党。1932年3月任红一军团总指挥，率部参加了漳州战役。新中国成立后，历任中央军委副主席等职。1955年被授予元帅军衔。

罗瑞卿（1906—1978） 四川省南充市人，1928年入党。曾任红四军团参谋长，参加了漳州战役。新中国成立后，历任解放军总参谋长等职。1955年被授予大将军衔。

杨成武（1914—2004） 福建省长汀县人，1930年入党。1932年4月16日，红军一军团四军第三十二团政委杨成武率部抵南靖县参加漳州战役。新中国成立后，历任解放军副总参谋长等职。1955年被授予上将军衔。

杨得志（1910—1994） 湖南省醴陵县人，1928年入党。曾任红十五军九十三团团长。1932年4月，率部抵南靖县参加漳州战役。新中国成立后，杨得志历任解放军总参谋长等职。1955年被授予上将军衔。

宋任穷(1909—2005)　湖南省浏阳县人，1926年入党。1932年4月16日，红军一军团十五军第一三〇团政委宋任穷率部进驻南靖县宝林凤安村，参加漳州战役。新中国成立后，历任中组部部长等职。1955年被授予上将军衔。

耿　飚(1909—2000)　湖南省醴陵县人，1928年入党。1930年，任红一军团第二师四团团长，参加了在南靖县的漳州战役。新中国成立后，历任国防部部长等职。

陈奇涵(1897—1981)　江西省兴国县人，1925年入党。1932年任红一军团参谋长，协助林彪等指挥漳州战役。新中国成立后，历任最高人民法院副院长等职。1955年被授予上将军衔。

刘亚楼(1910—1965)　福建省武平县人，1929年入党。任红十二军第三纵队第一营连长，参加了漳州战役。新中国成立后，历任空军司令等职。1955年被授予空军上将军衔。

刘　忠(1906—2002)　福建省上杭县人，1929年入党。任红四军三十六团政委，参加漳州战役。新中国成立后，历任解放军军政大学副校长等职。1955年被授予中将军衔。

唐天际(1904—1989)　湖南省安仁县人，1926年入党。任红十五军政治部副主任，参加漳州战役。新中国成立后，历任总后勤部副部长等职。1955年被授予中将军衔。

聂鹤亭(1905—1971)　安徽省阜南县人，1926年入党。曾任红四军参谋长，1932年参加了漳州战役。新中国成立后，任解放军装甲兵副司令员等职。1955年被授予中将军衔。

王辉球(1911—2003)　江西省万安县人，1930年入党。曾任红四军军部司令员。在漳州战役中，他参加攻打天宝大山战斗。新中国成立后，历任沈阳军区政委等职。1955年被授予中将军衔。

李雪三(1910—1992)　河南省修武县人，1932年入党，并参加了漳州战役。新中国成立后，历任总后勤部副政委等职。1955年被授予中将军衔。

韩振纪(1905—1975)　河北省高邑县人。1932年4月，任红十三军参谋处处长，参加了漳州战役。1933年入党。新中国成立后，历任解放军总后勤部军械部部长等职。1955年被授予中将军衔。

曾国华(1910—1978) 广东省五华县人,1932年入党,4月参加漳州战役天宝大山战斗。新中国成立后,历任空军副司令员等职。1955年被授予中将军衔。

张际春(1900—1968) 湖南省宜章县人,1926年入党。1932年任红十五军第四十五师政委,率部参加漳州战役。新中国成立后,历任中宣部副部长等职。

苏　进(1907—1992) 河南省郾城县人,1932年入党。任第五军团十五军四十四师师长,1932年4月,与时任红十五军政委的左权一起率红十五军四十四师佯攻宝林桥。新中国成立后,历任解放军炮兵副司令员等职。1955年被授予少将军衔。

罗洪标(1917—2009) 福建省长汀县人,1931年入党。曾任红四军三纵队十二师排长,1932年4月,在漳州战役中负伤。新中国成立后,历任兰州军区司令部副参谋长等职。1961年晋升为少将军衔。

童小鹏(1914—2007) 福建省长汀县人,1930年入党。曾任第四军、第一军团政治部秘书。1932年4月参加漳州战役。新中国成立后,历任统战部副部长等职。

沈仲文(1920—1993) 福建省永定县人,1935年入党。1932年参加了漳州战役。新中国成立后,历任福州军区炮兵司令员等职。1955年被授予大校军衔。

左　权(1905—1942) 湖南省醴陵县人,1925年入党。1932年参加漳州战役。1942年5月25日,他在山西省辽县战斗中壮烈殉国。为纪念左权,政府将辽县改名为左权县。

王　良(1905—1932) 重庆市綦江县人,1927年入党。1932年3月,任红四军军长。4月19日,王良率部向天宝山之敌发起总攻,天宝山守敌全线崩溃。不久,王良在武平境内遇到顽匪阻击,中弹牺牲,年仅27岁。

黄中岳(1901—1934) 河南省洛阳市人,1931年入党。任红五军团第十五军军长,参加了漳州战役。1932年5月,因"企图叛变"的嫌疑被捕。1934 年 10 月红军长征前夕被杀害。新中国成立后,被平反昭雪。

李青云(1903—1934)　河北省成安县人,1931 年入党。任红五军团十五军一二九团团长,1932 年,率部参加了漳州战役。1934 年于江西永丰县病逝,时年 31 岁。

高自立(1900—1950)　江西省萍乡市人,1926 年入党。1932 年任红五军团十五军政委,率部参加漳州战役。1950 年在沈阳病逝。

周　昆(1902—?)　湖南省平江县人,1927 年入党。1930 年,任红四军第十一师师长。1932 年 4 月,率部参加漳州战役。1938 年 3 月间失踪,从此消失于历史记载中。

刘　英(1905—1942)　江西省瑞金市人,1929 年入党。1932 年任红十五军四十四师政委,率部参加漳州战役。1942 年 2 月,由于叛徒出卖,在温州被敌人杀害。

邱织云(1909—1935)　福建省上杭县人,1930 年入党。曾任红一军团政治部宣传科科长,参加了漳州战役。1935 年,在漳平梅营村作战中牺牲。

陈　明(1902—1941)　福建省龙岩市新罗区人,1926 年入党。1927 年任福建省党务特派员,8 月,与罗明等在南靖宝林村的横山客栈共同组织召开中共闽南特委扩大会议。1932 年 4 月,参加了漳州战役。1941 年 11 月,在日军扫荡中牺牲。

吴开进(1913—1934)　福建省南靖丰田镇宝林村人。1932 年 4 月参加漳州战役,引导红军绕山道攀悬崖,抢占五峰山。1934 年 8 月,在程溪乡塔潭村开展革命活动时被叛徒杀害。

第二节　老区革命的卓越领导群体

邓子恢(1896—1972)　福建省龙岩市新罗区人,闽西革命根据地的主要创始人之一。1926 年入党,领导创建了靖和浦革命根据地。红军长征后，留在闽西领导闽西南三年游击战争。新中国成立后，历任国务院副总理等职。

张鼎丞(1898—1981) 福建省永定县人，闽西革命根据地的主要创始人之一，1927年入党。任福建省苏维埃政府主席。红军长征后，留在闽西领导三年游击战争，在南靖科岭开展革命活动。新中国成立后，历任最高人民检察院检察长等职。

谭震林(1902—1983) 湖南省攸县人，1926年入党。1931年任红十二军政委。红军长征后，留在闽西领导三年游击战争，在南靖科岭开展革命活动。新中国成立后，历任国务院副总理等职。

彭 冲(1915—2010) 福建省漳州市人，1934年入党。在漳州从事党的地下工作，曾活跃于南靖、平和等县城乡。新中国成立后，历任全国人大常委会副委员长等职。

卢 胜(1911—1997) 广东省乐会县人，1933年入党。参加闽粤边三年游击战争。新中国成立后，历任福州军区副政委等职。1955年被授予中将军衔。

魏金水(1906—1992) 福建省龙岩市新罗区人，1929年入党。曾任龙岩独立第三团政委，1934年，与团长邱金声一起率领红八团挺进龙岩、南靖等县开展游击战争。新中国成立后，历任福建省省长等职。

伍洪祥(1914—2005) 福建省上杭县人，1932年入党。红军主力长征后，长期在岩永靖、岩南漳边区开展革命活动。新中国成立后，历任中共福建省委书记等职。

王 直(1916—2014) 福建省上杭县人，1934年入党。三年游击战争时期，长期在南靖、闽粤边区开展革命活动。新中国成立后，历任福建省人大常委会副主任。1955年被授予少将军衔。

张长水(1908—1936) 山东省人。1932年参加红军攻打漳州战役，后在漳浦、南靖等县农村开展游击战争。1936年6月，在攻打云霄白泉联防据点时，不幸中弹牺牲。

尹林平(1908—1984) 江西省兴国县人，1929年入党。1932年参加漳州战役，后任中共漳州中心县委书记。新中国成立后，任中共广东省委书记等职。

曾　志(1911—1998)　湖南省宜章县人，1926年入党。1932年4月后，与丈夫蔡协民一起到南靖、漳浦、平和边界开展革命活动。新中国成立后，历任中组部副部长等职。

罗　明(1909—1987)　广东省大埔县人，1925年入党。1927年8月，与从中共中央派来的陈明等在南靖宝林村的横山客栈共同组织召开中共闽南特委扩大会议。新中国成立后，历任广东省人大常委会副主任等职。

熊兆仁(1912—2019)　福建省永定县人，1933年入党。土地革命战争时期，长期在岩南漳边区开展革命活动。新中国成立后，历任福州军区副参谋长等职。1955年被授予少将军衔。

罗桂华(1907—1984)　江西省萍乡县人，1930年入党。1936年，任岩永靖军政委副主席。新中国成立后，历任总后勤部西安办事处政委等职。1955年被授予少将军衔。

王　胜(1909—1996)　福建省上杭县人，1929年入党。三年游击战争时期，长期在岩永靖、闽粤边开展革命活动。新中国成立后，历任装甲兵学院副院长等职。1955年被授予少将军衔。

罗炳钦(1911—1993)　福建省上杭县人，1934年入党。抗日战争时期，任中共永和埔靖县委组织部部长兼王涛支队副司令员。新中国成立后，历任龙岩专署专员等职。

姜茂生(1912—1985)　广西凤山县人。三年游击战争时期，长期在岩永靖、岩南漳边区开展革命活动。新中国成立后，历任广西军区副司令员等职。1955年被授予少将军衔。

郑贵卿(1911—2002)　湖南省平江县人，1932年入党。三年游击战争时期，长期在岩永靖开展革命活动。新中国成立后，历任广西军区副司令员等职。1961年晋升为少将军衔。

黄清旺(1915—2009)　福建省龙岩市新罗区人，1932年入党。红军长征后，坚持了闽西南三年游击战争。皖南事变后，历任空军第十三军后勤部副部长等职。

吴行敏(1917—1994)　福建省南靖县龙山涌北村人，1936年入党。1932 年 4 月，红军东征漳州途经南靖时，年仅 15 岁的吴行敏参加红军。新中国成立后，历任北京中央人民医院副院长等职。

黄会聪(1909—1937) 广东省万宁县人，1925 年入党。红军长征后，黄会聪领导特委巩固发展了靖和浦苏区。1937 年 6 月病逝于香港。

邓毅刚(1904—1932) 湖南省汝城县人，1926 年入党。1930 年后，任红十二军军长，参与创建了(龙)岩南(靖)漳(平)边革命根据地。1932 年 2 月，指挥部队攻打瑞金时壮烈牺牲，时年 28 岁。

蔡协民(1901—1934) 湖南省华容县人，1925 年入党。1932 年任中共漳州中心县委书记，巩固发展了靖和浦革命根据地。1934 年 4 月前往江西时，因叛徒出卖被捕，7 月在漳州英勇就义。

王占春(1905—1932) 福建省龙海市邹塘村人，1927 年入党。1928 年 3 月，发动程溪暴动。1931 年，领导建立了靖和浦革命根据地。中央红军离漳后，在崎岭寨仔村突围战斗中腹部中弹受伤，医治无效牺牲。

高自立(1900—1950) 江西省萍乡市人，1926 年入党。1932 年，任红五军团十五军政委，率部参加漳州战役。1945 年起，任冀察热辽分局委员兼财委书记。1950 年 1 月在沈阳病逝。

邱金声(1912—1939) 福建省龙岩市新罗区人，1931 年入党。1934 年，任红八团团长，率部挺进龙岩、南靖等县开展游击战争。1939 年 2 月，因积劳成疾在皖南太平县逝世，时年 27 岁。

李明康(1912—1936) 福建省上杭县庐丰人，1931 年入党。1935 年，岩永靖县军政委员会在科岭下斜村成立，李明康被选为主席。1936 年 9 月 28 日，遭民团包围袭击，突围时不幸中弹牺牲，年仅 24 岁。

卢其中(1904—1931) 福建省永定县人，1927 年入党。1930 年，任红十二军第三团副团长，曾率部挺进南靖书洋、梅林一带，开辟了大片新区。1931 年 6 月，在闽西"肃社党"事件中蒙冤被害，新中国成立后追认为烈士。

卢肇西(1906—1931) 福建省永定县人，1927 年入党。1928

年后，任中共闽南特委军委书记。1930 年，曾率部挺进南靖书洋、梅林一带，开辟了大片新区。1931 年，在闽西“肃社党”事件中蒙冤被害，新中国成立后追认为革命烈士。

江桂华(1907—1931)　福建省永定县人，1927 年入党。1930 年，任新红十二军团政委。1930 年，曾率部挺进南靖书洋、梅林一带，开辟了大片新区。1931 年 3 月，在闽西“肃社党”事件中蒙冤被害，新中国成立后追认为烈士。

陈朝攀(1909—1937)　福建省漳平市人，1928 年入党。1932 年帮助南靖创建了南平、南华等区乡苏维埃政权。1937 年 4 月，率领游击队在漳平四旺村遭国民党军队伏击，壮烈牺牲，时年 28 岁。

肖振忠(？—1937)　福建省上杭县人。1929 年参加革命，红军长征后，历任岩永靖军政委主席。1937 年 2 月，前往书洋乡长教村开展工作，遭到长教民团的伏击而牺牲。

林忠保(1902—1938)　福建省龙岩市新罗区人，1930 年入党。红军长征后，任岩永靖县军政委主席。1938 年 12 月，在平和芦溪被当地反动分子杀害。

李元昌(1912—1936)　福建省南靖县和溪坂场人，1931 年入党。1932 年 4 月，在红军帮助下，成立坂场乡革命委员会，李元昌被选为主席。5 月，成立南(靖)华(安)区苏维埃政府，李元昌又被推选为副主席。1936 年 4 月 7 日，李元昌在迎富村筹款途中被叛徒杀害，年仅 24 岁。

游玉春(1908—1936)　福建省南靖县和溪迎富人。1935 年，游玉春在永福古溪南寨月形厝创建了 100 多人的大岭下区游击队。1936 年 6 月 21 日，身怀六甲的游玉春在毛南溪被叛徒设计捕获而英勇就义，时年 28 岁。

郭治妈(1894—1936)　原籍福建省永定县龙潭田治，1927 年嫁到南靖科岭村。1934 年，红八团在科岭开辟岩永靖革命根据地，郭治妈积极参加革命活动，被选为下科岭村苏维埃政府妇女主席。1936 年 9 月 6 日，郭治妈为游击队送粮途中不幸被民团逮捕而壮烈牺牲，时年 42 岁。

陈木树(1912—1936) 福建省南靖县书洋五更寮人,1934年入党。1935年,陈木树在家乡组建五更寮游击队和版寮游击队。1936年,任五更寮村苏维埃政府主席。10月12日,陈木树因叛徒出卖被捕遇害。

余天助(1905—1934) 福建省南靖县靖城沥阳人,1928年入党。1932年,任红军闽南独立第三团第四连连长。之后,他率领第四连活跃在南靖、平和、龙溪3个县,开展捉土豪、打民团等斗争。1934年8月,余天助在平和县南胜为掩护红三团突围而壮烈牺牲,年仅29岁。

阙广昌(1908—1937) 福建省上杭县通贤东里人。1930年,参加才溪区赤卫队。1936年,他被任命为(龙)岩永(定)(南)靖游击队队长,这支游击队活动于龙岩、南靖一带。1937年2月,阙广昌随红军到南靖长教开展工作,在溪柄遭到长教民团伏击,不幸中弹牺牲。

邱启明(1903—1958) 福建省龙海市浮宫邱厝人,1927年入党。创建了中共南靖特别支部,任支部负责人。1928年8月,脱离中共组织。1958年病逝于香港。

赵　群(1905—1936) 湖南省人,中共党员。1935年,任闽西南军政委特务大队大队长,坚持在南靖科岭、梅林、书洋等地开展革命斗争。1936年9月,因叛徒出卖,在龙岩适中遭敌袭击,壮烈牺牲。

颜长标(1903—1931) 福建省永春县人,1929年入党。1931年,受中共福建省委委派,打入国民党张贞第四十九师当班长。1931年9月21日,在南靖山城率三连、四连205人发动兵变,成立闽南工农游击队第二支队第二大队,并被推举为大队长。随后率队开往平和游击区。9月22日,队伍行至平和双溪口遭张贞重兵围堵,受重伤被捕,同年11月5日被杀害于漳州。

高岗山(1902—1938) 福建省南靖县靖城武林人。1932年4月,红军攻打南靖,高岗山为红军做向导,当翻译。红军回师中央苏区后,高岗山前往白云游击区,继续开展革命活动。1935年8月,高岗山在东山县、南靖县开展宣传抗日救国。1938 年 6 月 5 日，高岗山与柯联魁等人被国民党杀害于北庙牛运窟，时年 36 岁。

第三节　解放战争中的群英谱

刘永生(1904—1984)　福建省上杭县人，1928 年入党。抗日战争时期，任支队支队长。解放战争时期，任闽粤赣边纵队司令员。新中国成立后，历任福州军区副司令员、副省长。1955 年被授予少将军衔。

卢　叨(1915—1993)　广东省潮安县人，1933 年入党。解放战争时期，任中共闽南地委书记，在南靖树海地区领导游击战争，直到闽南全境解放。新中国成立后，任中共龙溪地委书记。

陈仲平(1913—1993)　福建省武平县人，1930 年入党。1944 年初组建王涛支队后，任政治部主任，与支队长刘永生率领王涛支队在南靖等地开展革命斗争。新中国成立后，曾任龙岩地区专员。

陈天才(1911—1995)　福建省平和县人，1935 年入党。1946 年 3 月，前往南靖树海，发展游击区和扩大红色区域。新中国成立后，任中共龙溪地委常委等职。

吴　扬(1916—1995)　福建省南安市人，1947 年入党。1948 年 1 月到平和、南靖，开展敌后武装斗争。新中国成立后，历任省侨办副主任等职。

赖国珍(1906—1947)　福建省平和县坂仔东坑人，1935 年入党。1941 年，到南靖龙山竹园建立地下交通站，积极开展革命斗争。1947 年 11 月 5 日，由于交通员黄汉龙叛变投敌，赖国珍不幸惨遭敌人杀害，时年 41 岁。

王长水(1913—1947)　福建省南靖丰田镇宝林村人。1932 年 4 月红军攻占漳州时参加革命。1940 年，参加港仔口武工队，任副队长。1947 年 11 月 27 日，因叛徒出卖在宝林村被捕，惨遭杀害。

李长绵(1916—1993)　福建省南靖县书洋上版寮人，1936 年入党。1949 年 1 月，李长绵在版寮发展 60 多人参加版寮游击队。1950 年 1 月，身为五区区公所公安干事的李长绵参加版寮围歼武装匪特战斗。

张振礼(1925—1988) 福建省诏安县人，1944 年入党。1948 年 3 月，张振礼任中共闽南支队第三连连长，在南靖树海开展革命斗争。新中国成立后，历任南靖县革委会副主任等职。

陈锐志(1913—1970) 广东省澄海人，1931 年入党。1949 年 7 月，任中共南靖县工委书记，在南靖树海开展革命斗争。1951 年 2 月，任南靖县县长。

郭亚黄(1923—1990) 福建省龙岩市新罗区人，1949 年入党。同年 5 月，在南靖树海开展革命斗争。新中国成立后，历任中共南靖县委宣传部副部长等职。

张庆重(1910—1992) 福建省南靖县书洋乡塔下村人，1926 年加入中国共产主义青年团。1929 年，他出国谋生，事业有成。新中国成立后，他捐资创建了曲江华侨医院、南侨戏院、南靖县图书馆等。1993 年，荣获福建省颁发的“捐资办医”银质奖。

王鼎荣(1906—1986) 福建省南靖县梅林科岭人，1935 年入党。任科岭游击队队长，积极开展革命斗争。新中国成立后，任科岭乡干部。

庄西言(1885—1965) 福建省南靖县奎洋乡霞峰村人。1904 年，他到印尼谋生，事业有成。1938 年 10 月，南洋各属华侨筹在新加坡成立南洋各属华侨筹赈祖国难民总会，选举陈嘉庚为主席，庄西言为副主席，积极劝募献金支援祖国抗战；还与陈嘉庚前往重庆、延安等地慰问抗日军民。庄西言热爱家乡，1926 年，他捐款 4800 元银圆兴建奎洋霞峰小学、奎洋中心小学校舍。

陈清定(1922—1998) 福建省南靖县山城溪城人，1946 年入党。1947 年任王涛支队第一大队排长，在南靖树海开展革命斗争。新中国成立后，任南靖县县长。

赖景明(1931—　) 福建省南靖县南坑葛竹人。1945 年参加游击队，长期在南靖树海开展革命斗争，1949 年 3 月入党。新中国成立后，任南靖龙山公社党委书记等职。

赖荣德(1922—1991)　福建省南靖县南坑大岭人。1945年参加游击队，长期在南靖树海开展革命斗争，1946年入党。新中国成立后，任南靖县副县长等职。

庄鸿荣(1926—1950)　福建省南靖县奎洋店美人，1948年入党，长期在南靖树海开展革命斗争。新中国成立后，任南靖县第五区区长。1950年1月，在剿匪斗争中壮烈牺牲，年仅24岁。

第四节　南靖县革命烈士名单

南靖是个藏龙卧虎之地。近现代，这里的精英们为了中国人民的解放事业，坚持战斗在南靖这块红色土地上；为了民族的复兴和新中国的诞生，献出了宝贵的生命。为了缅怀革命先烈，特收集新民主主义革命时期已知的为革命而壮烈牺牲的烈士名表(见表6-1、表6-2、表6-3)。

表6-1　南靖县籍革命烈士和在南靖居住、工作牺牲的外地籍革命烈士名表
(以牺牲时间为序)

姓　名	出生年月	籍　贯	参加革命时间	单　位	职务身份	牺牲时间地点
林如垣	1911年	原籍永定高陂，住金山	1927年	闽西苏维埃政府工厂	工人	1929年工厂转迁时失踪，1963年追认为烈士
江德贤	1908年	原籍永定苦竹，住南靖山城	1921年	永定县苏维埃政府	主席 中共党员	1930年5月在福州被国民党杀害
谢启宗	1907年	奎洋仙岭	1930年4月	仙岭游击队	事务长	1930年7月在龙岩太保村战斗中牺牲
卢鼎华	1905年	原籍永定岐岭，住南靖书洋曲江	1927年	永定下溪南区苏维埃政府	宣传队队长	1931年因误认为“社会民主党”而错杀
简崇德	1898年5月	原籍南靖书洋，住山城	1935年6月	闽南游击队	队员	1936年1月在漳平被敌人包围牺牲

续表

姓　名	出生年月	籍　贯	参加革命时间	单　位	职务身份	牺牲时间地点
卢绍晏	1914 年	原籍永定岐岭，住梅林	1928 年	永定县岐岭乡	干部 中共党员	1931 年 4 月在岐岭被误认为“社会民主党”错杀
苏彩贤	1905 年	原籍永定苦竹，住书洋	1929 年 4 月	永定苦竹乡苏维埃政府	主席 中共党员	1931 年 7 月在坎市与国民党军队作战中牺牲
张四海	1913 年 10 月	书洋奎坑	1931 年 6 月	闽南游击队第三支队	队员	1931 年 9 月在漳平永福大洋心被国民党杀害
李南泉	1903 年	和溪坂场后格	1932 年	中国工农红军	战士	1932 年在出征途中战斗牺牲
陈承金	1908 年	和溪坂场	1929 年	龙岩南福区苏维埃政府	大队长 中共党员	1932 年在龙岩南门溪坂被国民党杀害
黄为恒	1899 年 10 月	和溪乐土	1929 年 3 月	本乡贫农团	主席	1932 年 4 月 23 日在乐土被保安团杀害
黄仕荣	1904 年 6 月	和溪乐土	1929 年 3 月	本乡贫农团	秘书	1932 年 4 月 23 日在乐土被保安团杀害
游江中	1905 年	奎洋仙岭	1929 年	仙岭游击队	中队长	1932 年 4 月在龙岩适中溪仔滩内田村被国民党杀害
陈德水	1910 年	靖城草坂	1932 年	赤卫队	队长	1932 年 5 月在南靖草坂村被国民党捉捕，6 月 22 日在靖城东岳被杀害
陈扁头	1907 年	靖城草坂	1933 年 3 月	赤卫队	队员	1933 年在靖城被国民党杀害
陈　境	1910 年	靖城草坂	1932 年	红军一二二团三连	战士	1933 年在湖南战斗中失踪
王兆升	1903 年	梅林科岭	1932 年	红军	接头户	1933 年 2 月在科岭被国民党军队杀害
王兆治	1910 年	梅林科岭	1932 年	闽西游击队	队员	1933 年 2 月因叛徒出卖被国民党在双溪下角杀害
林顺开	1904 年	梅林	1932 年 8 月	红八团	战士	1933 年 2 月在上科岭村被国民党杀害
简石妹	1898 年 3 月	奎洋店美	1929 年 3 月	被邓子恢任命为松峰工作团	主任	1933 年 2 月被国民党杀害
王定灶	1917 年	梅林科岭	1932 年	红军	接头户	1933 年 2 月 23 日在上科岭被国民党军队杀害

续表

姓　名	出生年月	籍　贯	参加革命时间	单　位	职务身份	牺牲时间地点
王定板	1903年	梅林科岭	1932年	红军	接头户	1933年2月23日在上科岭被国民党军队杀害
王德钦	1914年	梅林科岭		红军	接头户	1933年2月24日在科岭村被国民党杀害
王　和	1900年	靖城草坂	1932年4月	参加赤卫队后编入红军十五军六十师一二二团	交通员	1933年3月被国民党杀害于南靖靖城桥头尖
陈　碑	1912年8月	靖城草坂	1932年4月	参加赤卫队后编入红军闽南独立第三团	第四连战士	1933年3月被国民党杀害于南靖靖城桥头尖
黄顺魁	1918年	梅林科岭	1933年	闽西南游击队	队员	1933年5月在上科岭被国民党军队杀害
吕福全	1899年	和溪月星	1931年	漳平县月水乡苏维埃政府	土地委员	1933年8月在漳平永福适容赤岭村被国民党杀害
陈原水	1912年	靖城草坂	1932年	中国工农红军闽南独立第三团	战士	1933年8月在南靖县程溪乡大坪战斗中牺牲
沈　媒	1906年	靖城草坂	1932年1月	游击队	接头户	1933年11月在草坂村被国民党杀害
林三妹（女）	1916年	梅林科岭	1932年10月	上科岭靖北区苏维埃政府	妇女代表	1933年11月在科岭下斜楼背村被国民党军队杀害
林椿芳	1892年	梅林科岭	1931年12月	本乡农会	代表	1933年11月被国民党杀害
宋　根	1912年11月	靖城天口	1933年3月	赤卫队	队员	1933年12月在九湖林下柯仔脚村被国民党杀害
陈木桂	1911年	靖城草坂	1933年3月	中国工农红军闽南独立第三团	战士	1933年12月被民团杀害于草坂村
林起兴	1908年	梅林科岭	1932年	红八团	战士	1934年在江西失踪
林振毫	1915年	梅林科岭	1933年4月	闽西南游击队	队员	1934年在科岭村被国民党军队杀害
陈龙虎	1912年	靖城草坂	1932年5月	中国工农红军闽南独立第三团	事务长	1934年在平和县冷水坑被国民党杀害
陈铁兴	1904年	和溪月水	1928年	红十二军	战士 中共党员	1934年在汀明战斗中牺牲

续表

姓　名	出生年月	籍　贯	参加革命时间	单　位	职务身份	牺牲时间地点
余天助	1905年9月	靖城沥阳	1932年5月	中国工农红军闽南独立第三团	连长 中共党员	1934年夏在平和县南胜乡掩护红军突围时牺牲
陈老跑	1910年	靖城草坂	1932年	中国工农红军闽南独立第三团	班长	1934年6月在平和县文峰透龙村攻打民团时牺牲
陈高剪	1916年	山城东田	1932年6月	中国工农红军闽南独立第三团	战士	1934年6月在平和文峰透龙村攻打民团炮楼时牺牲
马群舜	1910年	梅林磜头	1934年3月	工农红军闽南独立第三团三连	战士	1934年8月在磜头上马被国民党杀害
林星文	1906年	梅林科岭	1934年3月	红军闽西第八团	事务长	1934年10月在坑下被国民党杀害
马梧风	1911年	梅林磜头	1931年	中国工农红军第八团	战士	1935年被国民党杀害于长教圩
余　成	1901年	靖城沥阳	1932年	中国工农红军闽南独立第三团	战士	1935年失踪
李跃双	1912年	书洋下版寮	1935年2月	红军第四支队	战士	1935年北上抗日途中失踪
董沾焕	1898年	梅林磜头	1933年	马并声领导的游击队	队员	1935年因叛徒出卖被国民党军队捕到永定南溪杀害
陈祥美	1915年	梅林科岭	1933年	红军	接头户	1935年2月24日在科岭村被国民党军队杀害
王德扬	1890年	梅林科岭	1933年	红军	接头户	1935年2月25日在上科岭被国民党军队杀害
王仲芳	1912年	梅林科岭	1934年7月	中国工农红军闽西八团三连	战士	1935年4月在上科岭被国民党杀害
王善荣	1886年	梅林科岭	1933年	红军	接头户	1935年4月到永定为红军购买日用品被国民党杀害于龙岩
陈金盾	1898年	靖城草坂	1932年	中国工农红军闽南独立第三团	战士	1935年7月在草坂村东仔头被民团杀害
陈木样	1905年	书洋上田治	1935年	闽南游击队第三支队	队员	1935年8月在龙岩县锡棋科田寮作战中牺牲
陈庚申	1917年	山城涂尾	1932年11月	中国工农红军闽南独立第三团	战士	1935年8月在和部村开会被国民党军队包围，突围中牺牲

续表

姓　名	出生年月	籍　贯	参加革命时间	单　位	职务身份	牺牲时间地点
陈石生	1914 年	书洋上田治	1934 年 11 月	闽南游击队第三支队	队员	1935 年 8 月 27 日在书洋上田治乌石岭山上被国民党杀害
李仁樸	1915 年	和溪坂场	1932 年	闽南游击队第七支队	队员 中共党员	1935 年 9 月 18 日在坂场运送物资至月明途中被国民党捉捕杀害
王定荣	1910 年	梅林科岭	1933 年	红军	接头户	1935 年 10 月 25 日在上科岭被国民党军队杀害
林椿淮	1896 年	梅林科岭	1931 年 12 月	红军地下工作	联络员	1935 年 12 月在科岭都宁头被国民党杀害
陈文灶	1913 年	和溪月明	1936 年 6 月	闽西游击队龙岩支队	队员	1936 年 12 月 21 日在龙岩鸡畲被国民党军队包围，突围中牺牲
黄开勋	1990 年	书洋上版寮	1935 年 5 月	闽南游击队第三支队	队长	1935 年 12 月 23 日在山城被国民党杀害
王志荣	1906 年	梅林科岭	1932 年 8 月	红军闽西第八团	战士	1936 年在下斜村被国民党军队杀害
江阿柑（女）	1909 年	梅林	1934 年 3 月	靖北区苏维埃政府	妇女代表	1936 年在梅林小学被国民党杀害
罗寒薯	1920 年	靖城大房	1936 年	独立营	战士	1936 年在乌山被国民党军队杀害
陈水丝	1896 年 2 月	书洋上田治	1935 年 6 月	红九团	战士	1936 年 1 月在漳平永福被国民党军队包围，战斗中牺牲
陈岸水	1908 年	书洋上田治	1935 年 6 月	红九团	战士	1936 年 1 月在漳平永福被国民党军队包围，战斗中牺牲
简西良	1914 年 12 月	书洋上田治	1935 年 6 月	闽南游击队第三支队	队员	1936 年 1 月在漳平永福被国民党军队包围，战斗中牺牲
简炳成	1917 年	书洋上田治	1935 年 6 月	闽南游击队第三支队	队员	1936 年 1 月在漳平永福被国民党军队包围，战斗中牺牲
简张庆	1911 年 8 月	书洋上田治	1935 年 6 月	闽南游击队第三支队	队员	1936 年 1 月在漳平永福被国民党军队包围，战斗中牺牲
简崇德	1898 年 5 月	书洋上田治	1935 年 6 月	闽南游击队第三支队	队员	1936 年 1 月在漳平永福被国民党军队包围，战斗中牺牲
王兆群	1914 年	梅林科岭		游击队	接头户	1936 年 2 月由于叛徒出卖，在永定龙潭被国民党杀害

续表

姓　名	出生年月	籍　贯	参加革命时间	单　位	职务身份	牺牲时间地点
林土榜	1899年	和溪月星	1932年	龙岩南福区苏维埃政府	工作人员 中共党员	1936年2月在月星半岭村枋仔巷溪尾被国民党杀害
王德玉	1910年	梅林科岭	1935年10月	闽南游击队	队员	1936年3月在科岭被国民党军队捉捕到永定龙潭杀害
李元昌	1911年10月	和溪坂场	1932年	南华区苏维埃政府	副主席 中共党员	1936年4月在和溪至迎富途中被叛徒杀害
黄万桃	1886年	梅林科岭	1933年10月	科岭乡苏维埃政府	代表	1936年5月在上科岭被国民党军队杀害
邓朝灶	1922年	梅林科岭	1935年9月	红军闽西第九团	战士	1936年5月在南靖长塔村打土豪战斗中牺牲
游玉春（女）	1905年11月	和溪乐土	1933年10月	龙岩南福区苏维埃政府	妇女主席 中共党员	1936年6月在和溪坂场被保安团杀害
黄建文	1919年	书洋上版寮	1936年	红三团三连	战士	1936年6月9日在永定县湖雷地区战斗中负重伤，医治无效牺牲
黄乞食	1912年	靖城草前	1934年	闽南游击队	队员	1938年在南靖大房东仔头村战斗中牺牲
邓朝魁	1914年	梅林科岭	1933年	闽西南游击队	连长	1938年8月北上抗日牺牲于安徽省
邓肇华	1903年	梅林科岭	1932年8月	新四军第二支队第三团	战士	1938年3月在安徽省作战牺牲
邬金华	1912年	龙山太保	1936年	新四军第三团第三营第七连	战士	1939年在浙江失踪
黄春宝	1901年	原籍龙岩象溪新祠，后住奎洋	1932年2月	龙岩泰山区	副区长	1941年1月因叛徒出卖在龙岩毛山坑被国民党杀害
黄大枫	1920年	山城碧侯	1941年	红军	接头户	1941年12月在南靖山城被国民党酷刑杀害
郑亚德	1918年	和溪坂场	1933年6月	新四军第二支队司令部特务连	副排长	1943年在江苏省与日本侵略军作战时牺牲
马青松	1896年	梅林磜头	1933年	闽西红军第八团	战士	1943年3月在磜头上马被国民党军队杀害

续表

姓　名	出生年月	籍　贯	参加革命时间	单　位	职务身份	牺牲时间地点
詹德根	1917年	梅林双溪	1933年3月	参加红军后编入王涛支队	战士 中共党员	1941年12月在南靖山城被国民党施酷刑致死
庄周恩	1924年	奎洋店美	1942年春	闽南游击队	队员	1945年因养病被人告密，在梅林圩被国民党军队杀害
郑大麦	1912年	靖城下割	1945年	中国人民解放军第四野战军	战士	1945年失踪
刘　督	1901年	靖城径里	1933年	中国工农红军闽南独立第三团	战士	1946年在南靖古湖下尾张被土匪杀害
叶江桥	1916年5月	南坑大岭	1945年	中共闽南特委工作团	工作人员	1946年5月在割竹被国民党军队杀害
王才荣	1920年	梅林科岭	1933年	游击队	接头户	1946年10月在科岭村被国民党军队杀害
陈　扁	1917年	原籍平和国强，后迁南靖南坑	1935年	闽南游击队第七支队	队员	1946年11月在小山城被国民党杀害
赖　风	1907年6月	南坑大岭	1945年6月	闽南游击队	队员	1946年11月被省保安团杀害于平和县双坑社
陈乌土	1919年	龙山西山	1944年6月	八路军六纵队十七旅五十团九连	战士	1947年2月3日在张庄战斗中牺牲
林火田	1930年	梅林科岭	1946年	闽西南游击队	队员	1947年农历六月因叛徒出卖在坑下牺牲
林腾椿	1916年	梅林科岭	1946年	闽西南游击队	队员	1947年农历六月因叛徒出卖在坑下牺牲
卓　款（女）	1915年2月	山城象溪	1947年6月	闽南游击队	联络员	1947年7月12日在象溪塔石脚村被国民党军队杀害
王长水	1913年3月	丰田宝林	1940年	闽南游击队龙山双明港仔口武工队	副队长	1947年9月25日被叛徒出卖，牺牲于宝林
刘大渊	1911年6月	山城象溪	1947年6月	闽南游击队	队员	1947年12月到南靖村雅王厝旗侦察时被国民党杀害
沈发兴	1914年2月	山城象溪	1947年1月	闽南游击队	队员	1947年12月25日因叛徒出卖，在南靖溪城顶楼村被国民党杀害

续表

姓　名	出生 年月	籍　贯	参加革命 时间	单　位	职务身份	牺牲时间地点
赖国珍	1906年	原籍平和坂仔东坑，后居龙山太保	1936年	中共闽南特委港仔口交通站	交通员 中共党员	1947年12月因叛徒出卖被保安团杀害
陈　磁	1900年	靖城草前	1933年8月	中国工农红军闽南独立第三团	战士	1948年在上海战斗中牺牲
黄果利	1914年6月	原籍山城碧侯，后迁丰田	1944年	闽南游击队	接头户	1948年被国民党抓入监狱严刑拷打而牺牲
刘宗玉	1921年	原籍江苏省泗洪县清阳，住山城	1946年	江苏省泗洪县雪风区	武装干部	1948年3月在雪风区被国民党杀害
庄生炎	1917年12月	奎洋上洋	1948年2月	闽南游击队	交通员	1948年农历三月初七日被国民党杀害
陈文我	1924年3月	山城象溪	1944年8月	闽西南游击队	联络员	1948年4月被国民党保安团捉捕，在平和县小溪被国民党杀害
赖　龟	1917年	原籍平和国强，住山城	1940年	闽南游击队	班长	1948年4月在南靖金山乡新村战斗中牺牲
戴金盛	1922年5月	丰田凤安	1948年2月	闽南游击队	接头户	1948年6月23日在宝林桥头被民团杀害
黄松根	1916年	原籍平和国强，住山城	1938年	闽南游击队	队员	1948年7月在平和县小溪被国民党杀害
沈豆粒（女）	1901年2月	南坑北坑	1948年	游击队	接头户	1948年9月在南坑楼仔后被国民党军队杀害
赖进生	1929年3月	南坑北坑	1946年10月	树海游击队	接头户	1948年9月7日在南坑仔被省保安团杀害
赖禹更	1896年6月	南坑北坑	1944年1月	树海游击队	接头户	1948年9月7日在南坑仔被省保安团赖德辉部杀害
王理通	1907年11月	南坑金竹	1948年7月	树海工团	交通员	1948年10月12日在葛竹被省保安团杀害
沈西云	1922年9月	山城象溪	1946年5月	闽南游击队	队员	1948年11月到南靖南坑圩侦察时被敌人杀害
张大川	1911年7月	南坑南高	1947年6月	中共闽南特委工作团	工作人员	1948年11月16日在山城外樟祠被国民党杀害

续表

姓　名	出生年月	籍　贯	参加革命时间	单　位	职务身份	牺牲时间地点
游炎坤	1923年	和溪林坂	1949年	闽南游击队二十三团三连	战士	1949年在靖城草坂战斗中牺牲
刘　松	1917年7月	南坑村雅	1948年8月	地委工作团	交通员	1949年2月被国民党杀害于船场亭仔角
庄中亨	1932年2月	奎洋店美	1949年1月	闽南游击队	队员 中共党员	1949年3月在金山新村战斗中牺牲
简作周	1927年	梅林坎下	1949年1月	闽南游击队二十一团八连	战士	1949年3月在金山新村战斗中牺牲
萧如此	1923年2月	书洋田中	1948年12月	闽南游击队第三支队	联络员	1949年3月2日被土匪杀害
叶阿三（女）	1919年	南坑北坑	1944年2月	游击队	接头户	1949年3月22日在北坑楼门口被省保安团杀害
刘来发（女）	1892年9月	南坑北坑	1945年2月	游击队	接头户	1949年3月22日在北坑楼门口被省保安团杀害
刘阿墩（女）	1907年3月	南坑北坑	1944年3月	游击队	接头户	1949年3月22日在北坑楼门口被省保安团杀害
黄芒仔（女）	1918年3月	南坑北坑	1945年5月	游击队	接头户	1949年3月22日在北坑楼门口被省保安团杀害
赖风骄	1885年7月	南坑北坑	1945年2月	游击队	接头户	1949年3月22日在北坑楼门口被省保安团杀害
赖堂仔	1917年	南坑北坑	1944年3月	游击队	接头户	1949年3月22日在北坑村楼门口被省保安赖德辉部杀害
庄金炳	1933年4月	奎洋东楼	1949年1月	闽南游击队	副排长	1949年5月在华安沙建下樟村战斗中牺牲
刘郭寿	1928年	书洋下版寮	1949年2月	游击队	班长	1949年7月13日在南坑高载战斗中牺牲
刘瑞发	1929年	书洋下版寮	1949年2月	游击队	战士	1949年7月13日在南坑乡高磜战斗中牺牲
叶务本	1913年7月	山城象溪	1945年2月	闽南游击队工作团	工作人员	1949年8月在南靖象溪攻打国民党军队炮楼时牺牲
刘水深	1925年8月	南坑大山尾	1948年10月	闽南游击队	队员	1949年8月在山城忠烈祠被国民党杀害

续表

姓　名	出生年月	籍　贯	参加革命时间	单　位	职务身份	牺牲时间地点
徐茂盛	1930年	原籍龙山，后住山城	1948年5月	龙海县内霞镇	支前民工	1949年8月在解放厦门时牺牲
王水清	1926年9月	南坑金竹	1943年3月	闽南游击队第七支队	队员	1949年9月6日在诏安秀篆作战中牺牲
庄秋东	1931年	船场星光	1949年4月	解放军二十三团五连	副班长	1949年9月19日解放漳州战斗中牺牲
曾亚福	1903年	原籍广东大埔龙头，住山城六安	1949年	六安乡	农会主席	1949年11月在南靖龟仔寨被土匪活埋
卢水来	1926年	船场龙山	1949年2月		书教工作团	1949年12月被李开瑞匪徒杀害于储坑一目虎
黄金声	1911年	山城三下	1948年	解放军野战部队	战士	1949年12月失踪
王兆延	1912年	梅林科岭			新四军	1950年失踪
庄风岐	1929年	奎洋霞峰	1949年	华安县第四区公所	干部	1950年在华安县被土匪杀害
李　水	1927年	靖城下割	1948年	解放军四野四十八军一四三师四二八团	战士	1950年在朝鲜战场失踪
陈九十	1927年	靖城草坂	1950年9月	解放军三十八军一一二师三二四团三营机炮连	战士	1950年底失踪
陈清根	1914年	靖城草坂	1949年12月	本村	民兵指导员	1950年在本村顶庵被土匪杀害
游竹水	1926年	靖城游坑	1949年12月	本乡	民兵	1950年土匪包围民兵队部，突围时牺牲
游良水	1928年	靖城游坑	1949年12月	本乡	民兵	1950年土匪包围民兵队部，突围时牺牲
简银溪	1928年3月	船场	1949年	解放军警备第六团一营	战士	1950年在奎洋霞峰战斗中牺牲
赖　垄	1904年5月	南坑葛竹	1944年3月	树海工团	葛竹联络员	1950年在山城象溪侦察时被国民党杀害
庄鸿荣	1926年	奎洋店美	1948年	南靖县第五区公所	区长中共党员	1950年1月在奎洋霞峰锦洋楼被土匪杀害

续表

姓　名	出生年月	籍　贯	参加革命时间	单　位	职务身份	牺牲时间地点
吴阿海	1911年8月	金山荆美	1949年	本乡	民兵队长	1950年1月在石龟被土匪杀害
林永	1928年	靖城古湖	1949年12月	本乡	农会主席	1950年1月在古湖下尾张村被土匪杀害
周修书	1918年	原籍广东省潮阳县，住山城	1947年	贵州地下工作	中共党员	1950年1月在贵阳保卫粮库牺牲
庄锡夫	1906年9月	奎洋东楼	1949年8月	奎洋工团	成员	1950年1月20日在东楼村与土匪谈判时，为保护区长庄鸿荣而牺牲
王桂芳	1929年9	靖城阡桥	1949年9月	平和县县大队	文书	1950年1月25日在平和县南胜被土匪杀害
王才木	1926年	靖城田边	1949年	本村	民兵	1950年2月在本村被土匪杀害
林坤钟	1930年	和溪林中	1949年	南靖县第五区武装队	战士 中共党员	1950年2月在金山水尾催公粮时被土匪杀害
庄勤亨	1928年	奎洋店美	1949年2月	闽南游击队	通讯员	1950年2月1日在奎洋乡霞峰村锦洋楼被土匪杀害
林炳东	1928年10月	和溪林中	1950年10月	南靖县第四区武装队	战士	1950年2月1日在金山水尾催公粮时被土匪杀害
冯三溪	1916年	山城鸿钵	1949年11月	本乡民兵	班长	1950年2月11日在南靖鸿钵被土匪活埋
林锦鸿	1920年12月	和溪迎富	1949年7月	船南区	副区长	1950年2月14日在南靖村雅芋横塘被土匪杀害
徐畲	1912年3月	靖城院前	1949年12月	本乡	农会主席	1950年2月17日在院前旗盘被土匪杀害
刘金西	1931年	和溪南桥	1949年	南靖县四区武装队	战士	1950年3月在金山水尾被土匪杀害
吴长钦	1928年9月	金山河墘	1950年2月	南靖第四区	干部	1950年3月在金山水尾运粮途中被土匪杀害
蔡庚申	1908年	龙山东爱	1950年3月	龙山东寨乡	农会主席	1950年3月在龙山镇东爱村被土匪杀害
余龙根	1935年	靖城沥阳	1949年12月	本乡	民兵	1950年3月13日在南靖沥水乡被土匪杀害

续表

姓　名	出生年月	籍　贯	参加革命时间	单　位	职务身份	牺牲时间地点
徐条根	1914年10月	靖城沥水	1949年12月	本乡	农会主席	1950年3月13日在沥水乡被土匪杀害
陈大笠	1909年	靖城草坂	1949年12月	本乡	民兵副队长	1950年4月在草坂被土匪杀害
林　帆	1904年	靖城桥头尖	1949年	二区靖城村农会	代表	1950年4月在桥头尖被土匪杀害
王德为	1897年12月	山城山边	1949年12月	山边村	农会主席	1950年4月14日在南靖山边村被土匪杀害
余双棋	1930年	靖城沥阳	1949年12月	本乡	民兵	1950年4月30日在乡开会时被土匪杀害
陈　奶（女）	1914年	靖城沥阳	1949年	本乡	妇女主席	1950年4月30日被土匪杀害
陈和生	1920年	靖城草坂	1950年	本乡民兵	文书	1950年5月被土匪杀害
林金对	1926年	靖城草前	1949年12月	本乡	民兵班长	1950年5月11日在草鞋店荔枝林被土匪杀害
萧生跨	1923年4月	书洋	1948年1月	闽西游击队，新中国成立后在南靖五区工作	区干部	1950年5月20日在河坑村被土匪杀害
唐兴锐	1924年	原籍厦门，住南靖山城新华路	1949年10月	广东军区江防部队	果敢舰轮机员	1950年5月25日在解放广东万山群岛战斗中牺牲
吕世云	1923年	和溪坂场	1949年	闽南游击队	战士	1950年6月在坂场下溪坂村被土匪杀害
吕朝益	1907年	和溪坂场	1949年	闽南游击队	中共党员	1950年6月在坂场下溪坂村被土匪杀害
陈清宜	1922年	靖城草坂	1949年12月	本乡	民兵班长	1950年7月在草坂后湖被土匪杀害
林福仁	1930年	金山河墘	1950年5月	县大队	战士	1950年8月因敌特放毒中毒，急救无效牺牲
李成汉	1924年	原籍永定，住山城葛山	1949年	解放军龙溪军分区警备团	班长	1950年9月在平和县黄井战斗中牺牲
吴来河	1927年8月	金山马公	1949年	本乡	民兵队长	1950年9月22日区干部在碧溪开会，他负责警卫，被土匪杀害

续表

姓　名	出生年月	籍　贯	参加革命时间	单　位	职务身份	牺牲时间地点
刘允忠	1912 年 2 月	南坑村雅	1949 年 9 月	中国人民志愿军	战士	1950 年 11 月在朝鲜战场失踪
张家仁	1917 年 2 月	南坑南塘	1949 年 9 月	1950 年参加志愿军 988 部队九连	战士	1950 年 11 月在朝鲜战场失踪
吴阿成	1900 年	龙山涌进	1950 年	参加厦门机场修建		1950 年 12 月因敌机轰炸而牺牲
吴水殿	1918 年	山城钟鼓	1946 年 2 月	解放军，于 1950 年编入志愿军一七四团一营三连	班长	1950 年 12 月 3 日在朝鲜战场牺牲
刘进士	1905 年 10 月	船场世禄	1949 年 12 月	月余乡	农民代表	1950 年 12 月 17 日在世禄村杉仔林虎头鞍被土匪杀害
王甜果	1916 年	靖城草前	1950 年	本村农会	会员	1951 年在龙海高竹塘被土匪杀害
卢江汉	1921 年	船场高联	1950 年	本村	民兵	1951 年在船场执行特别任务误中枪牺牲
张老妙（女）	1921 年	靖城草坂	1949 年 12 月	本乡农会妇女会	代表	1951 年 1 月被土匪捉到平和县文峰黄井杀害
冯坦仔	1925 年	山城鸿钵	1949 年 12 月	解放军警备团	战士	1951 年 3 月在漳浦失踪
吴南雷	1924 年 10 月	金山马公	1949 年 4 月	游击队，后编入警备六团三营	副班长	1951 年 4 月在马山剿匪中牺牲
林重食	1918 年	丰田古楼	1949 年 10 月	凤安乡	乡长	1951 年 5 月 25 日到山城开会途中被土匪杀害于下碑桥头
柯鸭泉	1924 年 8 月	漳州天宝	1950 年	丰田乡	民兵队长	1951 年 5 月 25 日到山城开会途中被土匪杀害于下碑桥头
叶竹仁	1923 年 10 月	靖城湖山	1949 年 10 月	南靖县原程溪区	秘书	1951 年 7 月在程溪被地主杀害
阮子俄	1925 年 8 月	山城汤坑	1949 年 5 月	志愿军二十七军八十一师二四三团	战士 中共党员	1951 年 9 月 3 日在朝鲜黑云吐岭阻击战中牺牲
陈松木	1921 年 9 月	靖城草坂	1950 年	本乡农会	主席	1951 年 11 月在草坂大湖山剿匪中牺牲
张天风	1924 年 8 月	书洋文峰	1948 年	参加志愿军二十七师三五一团二营	战士	1952 年在朝鲜战场牺牲

续表

姓　名	出生年月	籍　贯	参加革命时间	单　位	职务身份	牺牲时间地点
冯子恩	1926年	山城鸿坪	1949年11月	中国人民志愿军三四五团九连	班长	1952年9月18日在朝鲜战场牺牲
王乌糖	1930年	山城解放路	1951年3月	解放军二十九军八十五师二五五团	战士	1952年10月在南日岛战斗中失踪
朱荣米	1931年	山城碧侯	1951年3月	解放军二十九军八十五师二五五团	战士	1952年10月在南日岛战斗中失踪
巫宏津	1920年	原籍永定县湖坑，住山城	1951年4月	解放军二十九军八十五师二五五团四连	战士	1952年10月在南日岛战斗中失踪
杨天水	1929年	靖城郑店	1951年3月	解放军二十九军八十五师二五五团	战士	1952年10月在南日岛战斗中失踪
杨龙全	1928年	靖城郑店	1951年2月	解放军二十九军八十五师一营一连	战士	1952年10月在南日岛战斗中失踪
谢　梁	1930年	山城桥头	1951年3月	解放军二十九军八十五师二五五团一营二连	战士	1952年10月在南日岛战斗中失踪
魏爱光	1927年	靖城下魏	1951年4月	解放军二十九军八十五师二五五团	战士	1952年10月在南日岛战斗中失踪
黄三泰	1929年3月	南坑村中	1948年11月	1950年参加志愿军三十四师一〇〇团警卫连	侦察员	1952年10月6日在朝鲜上甘岭战斗中牺牲
卢文周	1932年	金山都美	1951年3月	解放军公安八十团三营九连	战士	1952年12月14日在漳浦县九区战斗中牺牲
简清其	1933年2月	书洋枫林	1951年3月	解放军公安八十团三营九连	战士 中共党员	1952年12月14日在漳浦县第九区一〇〇高地战斗中牺牲
简芳霞	1912年10月	梅林坎下	1949年	1950年参加中国人民志愿军	战士	1953年在朝鲜战场失踪
黄水金	1923年9月	丰田古楼	1952年3月		民兵	1953年1月23日在红坑山剿匪时牺牲

续表

姓　名	出生年月	籍　贯	参加革命时间	单　位	职务身份	牺牲时间地点
张加木	1917年	靖城古湖	1949年	志愿军四十六军一三六师四〇七团	副排长	1953年4月在朝鲜牺牲
石海龙	1928年2月	船场梧宅	1949年4月	1950年参加志愿军二十三军六十七师二〇〇团侦察二连	战士 中共党员	1953年5月27日在朝鲜战场牺牲
黄海林	1931年	山城碧侯	1951年3月	解放军三十一军九十一师二七二团	战士	1953年7月在东山战斗中失踪
蔡清两	1931年	山城坑尾	1951年3月	解放军三十一军九十一师二七二团	战士	1953年7月在东山战斗中失踪
庄盘古	1931年	奎洋店美	1949年1月	闽南游击队，后编入解放军公安八十团一营一连	班长 中共党员	1953年7月16日在东山战斗中牺牲
庄深福	1927年	奎洋店美	1949年	闽南游击队，后编入解放军公安八十团一营一连	副班长	1953年7月16日在东山战斗中牺牲
吴和尚	1911年	龙山	1949年8月	解放军公安八十团一营二连四排	排长	1953年7月16日在东山战斗中牺牲
曾木随	1927年	原籍平和九峰，住南靖山城钟鼓	1951年3月	中国人民解放军公安八十团二营	战士	1953年7月16日在东山战斗中牺牲
刘春洲	1933年	和溪吉春	1953年2月	中国人民解放军步兵九十一师二七二团三营六连	战士	1953年7月17日在东山八尺门战斗中牺牲
林金山	1933年	和溪林中	1953年2月	中国人民解放军步兵九十一师二七二团三营六连	战士	1953年7月17日在东山八尺门战斗中牺牲
周朝根	1930年	山城六安	1953年1月	中国人民解放军0011部队第二支队十二连	战士	1953年7月17日在东山战斗中牺牲
陈　乳	1918年	靖城	1950年	中国人民解放军	班长	1954年在解放江山岛战斗中牺牲

续表

姓　名	出生年月	籍　贯	参加革命时间	单　位	职务身份	牺牲时间地点
魏铿文	1925年	梅林	1947年	解放军三十九军二十五师三四三团	战士	1954年失踪
陈亚腾	1932年2月	船场	1953年2月	解放军三十一军九十一师二七一团	战士	1954年4月21日在厦门夜间演习时牺牲
张广林	1928年12月	书洋	1950年4月	南靖县第五区区委	秘书 中共党员	1955年7月在科岭被“劳福党”杀害
吴阿亮	1937年	靖城尚寨	1956年1月	鹰厦铁路建设	材料员 中共党员	1956年8月在铁路施工时因救人而牺牲
钟一宗	1932年	龙山太保	1955年	鹰厦铁路		1956年在施工中牺牲
萧根兰	1933年2月	书洋	1951年12月	解放军三七八八部队一支队	通讯员	1956年12月在连江至长乐送信途中牺牲
曾石松	1937年	山城	1951年	龙溪专署办公室	档案员 中共党员	1960年6月10日在漳州抗洪抢险中牺牲
简跃耕	1936年1月	书洋	1955年1月	南坑林业站	干部	1960年6月9日在南坑抗洪救灾中牺牲
王海土	1936年	山城山边	1956年	程溪供销社	仓管员 中共党员	1961年9月13日在程溪抢救国家财产时牺牲
刘建云	1930年	金山新村	1956年	和溪邮电支局	代理支局长 中共党员	1961年9月13日在和溪抗洪中牺牲
张呈祥	1934年10月	书洋石桥	1952年	船场溪水电站	保卫干部 中共党员	1962年4月11日在船场溪水电站因雷管爆炸牺牲
林福民	1942年5月	金山河墘	1961年9月	诏安县民警大队	战士	1963年6月22日在诏安县风山歼灭美蒋特务战斗中牺牲
简培辉	1928年2月	书洋高溪	1949年2月	解放军6668部队二营四连	副连长 中共党员	1964年4月30日在晋江围头国防施工中牺牲
林志明	1941年	和溪林中	1964年	中国人民解放军福字334部队	检修员 中共党员	1966年3月8日在江西上饶试验爆炸时牺牲
张瑞玉	1946年	靖城龙合	1966年3月	解放军福建军区独立三团	战士	1967年2月1日在连城朋口因汽车事故牺牲
魏开发	1947年	靖城下魏	1966年3月	解放军福建军区独立三团	战士	1967年2月1日在连城朋口因汽车事故牺牲

续表

姓 名	出生年月	籍 贯	参加革命时间	单 位	职务身份	牺牲时间地点
林清灶	1944 年	和溪林中	1965 年 3 月	解放军福建军区独立三团	副班长	1967 年 2 月在龙岩汽车事故中牺牲
张浠川	1946 年 2 月	书洋	1964 年 8 月	解放军福建军区独立三团二营六连	战士	1967 年 2 月在龙岩坂寮岭因车祸牺牲
江金取	1942 年	山城雁塔	1965 年 5 月	解放军 8740 部队三十分队	战士	1968 年 2 月 12 日在部队参加建桥时牺牲
王高米	1948 年 7 月	金山新内	1968 年 4 月	解放军 0783 部队高机连	副班长 中共党员	1972 年 1 月在江苏省国防施工中牺牲
阮金智	1949 年	山城下碑	1968 年 4 月	中国人民解放军 0783 部队	司机 中共党员	1973 年 4 月在上海冲洗汽车时发生事故牺牲
吴灼生	1960 年	金山河墘	1978 年 3 月	福州军区空军通讯团	战士	1978 年 7 月 20 日因电线杆倒压而牺牲
刘长华	1957 年 2 月	南坑	1976 年 1 月	解放军 53567 部队 77 分队	副班长 中共党员	1979 年 3 月在对越自卫反击战斗中负伤牺牲
陈宏仪	1905 年	靖城草坂	1932 年	中央红军	战士	失踪
陈宗麟	1907 年	奎洋东楼	1929 年	在龙岩曹市参加红四军		失踪
洋东楼			1929 年	在龙岩曹市参加红四军		失踪
黄宋况	1916 年	书洋上田治	1935 年 6 月	1950 年参加中国人民志愿军	战士	在朝鲜战场失踪

表 6-2 在南靖作战牺牲的外地籍革命烈士名表

（以牺牲时间为序）

姓 名	出生年月	籍 贯	参加革命时间	单 位	职务身份	牺牲时间地点
余 朝	1911 年	龙海县九湖龙虎庵	1932 年	中国工农红军独立第三团	战士	1932 年在南靖县小山城作战牺牲
陈添丁	1886 年	龙海县九湖林下	1932 年	九二村赤卫队	队长	1932 年在南靖县小山城作战牺牲
王石活	1905 年	平和九峰霞西上洋	1931 年	闽南游击队	战士	1932 年在和尚园被国民党杀害

续表

姓　名	出生年月	籍　贯	参加革命时间	单　位	职务身份	牺牲时间地点
王海水	1908年4月	漳浦县长桥溪坂	1930年	闽南游击队	战士	1932年5月在南靖县程溪塔潭作战中牺牲
黄道同	1902年	龙海县石亭高坑	1932年4月	南乡游击队	队员	1933年在南靖小山城战斗中牺牲
林河义	1890年	平和文峰三坪下坪	1931年	闽南游击队	战士	1933年在南靖程溪车马被国民党杀害
林椿梅	1900年6月	龙岩	1931年12月		地下革命工作	1933年11月在南靖科岭都宁头牺牲
林欺头	1905年	平和县文峰三坪	1931年	闽南游击队	战士	1933年11月在程溪三宫塘战斗中牺牲
吴　读	1910年8月	漳浦县石榴车本	1933年	中国工农红军独立第三团	战士	1934年在程溪内坑村作战中牺牲
吴会川	1910年8月	漳浦石榴象牙内角	1933年	中国工农红军独立第三团	战士	1934年在程溪白云战斗中牺牲
许金凤	1908年	漳浦县南埔大坪	1933年	赤卫队	队员	1934年10月在程溪洋尾作战中牺牲
曾汉杰	1910年10月	平和县九峰民主	1926年	闽南游击队	特派员	1935年1月在南靖被国民党杀害
王　麦	1914年	平和文峰黄井庵埔	1933年	中国工农红军独立第三团	工作人员	1936年在程溪洋尾被国民党杀害
王怡活	1914年6月	诏安县秀篆上洋	1933年	乌山游击队	队员	1936年在南靖牺牲
陈　良	1914年8月	平和县山格宝丰	1936年7月	中国工农红军独立第三团	战士	1937年在龙溪作战中牺牲
曾土木	1912年	平和县长乐龙岭	1936年5月	闽西游击队	副班长	1937年8月在南靖作战中牺牲
王忠读	1907年4月	漳浦长桥康庄横口	1933年7月	中国工农红军独立第三团	战士	1945年6月在南靖被国民党捉捕杀害
黄汪田	1908年9月	平和县国强白叶	1945年1月	地下工团	工作人员	1947年9月在南靖竹园作战中牺牲
卢　狗	1925年9月	平和县板仔金京洋	1944年3月	游击队	副队长	1947年12月8日在南靖竹园作战中牺牲

续表

姓　名	出生年月	籍　贯	参加革命时间	单　位	职务身份	牺牲时间地点
吕　新	1906年	诏安县秀篆	1947年	乌山游击队	队员	1948年在南靖牺牲
黄伍云	1912年	平和县国强白叶坑尾	1937年8月	地下工团	队员	1948年在南靖马山执行任务时被国民党杀害
张术称	1926年9月	平和县大溪庵安	1946年1月	闽南游击队	班长	1948年1月在南靖小山城作战中牺牲
张燕辉	1923年5月	平和县大溪庵安	1944年	闽南游击队	工作人员	1948年7月27日在山城被国民党捉捕杀害
林石枋	1924年	平和县山格田中央	1948年8月	闽南游击队	战士	1948年10月在南靖葛竹被国民党杀害

表6-3　南靖县参加抗日战争殉国烈士名单

张祥贤	张鸿湘	张石业	陈阿粗	何天步	高　成
张谦桂	谢光尧	高文章	郑启明	魏琴润	魏福田
魏虎山	张南炎	刘川德	杨庭光	韩铁炉	陈　觉
徐寿南	洪　涂	金水来	刘青辉	张正光	陈清和
陈来春	陈义茂	蔡金章	陈水潭	陈水界	冯田土
刘水仙	林阿秉	黄朝章	张庭松	邓阿细	李宗秋
张天赐	曾兵地	杨乌面	黄崇寿	刘传坤	杨　庆
蔡木已	庄财元	简文容	陈长现	李隆昌	陈文理
邱加园	简元孙	黄天禄	王和尚	陈　宗	陈昆林
黄茂才	黄长活	黄石源	黄感享	杨粗布	柯金城
王两兼	卢三省	孙维汀	吴大溪	刘星杨	刘锦瑞
刘德金	刘杨能	张继添	张生木	刘星赖	黄　中
徐元金	张南斗	张火马	张火仔	许　婴	张　象
张火凡	刘　来	张龙生	张火炭	沈　印	张龙角
沈养明	刘火土	刘锦泉	王水泽	张寿良	詹风换
刘后亭	张水月	王天权	唐龙生	张芳地	张得盛

表 6-4　新中国成立前中共南靖县领导人名录

（按任职时间排列）

姓　名	单　位	职　务	任职时间
邱启明	中共南靖特别支部	负责人	1927 年 10 月至 1928 年 6 月
何　浚	中共靖和浦县委	书记	1934 年 3 月至 1936 年 10 月
林　路	中共靖和浦县委	组织	1934 年 3 月至 1936 年 10 月
许其伟	中共靖和浦县委	宣传	1934 年 3 月—?
刑渊源	中共靖和浦县委	宣传	? —1936 年 10 月
吴庭坚	中共靖和浦县委	委员	1934 年 3 月至 1936 年 10 月
潘文川	中共靖和浦县委	委员	1934 年 3 月至 1936 年 10 月
魏金水	中共岩南漳县委(军政委)	书记	1935 年 6 月至 1937 年 7 月
李桂荣	中共岩南漳县委(军政委)	组织部部长	1935 年 6 月至 1937 年 7 月
陈德梅	中共岩南漳县委(军政委)	宣传部部长	1935 年 6 月至 1937 年 7 月
陈清桂	中共岩南漳县委(军政委)	军事部部长	1935 年 6 月至 1937 年 7 月
罗克振	中共岩南漳县委(军政委)	财政部部长	1935 年 6 月—?
游祖桂	中共岩南漳县委(军政委)	委员	1935 年 6 月至 1936 年 2 月
陈廷庚	中共岩南漳县委(军政委)	委员	1935 年 6 月至 1936 年 2 月
陈朝攀	中共岩南漳县委(军政委)	副主席	1936 年 2 月至 1936 年 5 月
陈桂才	中共岩南漳县委(军政委)	副主席	1936 年 5 月至 1937 年春
陈火灶	中共岩南漳县委(军政委)	副主席	1936 年 5 月至 1936 年秋
李明康	中共岩永靖特区委员会	书记	1935 年 1 月至 1935 年 8 月
	中共岩永靖县军政委员会	主席	1935 年 8 月至 1936 年 9 月
谢正鸿	中共岩永靖县军政委员会	主席	1936 年 10 月—?
肖振忠	中共岩永靖县军政委员会	副主席	1935 年 8 月至 1936 年 6 月
	中共岩永靖县军政委员会	主席	? —1937 年 2 月
林忠保	中共岩永靖县军政委员会	委员	
	中共岩永靖县军政委员会	主席	1937 年 3 月至 1937 年 10 月
罗桂华	中共岩永靖县军政委员会	副主席	1936 年 6 月至 1937 年 10 月
游和顺	中共岩永靖县军政委员会	委员	
李天辉	中共永和靖县军政委员会	主席	1936 年 6 月至 1937 年 10 月
曾寿宁	中共永和靖县军政委员会	副主席	1936 年 6 月至 1937 年 10 月
罗兆键	中共永和靖县军政委员会	副主席	1936 年 6 月至 1937 年 10 月

续表

姓　名	单　位	职　务	任职时间
翁玉英(女)	中共永和靖县军政委员会	委员	
阮桂兰(女)	中共永和靖县军政委员会	委员	
邱风喜	中共永和靖县军政委员会	委员	
吴运琳	中共漳南工作委员会	书记	1940 年春至 1942 年 5 月
洪椰子	中共漳南工作委员会	书记	1942 年 5 月—？
黎炳光	中共漳南工作委员会	委员	1940 年春至 1945 年 8 月
		负责人	1945 年 8 月至 1949 年 9 月
李　榜	中共漳南工作委员会	委员	1940 年春—？
张亚挝	中共漳南工作委员会	委员	1940 年春至 1945 年 8 月
肖振忠	中共永和靖县委	书记	1937 年 10 月至 1938 年 2 月
李绍兴	中共永和靖县委	组织部部长	1937 年 10 月至 1938 年 2 月
林忠保	中共永和靖县委	宣传部部长	1937 年 10 月至 1938 年 2 月
		书记	1938 年 3 月至 1938 年 8 月
罗炳钦	中共永和靖县委	组织部部长	1938 年 3 月至 1938 年 8 月
张　光	中共永和靖县委	宣传部部长	1938 年 3 月至 1938 年 8 月
陈　辉	中共永和靖县委	青年部部长	1938 年 3 月至 1938 年 8 月
张招娣	中共永和靖县委	妇女部部长	1938 年 3 月至 1938 年 8 月
范元辉	中共永和靖县委	特派员	1944 年 8 月至 1945 年 8 月
罗炳钦	中共永和靖县委	组织部部长	1944 年 8 月至 1945 年 8 月
江　岩	中共永和靖县委	宣传部部长	1944 年 8 月至 1945 年 8 月
张全福	中共永和靖县委	委员	1944 年 8 月至 1945 年 8 月
游和顺	中共岩永靖中心区委	书记	1937 年 10 月至 1938 年 2 月
游玉山	中共岩永靖中心区委	副书记	1937 年 10 月至 1938 年 2 月
柯永麟	中共靖和浦县工委	书记	1947 年 1 月至 1949 年 9 月
黎炳光	中共靖和浦县工委	组织部部长	1947 年 1 月至 1949 年 9 月
张亚挝	中共靖和浦县工委	宣传部部长	1947 年 1 月至 1949 年 9 月
张天宝	中共靖和浦县工委	委员	1947 年 1 月至 1949 年 9 月
陈清定	中共永和靖县工委	书记	1948 年 9 月至 1949 年 9 月
赖荣德	中共永和靖县工委	组织委员	1948 年 9 月至 1949 年 9 月

续表

姓名	单位	职务	任职时间
庄鸿荣	中共永和靖县工委	宣传委员	1948 年 9 月至 1949 年 9 月
赖高丁	中共永和靖县工委	委员	未到职
陈思	中共永和靖县工委	委员	1948 年 10 月至 1949 年 9 月
陈锐志	中共南靖县工委	书记	1949 年？月至 1949 年 9 月
江岩	中共永和靖县委	特派员	1945 年 8 月至 1946 年 10 月
胡伟	中共永和埔靖县委	书记	1947 年 6 月至 1947 年 8 月
江岩	中共永和埔靖县委	副书记	1947 年 6 月至 1947 年 8 月
	中共永和埔靖县委	书记	1948 年 2 月至 1948 年 9 月
胡伟	中共永和埔靖县委	书记	1948 年 2 月至 1948 年 9 月
江岩	中共永和埔靖县委	书记	1948 年 9 月至 1949 年 6 月
张克昌	中共永和埔靖县委	副书记	1948 年 2 月至 1948 年 9 月
陈树连	中共永和埔靖县委	宣传部部长	1948 年 2 月至 1948 年 9 月
晓良新	中共永和埔靖县委	委员	1948 年 2 月至 1948 年 9 月
陈五西	中共永和埔靖县委	委员	1948 年 2 月至 1948 年 9 月
陈水锦	中共永和埔靖县委	委员	1948 年 2 月至 1948 年 9 月
黄华	中共永和埔靖县委	副书记	1948 年 9 月至 1949 年 4 月
寥信	中共永和埔靖县委	副书记	1948 年 9 月至 1949 年 6 月
卓立	中共永和埔靖县委	宣传部部长	1948 年 9 月至 1949 年 6 月
陈鸣	中共永和埔靖县委	委员	1948 年 9 月至 1949 年 6 月
罗芬	中共永和埔靖县委	委员	1948 年 9 月至 1949 年 6 月
江荣达	中共永和埔靖县委	委员	1948 年 9 月至 1949 年 6 月
陈玉西	岩永靖工作团	特派员	1946 年 6 月至 1946 年 7 月
张震东	岩永靖工作团	特派员	1946 年 6 月至 1946 年 7 月
高德胜	岩永靖工作团	负责人 （后主任）	1946 年 7 月至 1947 年 5 月
郑金旺	岩永靖工作团	负责人	1946 年 7 月至 1947 年 7 月
赖大超	岩永靖工作团	负责人	1947 年 5 月—？
叶英	岩永靖工作团	成员	1946 年 7 月至 1947 年 7 月
郑来华	岩永靖工作团	成员	1946 年 7 月至 1947 年 7 月
陈锐志	南靖县军事管制委员会	主任	1949 年 9 月至 1949 年 10 月

第二部分

新中国成立初期的 30 年

第七章　新中国成立初期的重建家园与恢复生产

1949年9月22日，南靖解放，饱受20多年战火摧残的老区人民迎来了革命的胜利。在建立和巩固新政权、恢复国民经济时期，各项事业百废待举，党和政府对医治老区群众战争创伤十分关心，中央人民政府政务院发出了《关于加强老根据地工作的指示》，派出了南方老根据地访问团来到龙溪，深入南靖等革命老区访贫问苦。省、地区、县政府纷纷制定出扶持老区的优惠政策，拨出了资金和生产资料，帮助老区人民医治战争的创伤、重建遭战火毁坏的家园、恢复农业生产。开展土地改革与剿匪反霸，兑现和清偿革命时期的借粮借款，领导老区人民开展烈军属优抚与代耕工作，制定老区经济与社会的恢复建设计划，建立老区基础政权，引导老区人民走上互助合作的道路。同时，积极做好支前工作，为解放沿海岛屿和抗美援朝做出了新贡献。在完成土地改革、协助剿匪反霸的艰巨任务之后，积极投入重建家园和恢复生产的运动。

第一节　新中国成立初期南靖县老区村的分布

一、人民政权的建立与慰问老区群众

1949年9月22日，南靖县获得解放。王杰任中共南靖县委书记，陈清定任南靖县县长。

1950年10月，南靖县召开第一届老区代表会议，部署恢复老区

生产建设工作。

1950年12月底，龙溪专署召开龙溪地区第一次老区代表大会。这次会议首次确认了南靖、平和、漳浦、云霄、诏安、龙溪6个县是革命老区县。

当时已近年关，为帮助老区人民过好新中国成立后的第一个春节，省委、省政府向龙溪拨下40万斤粮食，作为老区专项救济粮。1951年春节前，全龙溪地区（连同省政府拨下的）共发放老区救济粮50多万斤，使5437户17496人得到救济，其中南靖2万斤。还从救济粮中划出10万斤粮食用于归还革命时期游击队向老区群众的借粮，其中南靖5000斤。

1951年9月初，龙溪地区第二届老区代表大会召开。会议部署了重建家园、优抚军烈属等工作，并选出了赴北京参加国庆观礼的革命老根据地代表六人，其中有南靖梅林镇科岭村的王鼎荣。当年国庆节，他们作为南方老革命根据地代表在北京天安门观礼，在中南海怀仁堂受到了毛泽东主席、周恩来总理的接见。

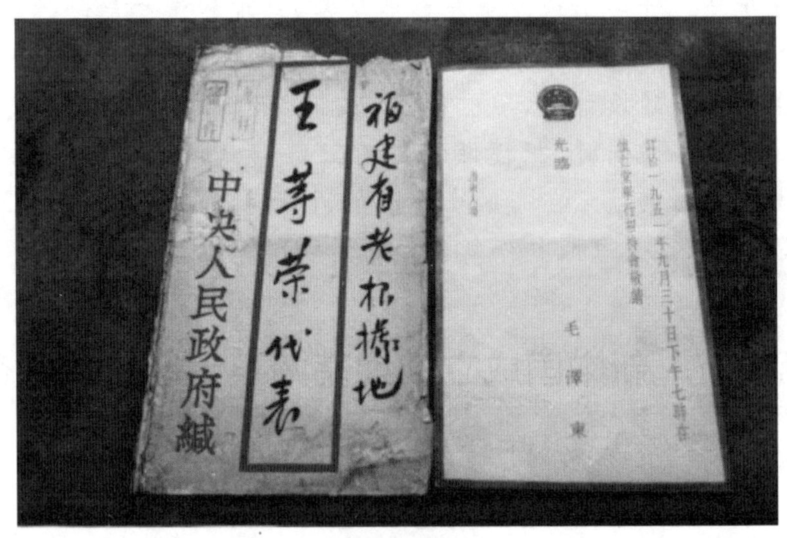

1951年9月，南靖老区代表王鼎荣收到的毛泽东主席签名的邀请信

1951年8月，中央人民政府革命老根据地慰问团中央苏区（福建）分团十二分队到南靖县慰问老群众，指出南靖属于中央苏区。

访问团还深入一些老革命基点乡村对群众进行重点慰问，主要有南靖的科岭、平和的长乐、龙溪的邹塘等 40 个自然村。

二、新中国成立初期南靖县老区村的分布

南靖是中共闽西革命根据地之一，也是中央苏区的组成部分。1929 年毛泽东、朱德率领红军入闽后，闽西党的领导人邓子恢、张鼎丞和红八、九团领导人伍洪祥、王直、熊兆仁等人先后到南靖书洋、梅林、奎洋、和溪等地开展革命活动。1932 年 4 月，毛泽东率领红军入闽攻打漳州，南靖是红军歼灭敌人的主战场。1934 年，南靖是红八团、红九团重要活动支点，是中央革命根据地进行第五次反“围剿”和掩护红军长征的东部前哨地之一。闽西南军政委员会曾先后在边界地区建立岩南漳、岩永靖、永和靖三个县军政委员会，领导根据地人民进行艰苦卓绝的斗争。红军长征胜利后，南靖成为闽西南游击区和闽粤赣游击区的组成部分。抗日战争胜利后，中共闽西南特委机关从乌山转移到南靖县南坑树海等地活动，王涛支队也深入南靖树海一带开展游击战争。

1950 年，根据第一届南靖县老区代表大会调查，全县老区 34 个乡，107 个自然村，共有 6062 户，占全县总户数的 20%；人口 27979 人，占全县总人口数的 23%；土地 72543 亩，占全县土地总面积的 16%。1929 年至 1949 年 10 月，牺牲被追认为烈士的有 142 人。34 个老区乡大体可分为三种类型：一、老苏区。历史久，有始有终，经过苏维埃运动，建立政权，分过田地。红军北上抗日后还坚持斗争直至解放的有外云庄、中西、月水、科岭等 4 个乡，占全县老区乡总数的 18%；辖 20 个自然村，占老区自然村总数的 20%；共有 461 户，占老区户数的 76%；人口 1476 人，占老区总人数的 5.3%；土地 3898 亩，占老区土地总面积的 7%。二、半苏区。曾打土豪未实行分田，插好标就被白军占领，受摧残后变成游击区的有洋奎、上版寮、坂场、磜头、内云、竹侨、汤坑、吉山、粗座、人家等 11 个乡，占老区乡总数的 32%；辖 33 个自然村，占老区自然村总数的 30%；共有 2443 户，占老区总户数的 40.2%；人口 10718 人，占老区总人数的

38.4%;土地281338亩,占老区土地总面积的39%。三、游击区。抗日战争时期与解放时期发展起来的游击区有村雅、新村、荆都、溪山、西浦、南坑、双峰、双溪、奎洋、书洋、柯竹、太保、顶叶、下叶、塔潭、东尾、官园、马苑、南浦等19个乡,占老区乡总数的60%;辖54个自然村,占老区自然村总数的50%;共有3158户,占老区户数的52.2%;人口15785人,占老区人口数的66.3%;土地39807亩,占老区总土地面积的54%。

表7-1 1952年南靖县老区村分布一览表

区别	乡别	老区类型	自然村名	党员数(人)
一区	汤坑	游击基点	炭坑	9
	六安	游击基点	半山、半兜、坑口、南山	12
	溪边	游击基点	油柑坪、东坑仔、朱坑底	5
	象溪	游击区	全乡	3
	溪山	游击区	上下樟祠、墩尾、顶楼仔	
二区	阡桥	游击基点	下尾、东楼、下厝、浦马(沥水)	7
	径溪	游击区	山仔、金美山、沧溪	10
	草前	游击区	草鞋店(大小村)	8
三区	双清(即双明)	老区	港仔口、顶埔、下土楼、下店仔	9
五区	科岭	老区基点	全乡	6
	双溪	老区	九云墩、下角、上寨(上下园墩)	
	磜头	老区	上马、刘厝、岭下	4
	梅林	老区	溪坪	9
	上版寮	老区	全乡	
	下版寮	老区	李厝	6
	双峰	游击区	全乡	4
	枫林	游击区	下村	4

续表

区别	乡别	老区类型	自然村名	党员数(人)
六区	白云	老区基点	全乡	1
	外云	老区基点	狮头、陈陂、横山、南仔、顶楼、大湖	5
	中西	老区	全乡	
	竹桥	老区	大坪	12
	南浦	老区	高仓、院前	3
	洋奎	老区基点	后门、汤兜、芒里、洋尾溪、岩前、人家头、顶林、下村	7
	官园	游击区	官园、东头、顶下南墘	10
	人家	老区	全乡	4
	上坪	老区	全乡	5
	粗造	老区	全乡	
	顶叶	老区	叶仑、岩仔	8
	内云	老区	南坑、外程、溪边、土园、坛后、下尾	
	下叶	老区	后鞍、寨仔脚、洋尾楼	11
七区	村雅	游击区	全乡	10
	船场	游击区	新田、台山	10
	新罗	游击区	龙秋、大礤	
	象溪	游击区	北坑、南坑、大岭脚、弯山、大岭头、交冬叶坪	
八区	月水	老区	迎坑、红畲、半岭、西山、黄徐、八斗墘、元沙、山龟陂	3
	坂场	老区	下溪坂、姓徐、楼仔村、后坝、下裕、新岩、后格	
	仙岭	老区	全乡	
	上洋	老区	合福坑、岭头	3

表 7-2　1952 年南靖县老区村在革命战争时期遭受破坏情况调查表

区别	自然村变化情况(个)						户数变化情况(户)						
	原有村数	被灭村数	新中国成立时实有村数	现有数			原有户数	绝灭户数	外逃户数	新中国成立时实有户数	新中国成立时实有户数	新中国成立时实有户数	现有户数
				一般村	基点村	小计							
合计	174	8	166	142	25	167	3900	474	309	3117	69	120	3306
一区	25	1	24	19	5	24	183	4	26	153	20	12	185
二、三区	14	1	13	11	2	13	199	16	11	172	27	1	200
五区	20	—	20	15	5	20	940	145	42	753	12	4	769
六区	53	5	48	40	8	48	1777	267	169	1341	9	90	1440
七区	42	1	41	40	2	42	317	—	3	314	—	—	314
八区	20	—	20	17	3	20	484	42	58	384	1	13	398

区别	人口变化情况(人)														
	原有人口数	被杀害人数	被抓			参加革命人数(包括红军)	饥饿疾病等死亡人数	逃往外乡人数	出嫁外乡人数	新中国成立时实有人数	新中国成立后			现有人口		
			壮丁	妇女	儿童						外逃还乡人数	当兵复员人数	外乡搬来人数	男	女	合计
合计	15521	286	323	78	42	351	2146	826	815	10554	233	32	332	7496	7313	14809
一区	763	9	1	—	—	7	32	78	2	634	58	—	33	416	397	813
二、三区	969	6	23	1	1	16	79	3	13	827	90	4	2	403	416	819
五区	3658	120	130	1	—	108	518	244	204	2233	30	9	12	1657	1475	3132
六区	7213	120	138	73	38	204	1393	440	525	4282	40	13	252	3853	3785	7638
七区	1188	2	7	3	—	3	24	3	2	1144	—	—	—	596	588	1184
八区	1730	29	24	—	3	13	100	58	69	1434	15	6	33	571	652	1223

续表

区别	房屋破坏情况(间)								
	原有房屋数	被烧毁数	倒塌数	新中国成立时实有数	新中国成立后修建数		现有房屋数		尚缺数
					瓦房	茅房	瓦房	茅房	
合计	12881	3707	1589	8153	839	202	8992	209	3030
一区	744	52	107	580	178	14	758	47	95
二、三区	181	—	13	172	—	—	172	1	25
五区	5463	3053	214	2380	241	33	2621	15	1857
六区	4518	313	1010	3482	361	41	3843	32	632
七区	575	62	24	513	2	9	515	9	66
八区	1400	227	221	1026	57	105	1083	105	355

注:1.一区六安乡,六区人家乡、上坪乡,七区葛竹乡、高再乡、南坑乡等,因材料不全未计入本表;

2.本表系根据1952年县建设委员会调查结果而制。

第二节　老区人民的新贡献

一、老区人民支援漳州机场、鹰厦铁路建设

（一）支援漳州机场建设

1955年1月，为巩固我国东南地区国防，3613工程（即漳州军用机场）在漳州动工修建。

在工程开工之前，中共龙溪地委组织数万名民工、军工进场，他们来自龙溪地区各县的农民、工人、居民。

根据中共龙溪地委的部署，南靖县政府组织1500名优秀民工赶赴漳州。南靖民工大队长由县长陈锐志担任。1955年2月初，在陈锐志的带领下，南靖1500名民工大队奔赴漳州机场工地。

在工程开工之前，这里除了几个小村落之外，到处是荒山和一片片光秃秃的稻根。搬倒荒山修机场，数万名漳州各县民工热火朝天地投入紧张的劳动，推土机、挖土机、锄头齐上阵，“白天一片人，晚上一片灯”，在党的领导下，民工们日夜加班。工地实行“大礼拜”，即每两星期只休息一个星期日。

机场在紧张修建时，盘踞在台湾的国民党乘漳州机场尚未建立之前进行破坏，不断出动飞机前来骚扰。4月16日，3架敌机空袭3613工地，引起301名民工逃跑，其中，有97名南靖民工外逃。但这一事件只是工程建设的一个插曲而已，并没有动摇建设者们“搬倒荒山修机场”的坚强意志；相反地，更激起大家的斗志，热火朝天地投入紧张的战斗。大家发誓：不修好机场决不回家！此外，大家在工地周围挖了许多防空洞、防空壕，加强防空设施。不久，上级调来一支高炮部队，在机场周围的山头上，高炮林立，日夜准备打击敢于来犯的敌人。经过几次较量，国民党飞机再也不敢频繁地前来低飞骚扰，他们慑于我高炮的威力，只能在高空飞行。

物资供应是南靖支援3613国防工程建设的又一重要任务，中

共龙溪地委分配给南靖县的物资支前任务是：木柴 4300 担、木炭 14020 担、竹竿 441000 支、杉木 20000 支。至 3 月底，南靖县全部完成这批物资支前任务。1955 年 10 月，3613 国防工程胜利竣工。建设中有 100 名南靖县民工荣获功臣称号，受到嘉奖。

（二）支援鹰厦铁路建设

鹰厦铁路北起江西鹰潭，南至福建厦门。因战略需要，1952 年，中央决定修建鹰厦铁路。鹰厦铁路漳州段从漳平小杞村进入漳州，途经华安、长泰和龙海等地进入厦门。漳州段约 128 公里，漳州支线 11 公里。漳州段建设期间，漳州组织了南靖、平和、漳浦、云霄等县大量民工和其他人员与参加施工的铁道兵一起奋战在工地上。

鹰厦铁路华安县工段自涵口至新圩 100 里，沿途山岭险峻、河流湍急、交通不便，施工极为困难。1955 年 11 月，根据中共龙溪地委的部署，南靖、漳浦、平和、华安 4 个县民工 7048 人，分为 4 个中队，被安排在华安县工段，这 4 个中队部所在地为华安县的大杞、西坡、华崶、新圩。铁道兵 8505 部队也分驻这 4 个地点，负责对民工的技术指导。

1955 年 11 月，根据中共龙溪地委的部署，南靖县政府在短时间内按时完成了动员 2000 名民工参加鹰厦铁路建设的任务。南靖县民工中队被分配在华安县工区，负责配合铁道部队修建鹰厦铁路，逢山开路，过河架桥，建设任务极为光荣和艰巨。1956 年 12 月，鹰厦铁路漳州段提前全线通车。尔后，南靖 2000 名民工分批退场，回南靖参加农业生产建设。

二、以财力支援抗美援朝

1950 年 6 月，美国侵略朝鲜，把战火燃烧到了鸭绿江边，为保家卫国，中国政府派出志愿军赴朝作战，全国上下掀起了抗美援朝运动。南靖县召开各种会议 1171 次，与会者达 18 万人次。之后，各地发起以增产节约、捐献飞机大炮为主要内容的支援志愿军抗美的群众运动。南靖老区人民也义无反顾地尽自己之所能为抗美援朝做出了贡献，主要是积极增产，捐钱捐物，购买飞机大炮，支援前线。

县委决定以增产捐献购买"南靖号"大炮一门来支持中国人民志愿军。

从1951年6月开始，一场为捐献飞机大炮而努力增产节约的运动在全县蓬勃展开。14万名南靖人民积极增产捐献，结果捐献人民币15亿5000万多元，将"南靖号"大炮一门变成"南靖号"飞机一架。

新中国成立之初，生活还处在困难情况下的老区人民以实际行动为抗美援朝做出了贡献。

第三节　土地改革与剿匪反霸

一、土地改革运动的开展

早在土地革命时期，靖和浦革命根据地一些苏维埃政权就开展了打土豪、抗捐税的斗争。1932年4月，毛泽东率领红军入漳，创建闽南革命根据地，发动群众烧毁地契、债据等，进行土地革命。5月，南靖科岭成立苏维埃政府，按照人口均分土地。1934年，闽南红三团在靖和浦交界地区成立边区苏维埃政府，并在所辖的白云、洋尾溪、欧寮、车本、小山城、龙岭等村领导农民烧田契、分田地，实行土地革命。

但这些土地革命成果在随后国民党的多次"围剿"中被反攻倒算，得而复失。老区人民真正成为土地的主人是在新中国成立之初的土地改革中得以实现的。

1950年6月，中央人民政府颁发了《中华人民共和国土地改革法》，在新解放区分批开展轰轰烈烈的土地改革运动。土地改革的总路线和总政策是：依靠贫农、雇农，团结中农，中立富农，有步骤有分别地消灭封建剥削制度，发展农业生产。

闻风而动，南靖县成立土地改革委员会，根据土地改革法的规定和中央文件精神，县委、县政府领导干部认识到开展土地改革运动的必要性。新中国成立前，南靖农民和全国各地农民一样，受到地主阶级残酷的封建剥削。据调查，1947—1949 年，只占全县农村总人口（139231 人）14％的地主、富农、恶霸、官僚长期把持的公田，占全县耕地总面积 394138 亩的 55.8％，而占全县总人口 75.2％的佃农（包括雇农、贫农、佃中农）仅占有 39.5％的耕地。比如，草坂大地主陈五县占有土地 300 余亩；地处山区的科岭村，地主富农平均每人占有耕地 9 亩多，而贫苦农民平均每人有耕地不到八分。

上述情况说明，只有废除地主阶级封建土地所有制，实行农民的土地所有制，才能解放生产力，发展农业生产。

南靖县土地改革运动分三期（批）开展：第一批从 1 月 26 日开始，在一、二、三区的 14 个乡、56 个行政村、244 个自然村进行，历时 79 天。未开展土改的区乡，由各区乡领导群众开展减租减息，剿匪反霸，为进行土改做准备。第二批从 5 月 22 日开始，在一至七区 45 个乡、90 个行政村、824 个自然村进行，历时 66 天。第三批从 8 月 23 日开始，在 4 个区接合部 24 个乡、31 个行政村、260 个自然村进行，历时 70 天。其他区乡，结合检查处理遗留问题。于 1951 年 12 月，全县土改基本结束，从而废除封建土地所有制，实现“耕者有其田”，翻身农民生产积极性空前提高。

在胜利完成土地分配后，进行民主建政，建立团、妇、民兵组织，选举领导，发动群众制订生产计划、开展生产运动。

1951 年 12 月底，全县土改运动基本结束，县委、县政府召开万人大会，庆祝土改工作胜利完成。三批土改共派出工作队 1556 人次，没收、征收封建土地 174065 亩、耕牛 2123 头、农具 44701 件、房屋 7500 多间、余粮 300 多万公斤。占全县农村人口 80％以上的农民和其他劳动人民 9.8 万多人，合理分得这些土地和生产生活资料。平均每人分得耕地 1.77 亩。经过土改，雇农、贫农和佃中农的土地都有增加。人均占有土地：雇农由土改前的 0.34 亩，增加到 3.19亩，贫农从 1.03 亩增至 2.75 亩，中农从 2.01 亩增至 2.9 亩，富农从 3.31 亩降至 2.95 亩，地主从 6.09 亩降至 2.04 亩。由县长陈锐志签署颁发土地房产所有证（简称土地证），共颁发 64895 张，从而彻底废除封建土地所有制，实现了贫苦农民世世代代梦寐以求的“耕者有其田”的愿望。广大贫苦农民欢天喜地，欢欣鼓舞。通过土地改革，1951 年全县水稻总产 11382 万斤，比 1950 年增产 422 万斤，增长 3.7%。1952 年全县总产又比 1951 年增长 14.7%，超过抗战前的最高水平 14.3%。1953 年粮食总产达到 14324 万斤，比 1950 年增加 2629 万斤，增长 22.4%。其他农作物(黄麻、花生)及水果也都取得显著增产。

二、匪患的猖獗

新中国成立初期，新生的人民政权受到国民党残余反革命势力(即土匪、特务、恶霸、反动党团骨干和反动会道门头子五个方面的反革命分子)的严重威胁与破坏。国民党在漳州败退时，留下了大批反动武装组织和反革命分子。

南靖境内山脉纵横交错，山高林密，历史上交通不便，匪患严重。民间盛传着“有山就有水，有南靖就有土匪”的俗语。比如，民国期间，惯匪庄烈坤占山为匪 20 余载，先后杀害人命 37 条。

从 1949 年 11 月至 1950 年 5 月，南靖土匪的活动是从隐蔽到公开，从分散到结伙，从打家劫舍至杀害区乡干部，逐步蔓延。至 1950 年 5 月，全县共有股匪 51 股 2449 人(其中分队长以上骨干 224 人)，加上散兵游勇，共 3000 余众。武装匪特拥有机枪 3 挺、冲锋枪 9 支、卡宾枪 8 支、长短枪 2000 多支、子弹 3 万多发。盘踞在全县 7 个区中的 61 个保。匪患活动猖獗，肆意抢劫民财，围攻、袭击新生政权，杀害干部群众 300 多人。农民无法安心生产，谣言四起，人心惶惶，人民生命财产受到严重威胁。

三、剿匪任务的完成

为巩固新生的人民政权，保护人民生命财产安全，1950 年 5 月 14 日，成立南靖县剿匪指挥部，由代县长魏宏任指挥。由上级抽调解放军三十一军侦察营等进驻南靖配合县大队，组成一支 2000 多人的剿匪武装力量，对南靖匪患进行全面清剿。从 31 日开始，全县有3000多名群众配合剿匪部队搜山、围剿土匪。

南靖县剿匪斗争大体经历了三个阶段。

第一阶段:1949年9月至1950年5月。

1950年1月10日,县大队配合福建省军区警备团,在版寮围歼蒋介石从金门派遣入南靖企图与李开瑞会合的“两龙地区游击队”武装匪特残部,歼灭匪特83名,缴获卡宾枪67支、子弹3000多发。2月1日,龙溪军分区警备团副团长吴扬带领一营指战员300多人,炸开第五区霞峰村锦洋楼,活擒匪首庄烈坤、吴启明及台湾当局从金门派遣来的特务营长钟志中,击毙匪徒10名,俘虏40名。

5月29日,三十一军侦察营直捣奎洋松和潭匪窝,击毙末任国民党奎洋乡长庄国宗,逼得躲在阁楼上的叛匪庄西崧开枪自杀,其余叛匪纷纷缴械投降。经过这一阶段的清剿自卫,歼匪近500人,歼灭庄烈坤、陈东方股匪及金门派遣的武装匪特残余,打击了南靖匪特的嚣张气焰。

第二阶段:1950年6月至12月。

从1950年6月至12月,经过7个月的军事清剿、政治瓦解和镇反运动,全县共俘匪745名,击毙46名,击伤51名,自首1286名,剿匪斗争取得了突破性的进展。虽匪特大部分被歼,但残存的顽匪更加隐蔽狡诈。他们利用当时乡村政权中少数“红皮白心”的不纯分子当耳目,潜居深山。当时,全县7个区154个乡,就有37个乡政权被地霸、匪特控制,87个乡的部分干部有通匪行为。所有这些,都给进一步歼灭顽匪带来了一定的阻力。

第三阶段:1951年1月至4月。

从1951年1月到4月,经过4个月的追剿,又击毙匪首、顽匪22名,击伤2名,俘匪185名,投降自首106名,共歼匪315名。

1951年4月30日,县政府在山城召开庆祝剿匪胜利大会。经过一年多的清剿,全县共歼灭股匪51股2956名(其中匪首295名),缴获机枪9挺、冲锋枪10支、卡宾枪67支、马步枪1610支、短枪793支、子弹37273发、手榴弹97枚及大批证件委任状。至此,南靖匪患基本肃清。

1953年，南靖县对抓获的一批土匪头目进行公审

经过剿匪反霸和镇压反革命的斗争，全县人民政权得到巩固，社会治安明显好转。

第四节　重建家园与优抚工作

一、帮助老区人民重建家园

新中国成立之初，在战争年代里遭受敌人多次“围剿”和摧残的南靖老区基点村到处是断墙残壁，一片荒凉。不少勉强可住的房屋也是“日出画龙虎（日光从破漏的屋顶照进屋里的影子），下雨叮咚鼓”，有些基点村群众仍流离失所，有的甚至仍住在山上的战争年代住的石洞、草寮里。

1952年10月，福建省政府要求把“扶助基点村人民重建家园”作为各级政府摆在第一位的工作任务。遵照省政府指示，南靖县开始帮助老区群众重建家园。

从1953年开始至1954年，县政府采取群众自建、政府帮助的办法，开展了扶持老区群众重建家园的工作。

首先是调查。1953年7月，南靖县对基点村被敌人毁坏的必须修建的房屋进行调查摸底。提出应修建的对象名单和间数;10月开始,南靖县对列为修建对象的房屋动工修建。这项工程于1954春节前结束,无房的群众高高兴兴地迁入新居过春节。这次重建老区家园,政府修建房屋522间,为198户803人解决了无房可住的困难,给因敌人迫害而流离失所的群众安了家,使房屋遭敌人烧毁而住草寮、山洞以及缺房的老烈军属、老区革命群众得到了住房。

曾在南靖革命根据地战斗过的一些老领导对南靖老区重建家园十分关心。如张鼎丞得知以前他在南靖开展游击活动的科岭下畲村全村8户(革命时期有18户,被敌人烧毁灭绝10户)30多人还住在山上草寮里的情况后,当即拨款5000万元(旧币,等于现在5000元),并指示当时的南靖县县长陈锐志,务必在最短时间里把下畲村民的住房建好。于是,县长发动该村所在的第五区全区各村派工支援,终于使下畲村村民结束了住草寮的日子,搬进了新居。

二、老区烈军属优抚的开端

南靖县政府还制定了一系列开展老区烈军属优抚的政策。

一是核实各乡应优抚的人口,规定在每年春节前发给优抚粮。当时有烈军属71户488人,政府发优抚粮食3473斤。

二是对生活困难的烈军属实施救济。按照省政府的规定,救济粮发放的细则是:凡过去积极支持游击队,被敌人残酷烧杀,丧失劳动力,现全家老弱生活无着者,每人平均发粮食200斤;与上述情况相同,劳动力未损者,每人平均发粮食100斤;一般受到敌人摧残者,分有无劳动力、有无土地财产等情况,每人发粮食40～60斤。

1953年8月18日,福建省政府老根据地建设委员会和省民政厅联合发文通知,对革命老区老、烈、军、工属实施特殊生活补贴。其办法规定:

特殊补贴对象:凡老区中1948年12月前参加革命的老革命、烈、军、工属,现在鳏、寡、老、弱,丧失劳动力、无依无靠,生活无着的,均列为特补对象。

特补标准:每人每月发给特补费8～10元(1953年3月币制改

革,1万元等于改制后1元);此项特补规定自1953年7月起实行。

三是对缺乏劳动力的烈军属开展代耕等优抚工作。代耕是新中国成立初期农村出现的一种拥军优属好形式。由于革命时期许多农村青年参加工农子弟兵,抗美援朝期间又有许多农村青年走上前线,这些家庭因缺乏劳动力而产生生产生活困难。最好的优抚办法就是帮助他们耕种田地。

当时农村烈军属的优抚工作有三种:(1)代耕;(2)优待劳动工分;(3)发放优待金。

1.代耕

1950年,南靖全县烈属138户525人,军属1264户6201人。群众优待方式以代耕为主,有临时组织民兵队或积极分子代耕;有烈军属自己雇工耕种,工钱由全乡或全村摊派负担。当年享受代耕烈属、军属452户,代耕土地7410亩。1951年,经群众评议,享受优待代耕烈军属414户,代耕土地2899亩,比上年减少4511亩。1953年,组织代耕队97队、代耕组632组,参加代耕7302人,全县烈军属2620户8031人,有耕地25725.64亩,享受代耕836户2944人,代耕面积6359.94亩。1954年,全县烈军属有660多户参加互助组或初级农业社,代耕由互助组、初级农业社承包,保证烈军属正常收入。

2.优待劳动工分

1956年,全县基本实现农业合作化,烈军属参加高级、初级农业合作社有1236户,占烈军属总户数95%。县把代耕制度改为评定优待劳动日,规定凡参加高级、初级农业合作社的烈军属,全部收入和生活水平达不到一般社员的收入和生活水平者均可作为享受优待劳动日的对象。优待劳动日的评定办法是:以乡为单位,由乡主要领导组织干部及烈军属代表参加共同评议,再报县人民委员会审批。优待标准分为3个等级:800分、600分、300分。困难大多优待,困难小少优待。当年,全县享受优待劳动日278户1068人,优待工分26.1万分。1957年,享受优待459户2001人,优待工分203625分。1960年,优待劳动日由生产队负担。全县烈军属、残废军人 802 户，享受优待劳动日 501 户，优待工分 276805 分。1964 年，全县烈属 192 户中享受优待 98 户 524 人，优待工分 53320 分、现金 414 元、粮食 105 公斤；军属 572 户享受优待有 495 户 2309 人，优待工分 403.3 万分、现金 2105 元、粮食 2760 公斤。1966 年"文化大革命"开始后，群众优待工作受到影响。1976 年 10 月粉碎江青反革命集团后，群众优待工作才恢复正常。1977—1980 年，群众优待工作进一步健全，优待对象基本满意。

3.发放优待金

1981 年，群众优待改为优待金。全县共有 97 户烈属享受优待金 11802 元(包括粮食折款，下同)，户均 122 元。1985 年，群众优待实行配套改革：定兵定优待，两证(即入伍通知书、军属优待证)一齐发；统一优待标准，确定农村义务兵年优待金 360 元。1988 年，工厂入伍义务兵 5 名，按其工资的 70%优待。1990 年，农村义务兵家属 567 户，优待面 100%，优待金 29.84 万元，户均 520 元，占 1990 年农民人均纯收入的 75.5%。

第五节　老区农林副业生产的恢复

一、扶助老区恢复生产的措施

新中国成立之后，党和政府采取一系列措施扶持老区重建家园。

首先是减免公粮。龙溪专署制定了老区粮食征收减免细则：凡因水、旱及其他灾害致农作物歉收的，应予减免。受灾六成以上者按成数减免，受灾七成以上者全部减免。

据统计，1952 年，南靖全县 24 个乡中的 6 个老区村共 200 户(人口 775 人)全免公粮 109353 斤。减免从三成至八成的有 26 个老区村共 846 户(人口 2640 人)，减免公粮 543614 斤。从 1952 年至 1954 年，3 年间每户平均减免 638 斤。

公粮的减免对老区人民恢复生产作用很大。群众把减征的谷子存入合作社，换购肥料，买耕牛，养猪，有力地促进了农业生产。

经过新中国成立后三年的恢复，老区乡村的农业生产基本恢复到革命前(1927年)的水平。至1955年，绝大部分老区乡村农业生产已超过革命前的水平。如南靖县狮头乡，革命前老区粮食产量亩均247斤，新中国成立前产量150斤，1952年产量352斤，1953年产量391斤，1954年产量425斤。

二、老区农林副业生产的初步恢复

南靖老区山林资源丰富。新中国成立之初，县政府把发展农林副业当作改善老区群众生活的重要途径。

1956年调查表明，南靖森林资源丰富。林木蓄积量有538万立方米，近熟林、过熟林有306.5万立方米，毛竹立竹量916.9万支；柑橘、荔枝、龙眼、香蕉、菠萝、茶叶、油茶、油桐等林副业生产在闽南地区占有重要地位。

新中国成立前，南靖林业生产落后，山区农民除种粮外，还以卖砍柴、烧炭、编制竹器等收入维持生活。新中国成立后，县政府组织开展森林保护，而且重视林业资源的开发，全县森工企业和林产化工有了较快发展，山区农民的经济收入也得到提高。

1953年，县里批准创建了山城制材厂。制材厂添置了锯台，利用机械加工木材。当年，全县供应国家经济建设木材60000立方米，产值210亿元(旧币)，加上竹子、柴火、火炭以及其他林副产品，总值500亿元(旧币)以上，占全县农林总收入33.6%，改变了山区群众的贫困面貌。

为了发展林业生产，县里提出育林、造林一起抓的措施。当年，全县植树造林15421亩。

1954年，县政府把造林、抚林任务分配到各互助组、合作社。全县造林40368亩，共10474391株树苗。1955年，县政府批准创办了金山松香厂，生产了首批松香、焦油等产品。同年，县里先后组建了第一、第二、第三采伐队，并相继创办了树海、永溪、天奎伐木场，有计划对森林资源进行开采利用，在为山城制材厂提供了充足生产原料的同时，为国家输送了大量木材，增加了县财政收入。据统计，1950—1956年，全县共抚育山林169119亩，封山育林15625亩。

为了解决山区群众木材出售难的问题，从1951年开始，国家在南靖县内设立木材收购机构向林农收购木材，并提高木材的收购价格，林农的收入大大提高。如金山区新村乡1955年林业生产收入达11万元（旧币），全乡100多户人家共建了361间新房。从1950年到1955年，全县共采伐木材246325立方米，价值862万元（旧币），如果加上柴、炭、竹、土纸等林产品，总价值约有2000万元（旧币）。这些产品占整个龙溪专区、厦门和海防前线的木柴和柴火需求量85％，对国家工业化建设、国防建设和群众生活起到非常重要的作用。

1958年，省森工局投资50万元修建南坑至乌石山等公路，开发树海地区林业资源。1958年夏天，公路建成通车。乌石山、书洋、梅林沿线的林业资源得到开发，大量的竹、木通过汽车运输源源不断地外运，山区经济得到了大发展。

三、老区群众生活的初步改善

新中国成立初期，南靖老区群众的生产与生活水平日益恢复和改善，但不平衡。1953年，全县老区乡村的差距如下：

1.农业生产恢复较快，林副土特产发展较慢。田地单位面积产量一般有提高，但也有尚未赶上革命前水平的；不少革命时期因敌人迫害而逃亡致抛荒的耕地，这时大量地得到垦复，耕地面积总数是增加了，但仍有因劳动力不足而照样荒芜的，如山城尚有235亩未能耕种，约占全县土地的0.9％。

2.游击区村与游击基点村比老区一般村、老区基点村恢复得快，但老区一般村又比老区基点村恢复得快，尤其是受敌人摧残严重的基点村恢复得更慢。至1953年，前两种村庄基本得到恢复，有少数村子已超过革命前水平。后两种村子是半恢复状态，其“半恢复”是说在农业生产上大有恢复，但在其他非生产资料上，如耕牛、大家具以及房屋破烂或缺房住的问题较其他地区大。

总的来看，经过新中国三年国民经济恢复，到 1953 年，老区乡村已从战火的废墟中逐步恢复过来，群众生活已基本恢复到革命前的水平，有些已超过革命前的水平。

这种情况到 1955 年又有一定的好转。老区人民住房、穿衣、吃饭等生活困难问题得到进一步的解决。

由于发展存在差距，当时老区群众生活水平分为三种情况：(1)以农业为副，副业为主的农村，生活改善幅度较大；(2)单一农业的农村，生活改善幅度小；(3)农副业并重的农村，生活改善居中。

据 1954 年老区办统计数字，全县老区群众平均每人每年可得粮食 450 斤，已由一贯靠救济粮过日的状况转变为接近可以自给。有不少地方已变缺粮为余粮。

但在之后的时间里，由于“左”的思想影响，“大跃进”、人民公社化运动一浪接着一浪，农业生产上“浮夸风”和瞎指挥盛行，国民经济进入三年困难时期，老区人民刚刚稍微起色的生活又受到了很大的影响。

从 1962 年开始，在中央对国民经济实行“调整、巩固、充实、提高”的八字方针的正确指引下，国民经济进入调整时期，并取得初步成效，各项经济指标开始回升。至“文革”前夕，农村经济和农民生活已逐步好转。

总的来说，老区群众生活有很大改善，体现在以下几个方面。吃的方面：粮食比以前多了，基本上可以吃饱肚子。穿的方面：大部分人都有棉衣、羊毛衣、卫生衣穿，基本上解除了受冻的威胁。住的方面：大部分群众的住房都有不同程度的改善。用的方面：新中国成立前农村很少有人用热水瓶、脸盆，而此时户户都有热水瓶、脸盆等。

如上所述，到 20 世纪 60 年代上半叶，老区群众的生活比新中国成立初期已有一定好转。

第六节　农业合作化与公社化运动

一、农业生产的互助合作

土改之后，农民生产积极性被调动了起来，但由于个体经济力量单薄，农户之间拥有的大家具和大牲口等生产资料不均，不仅给一般农业生产带来阻碍，而且难以抵御各种自然灾害。

土改后农村出现的新情况，引起了党中央政务院的重视。1951年12月，中共中央出台的《中共中央关于农业生产互助合作决议(草案)》，指出了农业生产的互助合作是走向农业社会主义化的必要过渡形式，要求各地根据不同情况，组织不同形式的互助合作。坚持自愿互利原则，逐步推广，通过由低级到高级的方法，把农民组织起来，发展农业生产。

二、“大跃进”与公社化运动

(一)社会主义经济指导方针的失误

1956年9月，党的八大做出“阶级剥削已经基本消灭，无产阶级与资产阶级的矛盾已经基本解决”的科学结论。但这一正确结论，在随后掀起的反“右倾”斗争中中断。1958年5月，党的八届二中全会否定了八大制定的正确路线与方针，重新提出了“以阶级斗争”为纲，并通过了“鼓足干劲，力争上游，多快好省地建设社会主义”总路线。它在“左”的思想指导下，过分强调人的主观因素，盲目追求高速度，使“多快好省”变成片面突出一个字:“快”。全国范围的“大跃进”和公社化运动应运而生。

(二)“大跃进”与人民公社

1958年9月5日，根据中共中央《关于在农村建立人民公社问题的决议》精神，南靖全县农村152个高级社、28409户和1684户个体农民、集镇居民，合计30093户，分别组成靖城、超美(金山)、灯塔

(龙山)、上游(山城)、乘东风(船场)、东方红(书洋)、红旗(和溪)、卫星(奎洋)、超英(南坑)、跃进(梅林)、甘棠等 11 个政社合一、工农商学兵五位一体的人民公社,加上丰田农场、林场,共设 96 个管理区(又称耕作区)、834 个生产队。初期实行"组织军事化、行动战斗化、生活集体化、劳动社会化",劳动力按部队编制组织生产。全县办 925 个公共食堂,798 个托儿所、幼儿园。盲目实行"放开肚皮吃饱饭",提出全面供给加补贴的"十四包",即:包伙食、穿衣、看病、学费、文娱、理发、结婚、分娩、托儿、养老、丧葬、出差、摆渡、零花钱。结果出现"一平二调"(平均主义,无偿地调用生产队的土地、物资和劳动力,甚至调用社员的房屋、家具)、"共产风"、瞎指挥和"浮夸风",当年晚季粮食减收 1971 万公斤,减产 39.8%。全年人均纯收入仅有 58.2 元,比 1957 年减收 65.45 元,下降 52.92%。

1958 年,南靖大炼钢铁

1959 年 5 月,各公社实行分级管理,撤销管理区,以生产大队为核算单位。生产继续高指标、瞎指挥,加上水灾损失,至 1960 年,粮食连年减产,1960 年人均口粮每月只有 11 公斤谷子。一些口粮少的地方,发生水肿病、妇女病以及非正常死亡的现象。

1961 年春夏,贯彻中共中央《关于农村人民公社当前政策问题的紧急指示信》(即"十二条")、《农村人民公社工作条例(草案)》(简称"农业六十条"),开展整风整社,算账退赔,继续纠正"一平二调"的错误,允许社员经营少量自留地和家庭副业,停办公共食堂,恢复各家厨灶。

1962 年 2 月,贯彻中共中央《关于改变农村人民公社基本核算单位问题的指示》,实行以生产队为基本核算单位,直接组织生产、收益分配、自负盈亏。生产大队向生产队定国家粮食征购任务,生产队包上交公积金、公益金、管理费、机动粮。当年全县分给社员的部分占总收入的 63.4%,人均纯收入 74.2 元,是 1958 年以来 5 年中收益分配给社员最多的一年。

1966 年"文化大革命"开始后,强调"突出政治",推行"政治评分"。把自留地、集市贸易、发展家庭副业等当作"资本主义尾巴"进行批判,造成出勤不出力的后果,农业生产发展缓慢。一直到"文化大革命"结束,1978 年党的十一届三中全会召开,各种脱离实际的极左的农业政策和做法才得到彻底纠正。至 1978 年,全县生产队一级总收入仅 3655 万元,虽然比 1961 年增长 1.4 倍,但因人口增加,社员人均所得只有 87 元。出现大量超支欠款,超支欠款户由 1962 年 4804 户增加至 1978 年的 1.96 万户,户均欠款由 55 元增加至 268 元。

1984 年 10 月,撤销人民公社,全县农村建立 10 个乡镇人民政府,生产大队改为村民委员会,生产队改为村民小组。

第八章　新中国成立后30年南靖老区的重建与扶持

南靖老区人民在长期的革命斗争中，无私地支援了革命，为共产党领导人民闹革命、建立新中国做出了巨大贡献。新中国成立后，从经济、生活上关心老区人民的家园重建、生产生活，就成为各级党政部门的重要职责。

对老区的重建与扶持的力度，是随着国家经济建设的发展而逐步提高的。新中国成立初期到20世纪60年代，由于国家财力有限，只是少量项目、资金扶持老区村发展生产，对老区生活有困难的群众进行生活补助，重在政治肯定。

新中国成立后，党和人民政府十分重视老区重建家园。1952年，根据中共中央关于“全面恢复，重点建设”“组织起来，发展生产”“领导群众、解决当前生活困难与长期建设相结合”的老区建设方针，南靖县政府成立老区恢复建设委员会，召开老区代表会议，制定老区五年恢复生产建设计划。会后大抓以下几项工作：一、组织互助合作。月水、坂场、永溪、六安、太保、科岭、双溪7个乡组织63个互助组，参加农户430户，占总户数的85.1%；版寮、村雅、溪山、外云4个乡组织115个互助组，参加农户779户，占总户数的72.3%；礤头、双峰、中西、洋奎4个乡组织34个互助组，参加194户，占总户数的24.46%。各乡生产都得到发展。二、发放老区恢复建设资金1.62万元。三、减免公粮209709.5公斤，受益55个乡、123个村、1674户6354人。四、发放贷款。1952年上半年发放0.48万元，解决购买农具、耕牛和肥料的困难。同时发放低利粮3.5万公斤、无利贷粮5万公斤。1953年发放贷款0.38万元，购置农家具和化肥。五、归还借粮借款。1953年偿还游击队借款0.7万元、白米9290.25公斤、猪8头共725公斤、白银13元，游击队医药费0.26万元。六、发展手工业生产。1952年支持建纸槽5个、瓦窑3个。七、组织群众造林、种竹、种茶。八、修建房屋。1950—1953年，共修建房屋1132间。九、改善医疗条件。组织医生每半个月到老区巡回治疗一次，并在五、六区设立卫生所。

1954年后，南靖县继续扶持老区建设。1954—1955年，做了如下几项工作：一、帮助新建房屋316间，修建房屋1960间，国家补助37.93万元，解决194户789人住房困难。二、兴修农田水利12条，国家补助1.27万元，受益756亩；群众自修水利（小型）466条，受益13952亩。三、修复桥梁7座，国家补助3.68万元。四、发放农业生产补助款5.95万元，受益58个社组498户，购买耕牛13头、农具65件、牛车1部、喷雾器33台、小麦种子3016公斤、柑橘苗100株、帆船2只。五、修建学校2所，国家补助0.11万元。六、公粮减免46.63万公斤，受益123个村、3596户12912人。七、偿还游击队借粮、款2017.6元。八、发放低息贷款1.35万元、稻谷8.5万公斤。

1964年，县政府拨款0.33万元修建老区房屋84间、新建14间，解决16户134人住房困难。同年，又拨款修建学校1所，为老区购置1台水力发电机。

1965年后，国家对老区扶持逐年减少，1966—1976年“文化大革命”中，基本中断扶持。

第九章　新中国成立后30年的农田水利建设与基础建设

水利是农业的命脉。新中国成立之后，在党和政府的扶助下，南靖群众焕发社会主义建设积极性，在公社化和“农业学大寨”时期，甚至在极为困难的“文革”时期，他们克服物质条件匮乏与工具简陋以及“文革”对老区的冲击等困难，凭着对党一贯的耿耿忠心和对社会主义的坚定信念，靠着改造山河的雄心壮志，用自己的双手，筑起一座座大坝，使得高峡出平湖；凿出了一条条水渠，架起了一座座渡槽。同时，南靖群众不畏艰险，战天斗地，修建了一条条公路，架设了一座座桥梁，让偏僻乡村也通上汽车。这些水利设施和乡村公路大多数建于20世纪六七十年代，它们是老区群众为改变家乡落后面貌所做的巨大努力的重要见证。

第一节　水利建设

新中国成立前，南靖水利设施基础薄弱，水利工程多为开渠引水灌田，设备简陋，大部分农田靠天吃饭，抗御自然灾害能力很低。新中国成立后，县政府十分重视水利建设，历年投入大批人力、物力、财力兴修水库、引水工程等水利建设。

一、小(一)型水库建设

小(一)型水库是指库容量小于1000万立方米，大于100万立方米的小型水库。

大房水库　地址在靖城镇大房与草前狗蹄仔山麓，蓄水面积80亩，库容152.5万立方米，灌溉面积10356亩，1956年3月竣工。工程投资95万元，其中上级拨款7.8万元，完成土石方9.5万立方米，投入劳力21.1万工日。输水干渠道长1.2公里。

二、小(二)型水库建设

小(二)型水库是指库容量在10万～99万立方米的小型水库。

南靖县从20世纪50年代至1978年先后建成小(二)型水库24座，总库容438.67万立方米，灌溉面积1.744万亩。具体如下：

草前黄山水库　地址在靖城草前，总库容23.5万立方米，灌溉面积588亩，1956年建成。

古湖田尾水库　地址在靖城古湖，总库容15万立方米，灌溉面积377亩，1956年建成。

涌口大湾底水库　地址在龙山涌进，总库容18.85万立方米，灌溉面积1000亩，1958年建成。

岩前水库　地址在山城岩前，总库容12.6万立方米，灌溉面积300亩，1962年建成。

田边内高水库　地址在靖城田边，总库容15.19万立方米，灌溉面积250亩，1963年建成。

草坂书田垅水库　地址在靖城草坂，总库容25.95万立方米，灌溉面积577亩，1964年建成。

草坂西旗底水库　地址在靖城草坂，总库容13.08万立方米，灌溉面积389亩，1964年建成。

草坂洋厝珩水库　地址在靖城草坂，总库容10.8万立方米，灌溉面积210亩，1964年建成。

草坂沯顶水库　地址在靖城草坂，总库容57.36万立方米，灌溉面积1700亩，1964年建成。

张渠茶湖水库　地址在山城张渠，总库容12.75万立方米，灌溉面积100亩，1965年建成。

八一西山水库　地址在山城六安，总库容10.35万立方米，灌溉面积 300 亩，1974 年建成。

高联山沟坪水库 地址在船场高联，总库容 17.7 万立方米，灌溉面积 500 亩，1975 年建成。

南坪十二岭水库 地址在龙山南坪，总库容 10.91 万立方米，灌溉面积 850 亩，1979 年建成。

涌北水库 地址在龙山涌北，总库容 26 万立方米，灌溉面积 450 亩，1979 年建成。

高溪洋顶水库 地址在书洋高溪，总库容 13.48 万立方米，灌溉面积 500 亩，1980 年建成。

草坂九美水库 地址在靖城草坂，总库容 14.7 万立方米，灌溉面积 500 亩，1980 年建成。

金山仑埜水库 地址在金山马公，总库容 12.15 万立方米，灌溉面积 1600 亩，1981 年建成。

径里福坑内水库 地址在靖城径里，总库容 16.5 万立方米，灌溉面积 400 亩，1981 年建成。

鸿坪水库 地址在山城鸿坪，总库容 12.74 万立方米，灌溉面积 100 亩，1982 年建成。

南欧磜下坑水库 地址在书洋南欧，总库容 11.5 万立方米，灌溉面积 600 亩，1983 年建成。

高港水库 地址在南坑高港，总库容 58.8 万立方米，灌溉面积 400 亩，1984 年建成。

宝斗陈埔地水库 地址在龙山宝斗，总库容 33.2 万立方米，灌溉面积 1100 亩，1984 年建成。

东建东椿水库 地址在金山东建，总库容 15.07 万立方米，灌溉面积 650 亩，1985 年建成。

靖城芹菜洋水库 地址在靖城，总库容 31.13 万立方米，灌溉面积 4000 亩，1985 年建成。

三、蓄水 1 万～10 万立方米水库建设

南靖兴建蓄水 1 万～10 万立方米的水库有 18 处：山边大沟垅

水库、五川大泉水库、山苑圹底水库、坑尾白露西坑水库、鸿钵焦坑水库、八一杉仔圹水库、和溪崩洪坑水库、汤坑和营塘水库、岩前岭头水库、元湖大塘、下戴江亩坑水库、涂尾九云墩水库、高联水库、张坑大夯头水库、鸿钵西山坑水库、坑尾畲仔口水库、五川新建水库、双明矿底水库。上述累计总库容 59.86 万立方米，灌溉面积 3617 亩。

四、星罗棋布的小型引水工程

新中国成立至 1978 年，老区群众用辛勤的双手，修建了大大小小难以计数的引水渠道，它们穿行在山谷之中，平原之上，构筑起农业生产保障网络。至 1990 年，建成的受益万亩以上渠道有 3 条，受益千亩以上万亩以下有 25 条，受益百亩以上千亩以下有 90 条，合计 118 条，受益总面积 98141.62 亩。

其中受益万亩以上渠道有：

三卞渠道　地址在山城镇三卞、翠眉、鸿坪、下潘、葛山、桥头、钟鼓、山苑，渠道全长（含主、支渠）21.12 公里，受益农田 10800 余亩。整体工程，工程分两期进行：第一期（从油柑坪至鸿坪村），1954 年 4 月完工，投资 10.3384 万元，其中国家投资 3 万元，受益面积 4146 亩；第二期（从鸿坪村至山苑村），1955 年 10 月完工，受益面积 6654 亩。

金山渠道　地址在金山乡后眷、都美、碧溪、马公、荆美、金山、庵后、水美、新内，全长 22.5 公里，受益农田 10080 亩。工程分两期进行：第一期（从暗潭仔口至荆美村），1970 年 1 月完工；第二期（从金山村至新内村新内坑），1971 年 11 月竣工。渠道流经 10 个大队 193 个生产队（人口 17726 人），占金山公社总人口的 1/2，受益面积占全公社的 1/3。

宝新渠道　地址在丰田、靖城、天宝，1957 年 5 月建成，受益面积 2.02 万亩。渠道进水口在丰田宝林，途经靖城、院前，进入天宝镇。

受益千亩的渠道有：

寨联顶涵引水渠道 地址在靖城镇尚寨村，长1.1公里，受益1500亩，1952年3月建成。

寨联下涵引水渠道 地址在靖城镇尚寨村，长2.5公里，受益1130亩，1952年3月建成。

溪边官陂头渠道 地址在山城溪边，长4.8公里，受益1750亩，1953年1月建成。

大房仙圳 地址在靖城草前、大房水库和平和县黄井，长6公里，受益5179亩，1953年3月建成。

圩埔大马头圳 地址在龙山圩埔，长4公里，受益1000亩，1972年建成。

六安乌石陂 地址在山城六安，长5公里，受益3500亩，1954年4月建成，1987年9月复建。

珩坑郑店引水沟 地址在靖城珩坑、郑店，长0.9公里，受益2200亩，1954年冬建成。

东坂引水渠道 地址在靖城东坂，长9.7公里，受益1350亩，1954年冬建成。

庵后石龟渠道 地址在金山庵后、荆美，长4.5公里，受益1200亩，1953年建成，1989年扩建。

沥阳溪东渠道 地址在靖城沥阳，长7.8公里，受益1700亩，1955年4月建成。

雁塔长能渠道 地址在山城雁塔，长2.7公里，受益2750亩，1956年3月建成。

溪边困牛陂引水渠道 地址在山城溪边，长7.2公里，受益1000亩，1956年3月建成。

龙山东墩圳 地址在龙山涌北，长3.6公里，受益1200亩，1957年3月建成，1972年扩建。

河东美渠道 地址在金山河墘、东建、水美，长18.5公里，受益3200亩，1968年8月建成。

阡桥宝阡渠道 地址在靖城阡桥，长7.5公里，受益1800亩，1957年11月建成。

和溪中和渠道　地址在和溪林中，长9公里，受益2300亩，1958年3月建成。

宝林顶洲渠道　地址在丰田宝林，长6公里，受益1675亩，1961年10月建成。

梧涌渠道　地址在龙山梧营、涌进，长18.3公里，受益1200亩，1962年12月建成。

龙山翰林圳　地址在龙山棠溪，长7公里，受益3000亩，1966年建成。

太保大沟圳　地址在龙山太保，长4公里，受益1473亩，1964年建成。

璞山上寨渠道　地址在梅林璞山，长5.5公里，受益1123亩，1964年建成。

村雅大礤坑渠道　地址在南坑村雅，长9公里，受益1130亩，1967年3月建成。

雁塔红山渠道　地址在山城雁塔，长7.8公里，受益4516亩，1969年6月建成。

涌北径口渠道　地址在龙山涌北，长3.5公里，受益1740亩，1989年建成。

红濑口渠道　地址在山城汤坑，长7公里，受益面积1300亩，1953年建成。

此外，全县兴修受益百亩以上千亩以下的渠道共90条，累计总长度179.5公里，受益面积27345.62亩。

第二节　乡村基础设施建设

为改变老区基础设施和社会事业的落后面貌，新中国成立后党和政府对此十分重视并耗费了巨大心血。老区地处偏远山区，曾为建立革命政权提供了良好的区位条件。但到了建设社会主义时期，这样的地理环境却给老区建设带来了极大的不便。尤其是公路交通、饮用水、供电等基础设施的落后，成为老区摆脱贫穷落后的“瓶颈”。

南靖老区的公路交通建设，是老区群众拔穷根、奔富路的重大举措，也是一场改变老区贫穷落后面貌极为艰巨的翻身仗。因老区特殊的地理环境因素，这项异常艰难的建设事业历经半个多世纪，到了 21 世纪初才最后完成。总的来说，大致经过两个发展阶段：20 世纪 50 年代的简易公路建设；20 世纪 60 年代到 1978 年社队道路建设的全面展开。

一、简易公路建设

新中国成立初期，党和政府对老区采取了许多扶持政策，加上老区人民发扬“革命加拼命”精神，充分发挥集体经济的人力物力财力优势，以“民工建勤”、“民办公助”和义务劳动等形式修建道路，初步改变了老区山村交通落后的局面。

在这一时期，南靖县老区道路修建成绩显著。其中最长的一条县道是山(城)长(塔)线，长达 83.91 公里。该线通往长塔煤矿，沿途有许多老区乡村。1956 年 7 月，由县交通局派员测设，省拨款 7.9 万元，县抽派 3610 名民工，建设山城至船场 23 公里路段，共投工 17.53 万工日，次年 1 月建成。1957 年 12 月，县拨款 23 万元，抽派 2000 名民工续建船场至书洋 22 公里路段，次年 8 月竣工。1959 年 12 月，县再次拨款 12.42 万元，抽派 3140 名民工，续建书洋至长塔 36 公里路段，投工 10.621 万工日，次年 8 月建成。1964 年，又建筑长塔至龙岩县仁和村 10 公里路段，与厦隘线(即漳龙公路)连接。

这一时期建成的县道还有 5 条：

下书公路　由平和下寨牛屎岭至书洋，长 18.32 公里。1958 年建成，为等外公路，路基宽度 5～7 米，路面宽度 3 米。

船赤公路　由船场水泥厂至赤坑口后洞，长 6.3 公里。1965 年整修，为等外公路，为船场溪水电厂专用道。

永合公路　由永溪车站至合溪口坝头，长 15 公里。1965 年建成，为等外公路，为水电站专用线。

南乌公路　由南坑桥头至乌石山，长17.3公里。1958年冬建成，为等外公路，全部中级碎石路面。

后赤公路　由后洞水电站至赤坑头，长7.3公里。1962年建成，为等外公路。

1957—1958年"大跃进"时期建成的乡村简道有：山城至溪边村5公里；靖城镇至草前村6公里，到大房村5.5公里；南坑镇至村雅村5公里，至新罗村4公里，至南坑村4公里；书洋镇至上田5公里，至下坂6公里，至书洋村4公里；船场镇至集星6公里，至上汤4公里，至西坑4公里；和溪镇至月明2公里，至坂场6.2公里，至月星6.4公里；奎洋镇至东楼3公里；梅林镇至科岭10公里，至双溪4.5公里，至长塔5公里，至坎下4公里，至梅林村3公里；等等。

这一时期还建有一批乡村公路：

湖林公路　由湖山至林下，长12.9公里。1957年由县交通局派员测设，次年建成，为等外公路。1984—1985年改建成四级公路。

白梧公路　由白沙坑至梧宅，长7.75公里。1966年建成，为等外公路。

龙西公路　由龙山至西山，长4.45公里。1962年建成，为等外公路。1984年改建成四级公路。

营南公路　由营建至南坪，长12公里。1970年建成，为等外公路。1984年改建成四级公路。

合东公路　由合溪口至东楼，长5.9公里。1960年建成，为等外公路。

20世纪50年代道路建设的成果，使南靖交通面貌第一次有了初步改观。

二、20世纪60年代至1978年，乡村沙土公路建设全面铺开及柏油路的出现

从20世纪60年代起至1978年，有10年的"文化大革命"和长达18年的"农业学大寨"运动。"文革"中"四人帮"的倒行逆施，农业生产力遭到极大破坏。"农业学大寨"虽然有形式主义"大忽隆"

和"左"的思想的浓重影响,但从一分为二的唯物辩证法观点来看,农业战线的这一运动也不能全盘否定,其中大修水利和开山辟路的不少成果,就给老区基础设施带来了第二次改观的机会。

在投建形式方面,这一时期,除了国、省道全部由政府投资外,乡村道路建设大致仍采用20世纪50年代的"民工建勤""民办公助""以工代赈"等办法。20世纪80年代开始,采用小工程"小包工"和大工程"招标发包"的办法,资金的投入有群众投劳集资和政府补助。

这一时期与老区有关的县际道路建设情况大致如下:

南靖的书曲线。自南靖书洋至曲江村,长9.9公里。1966年勘测设计,以三级林区公路标准施工,总投资17万元。1967年4月竣工。

20世纪70年代由林业局投资兴建,沿线有老区村的公路有:

南靖合溪至梅林九云墩,途经合溪村、永溪伐木场、梅林,长14公里。

南靖的科岭下畲是张鼎丞、伍洪祥等领导同志革命时期经常活动的基点村。1984年,伍洪祥来这里视察老区工作,看到这里仍交通不便,特批了5万元,开通了一条从行政村至下畲的村路。

1964年,又建成长塔至龙岩县仁和村长10公里的路段。此后,山长公路进行多次改建扩建,改建为四级公路20公里;等外公路63.911公里。

第三节　供水供电事业的发展

一、改革开放前老区群众饮水状况

长期以来,地处山区的老区群众祖祖辈辈饮水靠的是村里挖水井、村边的河水,比较好的是用竹筒把山涧水引到村里,建个蓄水池,村民再到蓄水池挑水,有的村子是把蓄水池建在地势高的地方,而后铺设水管到各户，这种办法因投资少工程量小，至今在许多偏远的自然村仍在使用。

这些未经卫生处理的饮用水存在着安全隐患，特别是一些血吸虫疫区的水难免带有传染病菌。新中国成立前和初期，南靖老区不少群众患有“大肚桶”“大脚趍”“黄酸病”等血液病，就是饮水不洁所致。

在20世纪60年代第一轮大打“血防战役”的工作中，疫区群众开展灭钉螺、整治环境的爱国卫生运动，卫生部门帮助许多老区村群众扭转传统喝污染河水的习惯，挖起了安全饮用水井，有些疫区的水井被群众称为“幸福井”。

二、供电事业的发展

老区群众祖祖辈辈的生活照明是靠生油灯、煤油灯甚至是松明。20世纪50年代初，有些靠近县城、乡镇的老区行政村靠政府扶助用上了电灯。南靖县政府此时在有水力资源的山区修建了一些小水电站。

南靖县水力资源丰富，境内大小河流72条，主要河流流域可利用天然落差2730.5米，水力资源理论蕴藏量为19.21万千瓦，可开发装机容量为10.2万千瓦，相当于年发电4.5亿千瓦时。

明清时期，南靖就有利用水力装置的水车，用于捣纸浆、香末等。1958年统计，全县此类水力站120多处，其中用于发电的有10多处。这种木制水车由于效率低，1965年已基本上被水轮机取代。

1956年10月，由省工业厅设计的船场水力发电站正式建成发电，为南靖县第一座水电站，利用落差30米，流量0.3米^3/秒，装机容量36千瓦。同年，县水利电力部门开始设计木制水轮机发电的水电站。

1958年“大跃进”时期，南靖掀起“全民办电”的高潮，采用“小型为主，土法上马，大干快上”的办法，南靖有水电资源的乡村，纷纷兴建小型水电站。1958年，中共龙溪地委根据省九龙江流域规划队的规划，决定兴建船场溪4座梯级水电站，总装机容量5.2万千瓦。同年9月15日动工兴建,参建民工最高峰时达到9000多人、技工1124人。但是,由于工程仓促上马,采用边勘测、边设计、边施工的方法,结果坝区工程图纸与实地不符,工程不得不于1959年4月下马停建,只保留二级电站工程。后经过设计人员对原设计进行修改、补充,同年12月20日,二级电站继续施工。1961年4月,因国家经济暂时困难,二级电站停建。1966年5月二级电站恢复施工,1968年1月安装第一台容量1.25万千瓦水轮发电机组,1975年1月开始安装第二台容量1.25万千瓦机组,全部工程于1978年2月15日完成。

1960年4月,县委、县政府根据中央关于大办电站的文件精神,制定大力发展水电站的计划。各公社、镇根据县委、县政府计划,先后组织60多个专业队兴建水电站。同年底,全县建成水电站18座,装机容量230.5千瓦,水力站64处,功率422.63千瓦,安装碾米机81台、磨面机20台、饲料粉碎机60台、切片机16台、锯木机10台,年加工的稻谷、小麦1250万多公斤、饲料165万多公斤。但是,由于盲目建站,仓促动工,也造成许多浪费。

1961年,国家处在暂时经济困难时期,正在兴建的30个水电站停建,21个土建已完成,无法安装发电机,厂房改作仓库。1962年,水电站建设全部停止。

1963年,随着国民经济好转,水电站又恢复建设,当年建成发电的有31座,装机容量452.5千瓦,其中由水力站改装发电的有12座。同年,部分木质水轮机改为铁质水轮机,提高效益近1倍。

这些水电站的建成,使得周边老区村率先用上电灯。在20世纪60年代中期开始的“农业学大寨”运动和1969年南方小水电会议精神推动下,山区小水电建设再次掀起热潮。1964—1966年,建成发电的12座水电站全部装配铁质水轮机,装机容量243千瓦。1966年,全县水电站全部装配铁质水轮机。

1969年,龙山水电站建成发电,该站为第一个县办国营水电企业。截至1970年底,全县水电站建成发电79座,装机容量1538.5千瓦(不含船场溪水电厂)。

1971年7月6日，公安部部长华国锋到南靖视察时指出：电太少了，南靖发展水电潜力很大，要重视发展电，为实现电气化创造条件。1972年，县委把发展电力摆到议事重要日程上，指定1名县委副书记抓水电工作。

1973年，贯彻"谁建、谁管、谁所有"的办电方针，号召各行各业为大办水电事业贡献力量。当年，县抽调20多名干部和技术人员，分成2组，用1个月时间，对县内河流进行逐条勘测规划，确定建站地点和装机容量。然后，根据先易后难、投资少、受益快、经济合理的原则，统一规划，分期建站。同年，组织水电常年专业队100多个共4000多人，参加建设的民工最多达到2万多人。

1974年9月，县委制定"县办、社办、大队办、生产队办水电站，总装机容量到1980年实现万千瓦"的宏伟计划，全县掀起群众办水电站热潮。

1977年，南靖掀起国家、集体办电高潮。全县一年建成发电的水电站23座，装机28台，容量3102千瓦，是历史上水电站建成发电最多的一年。

至1978年，随着南靖各公社、大队相继筹集资金兴建小水电，老区农村开始普及使用水电。

第十章　社会事业快速发展

新中国成立后30年来，党和政府不仅在改变老区基础设施落后方面给予极大扶持，而且从政策上、财力物力上大力扶持老区社会事业的建设，使得老区乡村文化教育、医疗卫生的落后状况有了根本的改变。老区文化教育从普及到提高，医疗事业从无到有再到形成农村卫生医疗三级网络。在改善老区乡村社会设施的同时，还在全社会营造重视老区，为改变老区落后面貌做贡献的良好氛围，促使社会力量支援老区经济社会建设事业，使得老区社会事业迅速发展，人民群众的文化和健康水平得到较大提高，产生了有目共睹的巨大变化，跟上了时代前进的步伐。

第一节　文化教育事业的发展

一、新中国成立初期的扫盲工作

新中国成立之初，南靖县老区文化教育落后，青壮年文盲率占老区人口的90%以上，有许多老区村全村没有一个人识字。文化水平的低下，严重制约着老区社会发展。因此，党和政府在恢复老区生产的同时，十分关心老区文教卫生工作，多次颁发有关文件，强调“要加强老根据地农民文化教育”，特别指出“要把加强老区农民文化教育、扫除文盲，作为当前农村一项重要的政治任务”。因此，在开展土地改革的同时，县委、县政府优先在老区增办学校，选派优秀教员，组织电影、幻灯片文化上山下乡，举办文化教育。为了有效地开展扫除文盲运动，1952 年，县成立识字运动委员会，下设扫盲办公室，各区相应设立扫盲机构，配备专职干部。当年，除续办冬学、民校外，各区基点乡均办速成读书班。全县上民校和速成班的学员有 14000 多人，其中，速成班有 64 班，人数有 3000 多人。

南靖各级党、政对于办学具体问题，如课堂地点、桌椅、经费等都给予支持解决。各区在人口较集中的基点乡都开办 2～3 个速成班。

速成班全过程大致上可分为三个阶段：第一阶段——突击学生字 2000 字。将要学习的全部生字，按政治、生活、生产等口语编成生字词组、短语，如“共产党，好领导，相信群众”，“犁耕时，春播种，秋冬收成”。每个生字旁注以拼音字母（称“拐棍”），拼出闽南地方音。每晚学习一次，每次三五十字。为了适应农民劳动，将生字写在一个小四方块的硬纸牌上，正面是生字，背面是拼音字母，白天可带到田间学习。第二阶段——阅读。通过阅读课文，巩固生字。第三阶段——写作。由浅入深地练习写便条，如收条、请假条、通知条、路条、申请条、书信等。从 1952 年冬速成班创办到 1953 年 9 月结束，整个过程历经 10 个月。全县 64 班，其中有 1/3 的班通过五六个月后就结业，一般的七八个月，个别的 10 个月，速成班学员一般能识字 1500 个字，优秀的学员能识 2000 个字，能看懂通俗报纸，写普通书信和简单短文、笔记、便条。速成班结业后，这批初通文化的农民积极分子，陆续地担任了更多更重要的工作任务。80％的互助组、初级社会计、记工员，由速成班学员担任。有的还担任互助组长、初级社社长，以至高级社社长。20 世纪 50 年代中后期还有不少人从不脱产、半脱产的初级社社长选拔为人民公社的脱产干部，各条战线上都有速成班学员。据梅林坎下大队速成班的调查，1953 年 8 月结业 50 多个学员，1955—1964 年间，先后被提拔为脱产干部的就有 12 人，大队（村）级干部 15 人。

1953 年，速成识字班停办，冬学转为常年民校。1954 年，县有民校 368 所、526 班，上学人数 16725 人。当年考核验收，2334 人脱盲。1954 年秋，县成立机关干部、职工业余学校，配备专职教师 3

人，负责城关地区干部、职工文化学习，各区也先后创建分校。县直机关干部职工业余学校除进行常年文化学习外，举行多期区、乡主干和脱产干部的扫盲班、老区民师培训班，并输送干部、职工离职参加区工农干部文化轮训、速成中学和厦门大学预科班学习。

为了动员社会力量参加扫除文盲，并提高识字教学效果，1956年，撤销识字运动委员会，成立扫除文盲协会，下设办公室。各区建立分会，全县发展会员6235人，开展扫除文盲、办好民校活动。

在扫盲工作中，各区创造出一些好的做法，如山城象溪乡成立青年扫盲队，组织全乡青壮年206人参加扫盲学习班，入学率达94%，解决了该乡缺会计、记账员的问题。因扫盲工作成绩突出，该青年扫盲队被评为全省扫盲工作先进单位。

群众性扫盲和文化教育的开展，培养了老区最早的一批初级文化人才，在一定程度上提高了老区群众文化素质，为老区正在开展的合作化运动部分地解决了乡村干部、会计、记工员等人才的紧缺。

二、20世纪50—70年代文化教育的发展

1949年9月22日南靖解放，县政府接管全部公私小学计115所，学生7100多人，教职工大部分留用。实行统一的教育方针和教学内容，由县政府选派学校校长，采取“公办民助”和“民办公助”两种办法扶助支持经费困难的公立小学。当时，老区乡村学校占比例很少，乡村校舍大多是村里的旧祠堂或“破除迷信”之后的庙宇。有的村还延续着旧社会的私塾教学。大部分老区村的学龄儿童因村里没有学校，要走十几二十多里山路到区里的学校读书。当年大部分老区乡村，虽然政府对贫困家庭的子女实行减免学费的政策，但因学校少，上学不便，大部分学龄儿童还是无法上学。1950年，老区村学龄儿童入学率仅30%左右。

针对老区教育事业落后的情况，政府鼓励群众办学，稳定旧校，开办新校，面向工农子弟，扶助乡村办学，使得学校数量有所增加。1950年，各区(即后来的乡)都创办起中心小学。1952年，在土地改革完成、国民经济恢复的情况下，根据上级“关于逐步发展老区教育

事业”的指示，各老区乡村创办学校掀起热潮，小学数量有较大增长。当年南靖县小学就增至 134 所，284 个班，学生 9124 人，教职工 321 人。

1953 年合作化运动开始，学校教育贯彻中央政府的办学方针，调整学校布局，对 1.5 公里以内有两所小学的予以合并，对生源少、条件差、布局不合里的予以撤销，并改所有私立学校为公办学校，重点发展山区、老区小学。一些老区行政村纷纷创办小学，是年全县小学 170 所，比 1952 年增加 17 所。1954 年，山城中心小学（原荆城小学）改为南靖县实验小学，发挥教学示范作用。

在合作化运动中，老区的文化教育事业有较大发展。至 1954 年底，老区乡基本达到乡乡有学校。

1956 年，南靖文化教育事业又有较大的发展。全县小学 209 所，419 个班，学生 15414 人。南靖县学龄儿童入学率达 75%以上。

1958 年“大跃进”时期，教育盲目发展，全县小学猛增至 318 所，学生 17685 人，教职工 565 人。1960 年，教育部重新颁布试行五年一贯制。同年秋，实验小学招生搞试点。

这一时期，南靖的中学教育也得到发展。先是在许多乡的中心小学附设初中班，之后在人口多的地方办起中学。

1958 年 5 月，南靖中学更名为南靖第一中学，金山初级中学改为第二中学，曲江华侨中学改为公立曲江中学。同年，靖城中心小学附设初中班。1960 年 4 月，靖城中心小学附设初中班扩大并独立，称靖城中学；同年秋，龙山、船场、霞峰同时创办初中班。至此，全县有中学 7 所，曲江中学为第三中学，靖城中学为第四中学，龙山中学为第五中学，船场中学为第六中学，霞峰中学为第七中学；其中除一中外，均为初级中学。全县高初中在校学生总数 2484 人，教职工 151 人。1961 年，五中、六中、七中停办，其学生并入其他中学。1964 年，中等教育处于巩固提高阶段，全县设初中 42 个班，学生 1773 人，高中 7 个班，学生 260 人，教职工 170 人。

1964 年，随着经济的恢复与发展，县农村小学开始附设耕读班。面对老区边远山村超龄生多，困难户子女入学少的现状，教育部门在一些老区基点村开办初小学校，附设耕读班，使这些基点村的儿童得以上学。南靖全县小学共289所，有758个班，学生22841人，教师850人。

1966年"文化大革命"开始后，学校停课"闹革命"，1968年复课"闹革命"，小学下放大队办，贫下中农管理小组进驻学校。1969年，小学全面实行五年一贯制。

1972年，在"复课闹革命""把学校办到贫下中农家门口"的口号下，全县基本上每个公社办中学一所，每个大队办小学一所，要求"读小学不出大队，读中学不出公社"。南靖85%的小队(自然村)办完小，2/3的大队附设初中班。1975年秋，各类学校废止春季招生，恢复秋季招生。

至1976年，全县小学增至441所，1916个班，学生53254人，教师2177人，其中民办教师1306人。中小学校的剧增，虽然有利于老区群众的子弟就学，但也带来了校舍不足和危房增加，以及不合格教师比例增大的问题，导致教学质量严重下降。

1958年"大跃进"时期，为了解决农村中农业技术人才缺乏问题，南靖创办了一批农业中学。县政府在山城、船场、和溪各创办1所农业中学，招生201人。翌年，县政府又在龙山、奎洋、梅林等地创办农业中学。1960年，农业中学共有8所，学生393人。1962年，停办6所。1966年，再度增办，全县共办22所，55个班，学生1610人，专任教师18人(另聘请一大批代课教师)。

1966年，农业中学全部停办。

在扫除文盲工作方面，从1956年起，县政府根据中共中央、国务院《关于扫除文盲的决定》，毛主席对《莒南县高家柳沟村青年团支部创办记工学习班的经验》《一个受欢迎的农业技术夜校》的批示，在农村中扫除文盲大力推行读"三本书"。第一本书由县派出的工农教育干部会同当地区、乡干部及小学校长、教员，根据农民记工的要求，收集本村的人名、地名、工具名、农活名和必要的词汇，编写成《记工识字课本》。第二本书由县文教科会同有关部门，收集本县、本省常见的事物编写成短文，附加阅读、写作指导的练习，编印成《农民识字课本》。第三本书由省教育厅按照中央关于扫盲毕业标准的规定编印。由于这“三本书”的内容由浅入深，切合农民的需要，教学效果好，1957 年，又脱盲 2408 人，民校为农业合作化培养了一大批人才。

从新中国诞生至 1978 年前这一历史时期，根据上级政府的指示，在县、区所在地和森工系统开办干部、职工业余文化学校，还举办了乡主干脱产扫盲班、老区民师培训班，并输送一批干部离职参加地区工农干部文化轮训班、工农速成中学、厦门大学预科班学习，从各个方面为工农出身的干部、工人提供学习条件。

第二节　医疗卫生事业的发展

一、发展概况

新中国成立之初，南靖只有设在县城的一所医院，11 名医务人员，6 名护士，4 张病床。个别人口较多的区有一些私立诊所。老区村的医疗卫生机构几乎一片空白。为解决老区群众的治病取药困难，省政府和专区都拨出专款，在老区建立公立卫生所。1951 年，省卫生厅拨给龙溪地区卫生事业费 10 亿元(旧币)，其中，在南靖科岭建卫生所，在山城、金山、龙山等区开办中西医联合诊所等。

1958 年，在“大跃进”的热潮中，医疗卫生事业有新发展。

10 月，以公社为单位，把所属范围内的卫生所、联合诊所合并为山城、靖城、龙山、金山、和溪、奎洋、梅林、书洋、船场、南坑、丰田 11 个保健院。各大队建起保健站，一些较大的自然村建了保健室。

1979 年 6 月，经省卫生厅批准，龙山、和溪、书洋公社卫生院改为中心卫生院。

1958 年，全县建立 86 个生产大队保健站(室)，由各公社保健院领导和管理。1969 年，部分生产大队实行合作医疗制度，经费除由社员出一部分外，其余由生产大队公益金支出，每年筹资一次。参加合作医疗的社员到合作医疗站就诊实行医疗费减免，每个医疗站配备1～3名赤脚医生，享受固定工分补贴。1970年6月，全县168个生产大队全部建立合作医疗站。南靖这一时期创办的中西医联合诊所有12间，14个公社均办起了保健院，共有病床44张。

1969年，全县农村开始推行合作医疗制度，这一工作促进了农村卫生机构的发展。到1979年，各老区行政村都在原来保健站基础上建起了医疗站。

二、烈性传染病的根除

旧社会遗留下来的鼠疫、霍乱、疟疾、天花等烈性传染病和血吸虫病在新中国成立初期仍在严重危害群众的健康和生命。老区地处山区，卫生条件差，群众尤受这些烈性传染病之害。据档案资料记载，新中国成立前，南靖人民贫病交加，生活在水深火热之中，有歌谣云："春天出痘(天花)麻(麻疹)，死人堆满山；热天起吐泻，棺材无处买；冬天发'寒奄'(疟疾)，黄酸大肚桶；个个活受苦，比死还惨痛。"特别是鼠疫流行猖獗，1890—1949年间鼠疫流行，波及全县76.7%的地区，患病约5916人，死亡约5415人。1921年，梅林村一次鼠疫流行死亡200多人，无棺材埋葬，堆尸坑内，有"万人坑"之称。新中国成立后，党和政府关怀人民身体健康，轰轰烈烈地开展爱国卫生运动。1951年10月，县、区、乡卫生委员会开始发动开展爱国卫生运动。县防疫委员会组织文教人员、开业医生及热心卫生公益人士成立业余宣传队，向群众宣传卫生防疫知识。

新中国成立后，南靖县公共卫生事业蓬勃发展。1952年，全县大张旗鼓地开展爱国卫生运动，共组织卫生大扫除2664次，疏通水沟68439米，消毒水井3715口次，水井加盖2505口，厕所消毒1601所，加盖13589所，灭杀大量病菌生物，改善城乡环境卫生面貌。

南靖在卫生防疫方面成绩更为显著。新中国成立时，县防疫工作由省防疫大队第三分队管辖。1950年，县、区成立防疫委员会，负责卫生防病工作。当年，鼠疫仍有发生，患病92人，死亡67人。

1950—1953年，全县共注射鼠疫预防针197802人，同时还进行牛痘苗普种，霍乱、伤寒混合菌苗注射。由于采取有力的综合性措施，1952 年鼠疫在县内就没有发生，天花、霍乱也都绝迹。

1954 年 7 月，据当时统计，全年灭鼠 525209 只，灭麻雀 304699 只、198614 斤，还有蝇蚊不计其数，迁拆厕所 25391 个，建猪栏 40919 个，清沟 69250 条，填平洼地 67059 个，清扫积肥 2263722 担。同年，县政府组织 310 人灭病大军开展查病灭病工作，其中，开展钩虫病调查，抽查大便 7326 人份发现病人 249 人，感染率 3.48%。因此在全县 21～40 岁青壮年中开展"四氯乙烯"药物治疗。

丝虫病是南靖县主要寄生虫病之一，属于班氏丝虫病中度流行区。1958 年，全县首次开展普查普治。至 1965 年，共血检 263047 人次，查出微丝蚴阳性者 15833 人次，阳性率达 11.76%，用药治疗 17359 人次。

南靖在查治天花方面成绩显著。民国时期，天花在南靖广泛流行。新中国成立后，县政府制定 4 年内消灭天花计划，大力开展普种牛痘工作。1950 年种牛痘 2 万余人。此后，县内未发现天花病例。

南靖还认真开展查治霍乱及副霍乱工作。民国时期，和溪乡林中村霍乱流行，几乎成为无人村。1945—1947 年，全县发生霍乱病例 117 人，死亡 79 人。1950 年 4—6 月，全县开展注射霍乱、伤寒混合疫苗 2493 人，同时发动群众大搞卫生运动，基本消灭霍乱传染源。

1962 年，副霍乱首次袭击龙溪专区，疫情波及 6 县 1 市，南靖县属防治副霍乱第二道防线，在山城、靖城设置 5 个水陆交通检疫站，主要集镇闹市凭有效注射证入圩赶集。加强食品厂、饮食行业、食杂摊点的卫生监督，并开展应急预防注射 12 万多人，重点村队注射率达 92%以上，有效地控制副霍乱的传入。1963 年 1 月，组织检验病源 1987 人、2228 次，其中肠道门诊 141 人、152 次；重点人群 1846 人、2076 次。4 月开展预防注射，仅 20 天内全县注射 127124 人，注射率占全县总人口 87.4%。1964 年 4 月，全县副霍乱预防注射 152623 人，占总人口 87.75%，肠道门诊查源 1299 份，均为阴性。

1958年，省派麻风病防治人员到南靖协助开展麻风病调查，发现麻风患者105人，其中男76人，女29人，有传染性40人。调查工作结束后，县建立麻风病防治站，并在山城镇外樟祠村设麻风村，收容治疗40名有传染性患者。1959年，又检查出16名患者，也收容进村治疗。非传染性患者由公社保健院门诊治疗。此后，每隔数年就普查1次，对传染性患者及时收容治疗。

同年，南靖开展普查普治疟疾工作，对1957年来有疟疾病史的659人进行“白乐君”药物治疗；进行麻风病普查，查出病人105人；与此同时，妇幼保健工作也蓬勃发展，建立产院接生站，做到公社有产院，管理区有接生站，小队有接生员，开办287个幼儿班和703个托儿所。由于各项卫生防疫工作成绩显著，南靖县被评为“全国卫生先进单位”。

南靖县的妇女保健工作也做得较好。新中国成立初，推行“一躺四消毒”（产妇躺着生；产妇会阴消毒；接生员手消毒；器械和产包消毒；新生儿脐部消毒）的新式接生制度。

1951年，开办两期38人新法接生员培训班，建立2个接生站。1953年，建立县妇幼保健站，乡村建立接生站。1958年，公社保健院设妇产科，配备助产士，村设立妇产室、接生站。

此外，一些老区群众从新中国成立前就流传下来的因营养不良、饮水问题、卫生条件差等原因而导致的病态，如“黄酸”（脸黄肌瘦）、“大肚桶”（重脾）、“臭脚臁”（烂脚胫）等状况也在逐渐减少。

第三部分

改革开放 40 年

第十一章　农村经济体制改革与老区经济的全面发展

在新中国成立之后的30余年里，“以粮为纲”方针的实行，使南靖县老区乡村形成单一粮食作物生产的结构模式，经济效益很低，因而老区经济处在长期徘徊状态。党的十一届三中全会以后，改革开放搞活国民经济的大潮在全国掀起，以农村土地联产承包责任制为代表的土地经营体制改革率先拉开了这场经济改革的序幕。在这场土地经营体制的重大变革中，中共南靖县委、南靖县政府紧跟党中央的工作部署，大胆进行工作重点转移，在全县推行家庭联产承包责任制。千百年来单一的农业产业结构模式终于被打破，在一波又一波的经济改革热潮中，南靖农村从“农林牧副渔五业并举”到“积极发展多种经营”的方针，大念“山海经”。继而，到发展乡镇企业，发展外向型农业经济，到一村一品，走特色农业发展之路。各老区乡村在调整农业产业结构中根据本地实际，走出了发展不同特色农业品种的路子，大力发展水果、麻竹、茶叶、食用菌、花卉、金线莲六大农业支柱产业，并逐步使这些产业粗具规模；南靖先后获“中国芦柑之乡”“中国兰花之乡”“中国香蕉之乡”“中国麻竹之乡”“中国金线莲之乡”“中国白背毛木耳生产示范基地”等称号。南靖发展乡镇企业十分迅速，每年以10%以上速度递增，壮大了经济总量，让大量老区青壮年在工厂里就业，初步摆脱贫困奔向小康。同时，依靠老区旅游资源丰富的特点，发展生态旅游，使南靖成为全国首批“休闲旅游和乡村旅游示范县”，增加了老区百姓收入，提高了生活水平。

第一节　推行家庭联产承包责任制

1979年2月，县委、县政府根据党中央工作部署，认真贯彻中共十一届三中全会精神，把工作重点转移到社会主义现代化建设上来。县委、县政府在指导思想上进行拨乱反正，停止使用“以阶级斗争为纲”的口号，把主要精力转向经济建设，重点抓好农业，并由过去单纯抓粮食转到抓农林牧副渔、多种经营全面发展上来。县委、县政府认真贯彻中共中央提出的“调整、改革、整顿、提高”的八字方针和赋予福建的特殊政策，建设八个农业生产基地，即粮食、甘蔗、水果、茶叶、林业、两胶（栲胶、紫胶）、养蜂、牧业，使农业生产有较大发展。继而，县委、县政府提出“保粮、保蔗、上‘两水’（水果、水产）”的发展方向，取得显著成效。1982年中共十二大以后，县委、县政府由主要精力抓农业转移到抓全面经济上来，重点抓好工业、外经工作。积极调整工业内部结构，由抓“五小”工业转为重点发展轻工、建材和消费品工业，促使罐头、水泥等生产大幅度增长。同时，抓好“挖潜、革新、改造”，提高产品质量和经济效益。外经工作在确保完成对外贸易的同时，积极引进资金、技术、设备，取得一定成绩。乡镇企业冲破“三就地”的框框，由强调集体办发展到千家万户办，由出卖原材料、半成品发展到深度加工，由关门办企业发展到外引内联，企业生产出现好势头。

与此同时，县委、县政府大胆进行农村经济体制改革。1979年2月，县委、县政府在四级干部扩大会议上组织学习中共中央《关于加快农业发展若干问题的决定（草案）》和《农村人民公社工作条例（试行草案）》，开始探索变革农村经济体制。1980年，传达贯彻邓小平《关于农村政策问题》的谈话和中共中央《关于进一步加强和完善农业生产责任制的几个问题》，全县农村实行包产到组、包产到户、包干到户生产责任制。1981年春，县委、县政府在靖城村和老区荆都村2个大队试点后，广泛推行大包干责任制，全县1846个生产队，实行包干到户的有1517个，占82.2%。1982年春，县委、县政府贯彻中共中央1号文件后，大包干责任制蓬勃兴起，到年底，全县所有生产队全部实行包干到户生产责任制。实行家庭联产承包责任制后，农民获得生产和分配的自主权，把农民的责、权、利紧密结合起来，改变"三级所有，队为基础"的人民公社经济体制，克服以往分配中的平均主义、"大呼隆"、"大锅饭"等弊病，纠正管理过分集中、经营方式单一等缺点，深受农民欢迎。

1983年，县委、县政府积极扶持"两户一体"（专业户、重点户和经济联合体），拨出扶持资金161.2万元、水泥400吨、木材400立方米，派出技术人员190人，到年底"两户一体"发展到5216户，占全县总户数的10.9%。

1984年，按照中央下达的文件精神，农村政社分开，乡镇取代人民公社，生产大队重新恢复为行政村建制。

1985年，县委、县政府贯彻中共中央1号文件关于"联产承包责任制和农户家庭经营长期不变"的规定，农村经济体制从公社化经济体制过渡到以家庭经营（承包）为基础，集体经营（服务）为前提的双层经营合作经济新体制。同年，县委、县政府在继续稳定和完善家庭联产承包责任制的基础上，积极调整产业结构，改革农产品统派购制度，实行合同定购和市场收购的新政策，有计划地提高粮食、甘蔗等一部分国家计划内的重要农产品价格，其余的农产品价格大部分放开。1987年以后，重点抓完善统分结合的双层经营，做好合作经济组织的健全管理工作。全县172个村委会建立经联社，完善土地承包合同4万多份、多种经营合同1700多份。许多村委会建立合作基金会，实行"双田制"和推行适度规模经营。农村改革的成功带来巨大的变化，生产力迅速发展。1990年全县农业总产值34388万元，比1978年增加52%；农民人均纯收入857元，比1978年增加8.85倍。

1997年，漳州被国务院批准为"海峡两岸农业合作试验区"，之后，对台合作农业在漳州地区快速发展，也成为南靖老区农业的新亮点。

此外，一批乡镇企业破土而出，并很快占据地方经济的“半壁江山”，促使传统单一农业经济向多元农业经济迈进。

20 世纪 90 年代中期，南靖县实施“工业立县”发展战略。老区人民积极贯彻落实，大力招商引资，创办工业开发区，使得工业产业得以在老区红土地上生根开花结果，并逐渐在老区经济总量中占有越来越重的分量。

在加快老区经济发展的同时，老区群众开始重视开发丰富的自然资源。险峻的高山、壮观的土楼、茂密的林海、有益健康的绿色农家饭，成为生活水平提高后城市居民的向往。老区群众充分发掘这些丰富的自然资源，大力发展旅游产业，使其成为老区经济的新亮点。

老区丰富的劳动力资源也找到新的出路，大批农民在乡镇企业做工或外出打工。这一历史性转移成为老区人民迅速脱贫致富的一条捷径。

第二节　农业产业结构调整

一、单一传统种植结构的突破

新中国成立初至 1978 年，由于长期的“以粮为纲”和一个接着一个的政治运动，老区经济处在长期徘徊状态。老区乡村形成单一粮食作物生产的结构模式，经济效益很低，这是农民长期贫困的主要原因。

1982 年，南靖县全面执行土地联产承包责任制。1984 年，改革开放在广大农村率先开展起来，农村市场逐渐放开。革命老区和广大的农村一样，不仅在经营体制上发生了变化，而且在种植结构上也突破了“以粮为纲”的单一农业生产模式的窠臼，农民开始根据市场需求，自主选择和调整自己所种植的农作物。

1982 年后，由于集体和国营推行果园联产承包责任制，划给农民自留山，允许农民开山种果，取消柑橘、荔枝、龙眼派购任务，允许水果自由买卖，极大地调动农民开山种果积极性。1984 年，全县水果种植面积发展到 46526 亩，产量增加至 9418 吨。

从 20 世纪 80 年代中期开始，中共南靖县委、南靖县政府贯彻省委农村经济大念“山海经”的精神，根据本地区的实际情况，把发展“两水”（水果、水产）作为农民脱贫致富的突破口，鼓励国家、集体、个人一起上，在广大农村掀起开山种果热潮。1985 年，县成立开发荒山种果领导小组，开展“户种百株果”活动，制定种果优惠政策，开垦荒山种果谁种谁有，投产后 3 年内免征特产税。县财政每年拨出 15 万元，作为开山种果困难户扶持贴息贷款，出现千家万户开山种果热潮。1986 年，县委、县政府提出 4 年内实现“四个一”目标（即县办万亩水果基地、乡镇场办千亩果场、村办百亩果园、户种百株果树）。乡、村、户集资 1360 万元，引进世界银行贷款和侨资 644 万元，县财政拨款和农行贷款 600 多万元扶持种果，国营、集体、个人一齐发展水果生产，每年投入 3 万多名劳力开山种果，连片开发，修筑高水平梯形果园。1985—1989 年，全县种植以芦柑为主的 50 余种水果达 95016 亩，水果年产量由 1984 年 9418 吨增至 1989 年的 56359 吨，增长 4.98 倍。

南靖县大力发展芦柑生产

注：2011 年，全县种植柑橘 1.8 万亩，产量 1.6 万吨。

1989年，全县水果面积143642亩。据县果树站调查，县办万亩水果基地15个，面积11900亩；乡镇场办的果场有8个共7600亩，山城镇、龙山镇、南坑乡3个乡镇实现千亩集体果场；村办果园20600亩，村均115亩；6万余户农民种果103542亩，户均1.69亩。涌现一大批水果专业村。三下、荆都、龙山、东爱、涌进、南坪、棠溪、汤坑、林中、双明、后眷、林坂、店美等57个村是柑橘专业村；草坂、草前、田边、山边等18个村是荔枝专业村；尚寨、阡桥、下割、下碑等47个村是香蕉专业村。

1990年，南靖县被省农业厅定为省亚热带优质水果开发示范县，农业局组织一批果树技术骨干，对县内亚热带水果的发展进行调查研究，进行龙眼、荔枝、杧果、蜜柚、橄榄、柿、水蜜桃、青梅八大果类的可行性论证，并制订今后10年开发规划。当年水果面积154380亩，产量63986吨，人均水果占有量195公斤。比1978年增长15.4倍，年平均递增26.3%；水果产值11063万元，占农业总产值的29.24%。同年，全县茶叶种植15900亩，产量773吨。建成兰花圃120亩，栽培兰花200多个品种共500多万苗，成为全省最大的兰花生产基地。当年果茶花卉产值11749万元，占农业总产值的31.06%，成为南靖经济支柱产业之一。

1998年春天的严重霜害，造成龙眼、荔枝大面积冻伤冻死，之后又遇上市场价格的持续走低，所投入的成本比卖出的价格高出许多，导致大片龙眼、荔枝园因疏于管理而荒废，农民收入几年徘徊不前。

随着改革开放的深入发展，市场经济优胜劣汰的竞争法则促使农业种植结构的又一次大调整。10年中龙眼、荔枝由金变土、大起大落的变化，使农民明白了种植业也同样有市场竞争的风险。20世纪90年代后半期，在各级党政部门的引导下，一场根据市场需求进行种植结构的大调整在南靖农村开始了，逐步用经济效益好的果树品种取代效益差的品种。老区乡村的群众积极加入这场调整中。由于市场价格与需求的变化很快，因此一些“短、平、快”的种养业项目便成为老区农民因地制宜的主要调整方向。

南靖县根据气候条件，对各老区乡村进行不同结构的调整。

位于县西部的梅林镇、书洋镇，由于植被茂密，适合茶、柑橘、蜜柚、林木种植生长，重点发展优质茶、竹、反季节蔬菜、休闲农业。

位于县北部的奎洋镇、和溪镇，重点发展果、中药材、花卉。和溪镇是巴戟天药材基地并获得原产地认证，主要分布于镇内的林中、林坂、和溪等村，少量于奎洋镇永溪村、梅林镇科岭村。花卉已经成为一个主导产业，主要分布在和溪镇林坂、坂场、月星、月明各村。

位于县中南、东部的山城、龙山、金山、靖城、丰田 5 个乡镇，重点发展粮、香蕉、麻竹、食用菌、柑橘、淡水养殖。

位于县城西南部的南坑、船场 2 个乡镇，发展种植毛竹 10.3 万亩，茶园 15000 亩，年产茶叶 1000 吨。又是中国兰花之乡原产地，种植兰花 800 亩共 3000 多万株。这里也是全国最大的中蜂养殖基地。

从 20 世纪 80 年代到 21 世纪初，南靖乡村农业产业结构调整力度很大，总的情况是：各种经济价值比较高的种养项目都在这一时期如雨后春笋般在全县老区土地上产生出来，广袤的山坡田园成为一片片的"绿色银行"，有效地促进了老区经济发展，大大提高了老区群众的经济收入水平。

二、农业种植结构调整提高了老区群众生活水平

农业种植结构的调整，给包括老区在内的农村经济的发展注入了生机与活力，有效地增加了农民收入。

县委、县政府因势利导，引领南靖农民发展社会经济，先是发展乡镇企业，到一村一品，走特色农业发展之路。老区单一粮食经济得到调整，农业产业结构与经营方式发生了深刻的变化，各乡（镇）各村根据本地实际，发展不同的特色农业。农村改革的成功带来巨大的变化，生产力迅速发展。1990 年全县农业总产值 37824 万元，比 1978 年增加 117.98%；农民人均收入 857 元，比 1978 年增加8.85倍；农村储蓄 3373 万元，相当于 1978 年的 22 倍。随着收入的增加

南靖梅林老区镇群众观看舞龙活动

注：南靖老区乡村群众脱贫奔小康，群众生活水平明显提高。

和生活水平的提高，高档家具电器、大型交通工具陆续进入包括老区在内的农民家庭。1990 年，全县平均每百户有电视机 31 台、电风扇 80 台；有 2000 多户拥有电冰箱，3000 多户用上洗衣机，800 多户购买大型汽车和中型农用车，购买拖拉机和摩托车的人更多；居住条件得到很大改善。据 1988 年抽样调查，平均每户有住房 6 间、81 平方米。

老区南坑镇是一个“小、散、山”的山区镇，山高路弯，有山地 20.14万亩，长期以来，大片山地只长杂树荒草，20 世纪 80 年代中期掀起开山种果、竹、茶等高潮，镇政府充分发挥山地资源多的优势，鼓励农民种竹、树、水果、兰花、蔬菜、茶叶等，经济实力明显增强。镇重视保护森林资源，全镇有林地面积 17.88 万亩，木材蓄积量 56.21万立方米。至 1998 年，该镇发展毛竹 5 万亩，立竹量 750 万支，年产毛竹 70 万支；种植兰花 550 亩共 2000 多万株，年销售收入 3000 万元；种茶 5000 亩，种反季节蔬菜 6000 亩；种植水果 4 万亩，全镇人均 3 亩果园。养蜂 1 万群。涌现了一大批种果、种茶、养兰、养蜂等专业大户和农副产品经销户。至 1999 年，全镇社会总产值 3.6 亿元，农民人均收入达 3350 元。该镇还利用本地丰富的竹、木资源，开发资源增值型企业，建成竹凉席厂 60 家，年产竹凉席 10 多万件；创办 5 家木材加工厂、1 家高档家具厂；利用 5000 亩茶叶基地，搞茶叶精制和包装，年产优质茶叶 350 吨。

山城镇有 16.5 万亩山地。西北高峻，东南低缓，气候、土质等自然条件各不同。早在 1990 年，镇政府制定“谁开发、谁得益”的优惠政策，让镇、村、户各显神通，连片开发，做到宜林则林，宜果则果，村村形成“山头戴帽”（造林）、“山腰彩带”（种果）、“山脚穿鞋”（栽竹）的良好生态环境。

经过多年努力，至 1994 年，形成 6 万亩水果和 1 万亩麻竹基地，水果总产 4.54 万吨，产值 6365 万元。仅此一项，农民人均收入 1050 元。其中，三下村有果园 7000 多亩，年产果 520 多吨，人均卖柑橘收入 1240 元，种果收入的万元户占 45％，达 540 多户。

漫山果园，招来四方宾客。外省外县的种果行家和各级领导，一批批驱车进山城参观取经，省委领导还在三下果园和果农一起留过影，全国人大常委会副委员长周谷城还挥笔题写“柑中之冠”赞誉南靖芦柑。

金山镇老区荆都、下永等村，境内坡地广阔，适宜麻竹、果、菜生长，镇政府通过大力宣传，发动全镇群众种植麻竹、芦柑、荔枝、黄瓜等。至 1998 年，全镇种麻竹 3.2 万亩，年产竹笋 5000 吨；种水果 2.4 万亩，是南靖竹、果主产地之一。省级明星村——老区荆都村，是全省山地综合开发的典型村，人口 1650 人，全村种果 6000 亩，年产水果 4000 吨，户种水果 18 亩，单这一项人均收入 2500 元。此外，该镇还种植反季节黄瓜 8000 亩，年产量 1.4 万吨，是漳州市黄瓜年产量最大的乡镇。

和溪镇老区乐土、坂场、月星、月明等村充分发挥县际交界的区位优势，建成一批巴戟天、七叶胆、花卉苗木等优质中药材、花木生产基地，成为农民增收的稳定财源。

巴戟天是一种名贵中药材，属“四大南药”之一，根部具有滋阴补肾、祛风除湿等功效，民间素有“北有人参，南有巴戟天”的说法。南靖生态环境优越，适宜巴戟天生长。1972 年，和溪镇开始人工栽培巴戟天，被誉为“巴戟天之乡”。20世纪80年代初，和溪镇老区群众大力种植巴戟天，使巴戟天成为一个产业。巴戟天一般种植5年，亩产干品100～200公斤。每亩巴戟天可获利上万元。后来，和溪镇相邻的奎洋、书洋、梅林、船场、南坑等镇老区农民广栽巴戟天。1999年，巴戟天在和溪镇的林坂村、月明村等14个村均有种植，全镇种巴戟天1500亩。1998年，“和溪巴戟天”荣获国家工商行政管理局颁发的地理标志证明商标证书。目前，南靖巴戟天种植面积近万亩，仅和溪镇就有3500多亩，年产量可达10多万公斤，成为全国最大的巴戟天生产基地。

靖城镇毗邻漳州市的平原镇，人多地少。国道319线穿境而过，交通便捷。独特的自然条件和地理位置，对发展特色农业有着得天独厚的区位优势。1998年，镇政府把发展特色农业作为振兴靖城经济重要工作来抓，实施“一村一品、一户一业”的做法，推进集约化经营。靖城镇根据各村的自然地理特点，因地制宜，培养了一大批专业性强、技术含量高的农业生产专业村、专业户。1998年，全镇拥有产业相对集中的香蕉、龙眼、荔枝、食用菌、蔬菜、花卉、茶叶、淡水养殖、肉兔、席草等农业生产专业村16个，占总村数的66.7%，形成多种经营共同发展的格局。全镇拥有“养鱼上十亩、养猪上百头、种果上千株、养鸡上万只、培植毛木耳上5万袋”的各类农业生产专业大户4850多户，占农户总数的四成；全镇创办农业企业128家，如规模种植5万株龙眼的皇山果场，年培植140万袋毛木耳的嘉田木耳开发公司，年养猪上5000头的启顺养殖场等，显示出规模效益。

奎洋镇老区仙岭村有竹林8000多亩，因长期缺少抚育管理，“文革”中又乱砍滥伐，竹林面积大幅度减少，竹子也变老、小、黄、稀。实行土地承包制以后，该村把竹林划片承包到户，村民生产积极性大为提高，加强抚育管理，使竹林由稀到密，由小变大。1995年被国务院授予“全国造林绿化千佳村”荣誉称号。1996年，竹产值由每亩50多元增加到150多元。1999年，全村新种植竹4000亩，产竹24万支，人均收入达3240元。

第三节　大力发展现代农业

一、向特色农业产业化的道路迈进

随着市场经济的发展和生产结构的调整，农村种植业向成片和集约化、规模化经营的方向发展。“公司加农户”的生产经营模式应运而生。南靖党政领导及时引导老区乡村较快适应这一形势的发展，在发动群众种植高优农作物的基础上，改变分散、粗放的经营方式，逐渐形成上规模的连片开发，进行集约化经营，以便稳定增加农民收入，成效比较显著的有水果、麻竹、茶叶、食用菌、兰花、金线莲与铁皮石斛六大特色产业。

早在20世纪80年代中期，县委、县政府在全县开展“县办万亩水果基地、乡镇场办千亩果场、村办百亩果园、户种百株果树”的“四个一”活动，还提出了林业5年内实现“荒山造林20万亩、封山育林20万亩、次生林改造20万亩、中幼林每年抚育20万亩”的“四个二”奋斗目标，促使全县形成县、乡、村、户“四个轮子”一起转的局面。种果造林、绿化荒山，带来良好经济效益，还为粮、茶、花卉的发展提供良好的生态环境。由于有了“绿色屏障”的保护，全县的竹(麻竹、毛竹)、茶叶、食用菌、花卉持续发展。经过多年的努力，至1994年，全县水果面积23万亩，水果总产14万吨，人均占有水果量482.2公斤，仅此一项，农民人均收入500余元，居全省第一。当年，全县麻竹12万亩，毛竹16万亩，茶叶、食用菌、花卉也实现规模种植，使水果、麻竹、茶叶、食用菌、花卉、金线莲与铁皮石斛成为南靖县六大农业支柱产业。

为把产品优势转化为经济优势，该县大力发展农副加工企业，各地纷纷创办农副产品加工企业，开发系列产品，有效提高农副产品市场竞争力，促使全县农业综合开发向高层次发展。

从20世纪90年代中期以来，南靖先后被林业局等命名为“中

花卉苗木园采用喷灌技术

国芦柑之乡”“中国香蕉之乡”“中国麻竹之乡”“中国兰花之乡”“中国金线莲之乡”“中国白背毛木耳生产示范基地”，是全国无公害农产品（水果）生产示范基地县、全国农产品加工创业基地县和福建十大产茶县之一。

（一）水果产业

种植水果是南靖最重要的农业支柱产业，全县以种植香蕉、柑橘为主。在香蕉种植方面，1991—1993 年，全县种植 4.17 万亩。1999 年，县政府为了繁荣农村经济及培植税源，发动农民种植香蕉，当年新种植近 4 万亩，发展到近 9 万亩。1999 年 12 月 21—23 日，遭受“百年一遇”的严重霜冻危害，许多蕉农损失惨重。受其影响，山区乡镇霜冻危害严重的不适宜区，自然淘汰不再种植香蕉。2001 年后，香蕉种植面积又逐年扩大，到 2007 年，全县种植 11.1 万亩，年产量 31100 万公斤，产值 6.5 亿元，占水果总产值的 60%，优质果率达到 85%。香蕉种植业成为本县第一大农业支柱产业，南靖县也成为全国最大的县级香蕉生产基地县之一。香蕉种植主要分布在山城、靖城、丰田、金山、龙山、南坑、船场、和溪等 8 个镇；有种蕉专业村 43 个，专业户 1.2 万户，从事香蕉产业人员 6 万多人。

在柑橘种植方面，1991—1997 年，全县柑橘生产发展迅速，1991 年，全县种植面积 7.95 万亩，有 33 个集体柑橘场。1997 年，全县种植面积 12 万亩，为柑橘种植总面积最高峰，南靖成为全国柑橘生产基地县之一。

1993 年，南靖县林场工区柑橘场外景

1997 年以后，由于柑橘价格低迷，柑橘产业处于亏损状态。至 2007 年，全县柑橘面积剩下 5.64 万亩，柑橘园逐步被香蕉园取代。

1991 年，县内有老荔枝园 1 万亩，后来，由于荔枝销售价格低，很多荔枝园生产失管。至 2007 年，荔枝种植面积 1.2 万亩，产量 487 万公斤，产值 0.1 亿元。1991 年，龙眼种植面积 0.69 万亩。1991—2000 年，龙眼销售形势好，龙眼种植面积迅速扩大，至 2000 年，面积 3.7 万亩。2000 年后，由于果品滞销，许多龙眼园生产失管，至 2007 年，种植面积近 2.7 万亩，产量 700 万公斤。

2000 年以后，靖台农业合作与交流成效显著。通过建立台湾农水果新品种芭乐、青枣、阳桃等示范基地，加速品种结构调整，发展了一批具有较强竞争力的区域性特色水果。至 2007 年，全县种植台湾特色水果 1 万亩，产值上亿元，主要分布在山城、靖城、丰田、龙山、金山、南坑等乡镇老区村。

至 2011 年，南靖县种植水果 22.7 万亩，产量 39.2 万吨，产值 11.4 亿元，主要品种有香蕉、柑橘、琯溪蜜柚、荔枝、龙眼等。其中，种植香蕉 11.8 万亩，产量 30.7 万吨，两项均居全省首位；种植柑橘 1.8 万亩，产量 1.6 万吨；种植琯溪蜜柚 2.5 万亩，产量 3.1 万吨；种植荔枝 1.2 万亩，产量 0.5 万吨；种植龙眼 2.5 万亩，产量 0.8 万吨。

（二）麻竹产业

南靖是福建 37 个重点林区之一，雨量充沛，有利于各种竹类生长，属我国竹子分布的中心区。南靖麻竹全身是宝，麻竹笋色泽洁白，肉厚质鲜，笋可加工成笋罐头、笋干、笋丝出口，价格昂贵；竹叶

南靖香蕉

注：南靖大力发展香蕉生产，1999 年获“中国香蕉之乡”称号。2018 年，种植面积 12 万亩，总产量 39 万吨。

可作为无污染的包装物出口；竹竿可加工成纸浆、卫生巾等。

龙山镇从 20 世纪 80 年代中期开始规模种植麻竹。该镇有宜林荒山 4.5 万亩。镇政府利用山地资源优势，实行麻竹、水果综合开发，发动双明、南坪、太保、平重等老区村通过“改良土壤、挖大穴、施大肥、种大苗”的台湾种植麻竹方法，收到了“春种竹、夏长笋，第二年回收投资”的效果，调动了农民种植麻竹的积极性。几年间，全镇新种麻竹 2.5 万亩，连片开发 100 亩以上的麻竹场 23 个；还种水果 2 万多亩。1995 年底，全镇种麻竹 5.2 万亩，占全县的近一半，年产麻竹笋 3 万吨，创产值 3500 万元，人均麻竹收入 900 多元，超过全年纯收入的 1/3，麻竹收入上万元的近 1000 户，真是富了千家万户。

龙山镇引进台商创办高龙农副产品公司，建立县内第一条麻笋系列加工生产线，笋制品远销日本、泰国、美国等地。在“高龙”效应的带动下，全县建起9家笋制品加工厂，生产笋干、盐渍笋尖、笋丝、笋片、调味笋等13种系列产品，年加工能力6万多吨，产品出口率达70％以上。1998年，南靖县被中国农学会授予“中国麻竹之乡”称号。

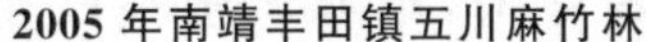

2005年南靖丰田镇五川麻竹林

南靖县生产的麻竹笋

种植麻竹是南靖老区群众“短、平、快”的致富项目，南坑、山城、金山、和溪、船场、丰田、靖城所有老区村都广种麻竹。至2011年，全县竹林面积53万亩，其中麻竹28.8万亩，毛竹24.2万亩，毛竹立竹量4246万支，麻笋和绿笋年产量10.7万吨。年创产值3.5亿元，带动笋农户均增收1400元，是福建最大的麻竹生产和出口基地。

（三）茶叶产业

发展茶叶是南靖老区农民又一致富途径。南靖老区村大多地处高海拔山区，使这里长年气候湿润，适宜茶树生长，正是所谓“高山云雾出名茶”，因而，老区村茶叶种植面积约占全县种植茶叶面积的80％。南坑镇葛竹、金竹、高港三村，书洋镇老区枫林村是南靖四大种茶专业村，得天独厚的自然环境，使南靖老区出产的茶叶香高味醇、品质独特。

然而，过去在南靖，茶叶并没有被当作一项产业来开发，南靖“高山茶”种植和制作技术滞后，品牌知名度不高，茶农经济效益一直较差，可谓是“养在深闺人未识”。

进入21世纪，南靖县把种植茶叶作为一项支柱产业来抓。县里出台扶持政策，加大招商引资力度，提出了“山上建基地、山下建工厂、山外拓市场”的产业发展思路，实现茶叶生产产业化、规模化发展。

山上建基地。农业部门采取典型示范、苗木补助等办法，帮助老区农民改造老茶园2.5万亩。在品种结构上，发动南坑、船场、书洋、梅林等平均海拔500米以上的乡镇，大面积扩种铁观音、丹桂、奇兰、台龙八号等优质茶品种；在茶园管理上，全面推广茶叶无公害栽培技术，对茶园采取施用有机肥和生物农药防治病虫害，着力建立纯天然“绿色茶园”，提高茶叶的品位和档次。全县优良品种比例已从原来的20％提高到80％以上。

山下建工厂。长期以来，不少老区农民的茶叶加工水平低，为此，县里成立了茶叶协会，重点抓好茶叶制作加工。一是“请进来”。聘请安溪县师傅到各茶区传授制茶技术；举办各类茶叶生产技术培训班，培训茶农制好茶。二是“走出去”。从2002年起，组织茶农到安溪、华安县实地学习高档铁观音采制技术。三是“摆擂台”。从2000年起，每年举办县级茶王赛，茶叶生产区的镇、村也举办茶评赛，通过比赛来激发茶农生产名优茶的积极性。县财政安排1300多万元用于技术培训、茶苗补贴、制茶机械的购机补贴。四是“引外资”。2001年9月，台湾金壶春茶业公司董事长黄文和在书洋镇老区高溪村洋顶岽种植2500亩高标准喷灌式茶园，成为集种植、生产和观光于一体的生态茶园。

在黄先生的带动下，有12位台商到南靖投资种茶，总投资5000多万元，创办12家台资茶叶企业。

台资的注入，带动南靖茶叶生产步入“高标准、规模化、高科技”的发展轨道，茶叶产业化经营进程加速推进，许多茶农纷纷投资种茶和创办茶叶加工厂，从而涌现出一大批种茶制茶大户。不少苦于制茶技术落后的茶农，还主动到台资茶企打工“学艺”，提高了茶园管理和茶叶制作技术水平，对提升南靖茶叶的品质发挥了重要作

南靖县书洋镇高溪老区村洋顶岽生态茶园

用。如今，在台资茶企的带动下，南靖百里茶廊，万顷茶园，飘香世界，许多老区农民通过种植茶叶走上了富裕路。

山外拓市场。针对长期以来"有品名无品牌"、价格不高和销售不畅等问题，南靖大力提升"南靖高山茶"品牌知名度和市场占有率。利用当地独特的"世遗"南靖土楼的名气，引导种茶大户抢注与土楼有关的"和贵茗茶""德远堂""树海瀑雾""土楼红茶"等10多个商标。同时，组织茶农参与国内举办的各种茶叶赛事，先后在中国国际茶文化博览会、海峡两岸优质农产品贸洽会、福建省茶叶品质鉴评会、漳州市"茶王赛"等赛事上夺得金奖1个、银奖7个、铜奖3个、"茶王"1个，提高了"南靖高山茶"的知名度。

2011年，南靖种植茶叶8.5万亩，总产量1.3万吨，从事与茶有关的老区农民8万名之众。茶叶成为南靖农业支柱产业之一。

（四）食用菌产业

南靖老区以食用菌为特色农业，是从靖城镇老区草前等乡村开始的。过去，食用菌生产只停留于房前屋后的庭院式种植，规模小。从20世纪80年代开始，该镇政府把栽培白背毛木耳作为引导群众致富的一个途径。镇里从三明真菌研究所请来专家传授白背毛木耳生产技术。在草前、郑店、珩坑3个村选择6户科技大户建立示范基地。1993年,首家台资福源食用菌公司在靖城落户,从台湾引进优质高产"63""64"新菌株在全镇推广种植。改变以往利用空闲房种植为大田种植,搭盖塑料大棚为栽培房,根据本地气候特点研究合理高产的原料配方,实行墙体式栽培、工厂化经营方式,使木耳生产达到投资省、规模大、质量高的水平。郑店村杨嘉金创办的嘉田木耳开发公司率先采取工厂化经营,投资上百万元,采取机械化作业,年种植木耳120万袋。该镇农民以他为榜样,家家户户种木耳,户均上万袋。除嘉田木耳开发公司外,全镇种植木耳10万袋以上的农户有124家。

该镇还大力培植龙头企业。扶持嘉田木耳开发公司投资750万元,创办年产1500吨干木耳丝系列产品生产线。由公司向农户提供菌种、技术指导,签订产品回收合同,解除了农户销售难的后顾之忧。该镇还引进集倡农产品开发有限公司和弘康实业公司两家台资企业,从事白背毛木耳的生产加工,拓宽了毛木耳的销售渠道。1996年,该镇由政府牵头,开发生产"嘉田"牌毛木耳丝、毛木耳片产品,并申请获准使用"绿色食品"标志,在全国8个大城市建立销售总代理。当年这一产品获得国际食品最高认证机构——美国食品药物管理局的FDA认证,从而取得直接进入欧美市场的销售权。

由于做好白背毛木耳的产前、产中、产后服务,广大菌农放心搞生产,全镇种植白背毛木耳连续5年稳定在0.8亿袋以上,年产量超过5000吨,产品大部分出口到欧美、东南亚地区。1997年,该镇毛木耳出口总值400多万美元,仅此一项全镇人均增收1597元。

靖城镇的白背毛木耳生产效益显著,从此在全县迅速推开。1998年,全县种植白背毛木耳1.2亿袋,产量4971吨,产值2亿多元,成为全省最大的白背毛木耳生产基地。仅靖城镇就有60%以上农户种植白背毛木耳,毛木耳一项人均年可增收840元。2004—2007年,该镇基本稳定在1.5亿袋的生产规模。

从2000年开始,南靖珍稀菇类呈现逐年快速发展态势。2007年,引进开发食用菌近20个品种,全县食用菌生产规模2.8亿袋、

南靖靖城镇大力发展白背毛木耳、秀珍菇等食用菌生产

注:2018 年,生产规模 3.5 亿袋,产品畅销美国、日本、欧盟。

280 万平方米,总产量 48942 吨,总产值 6.2 亿元,占全县农业总产值的 10.9%,食用菌产量占漳州市总量的 42%。其中,双孢蘑菇 280 万平方米,年种蘑菇约 90 万平方米,产量 1431.4 万公斤。

2011 年,南靖县食用菌生产规模 3 亿袋,种植面积 160 万平方米,鲜品年产量 47428 吨,干品年产量 6958 吨。全县直接从业人数 19635 人,兼业人数 2.2 万人,有专业户 5500 多户。

南靖县是全国最大的白背毛木耳生产基地、福建省最大的珍稀食用菌推广中心和食用菌出口基地,食用菌年出口美国、日本、新加坡达 300 多万袋,被国务院审定为“漳州市外向型农业示范出口创汇基地”项目之一,出口创汇上亿元。

(五)兰花产业

“婀娜花姿碧叶长,风来难隐谷中香。”对于兰花,国人是不陌生的。回溯兰花的种植,不得不说到老区南坑镇等乡村。

南靖县是兰花的重要原产地之一,古时县城即因为多出名兰而被称为“兰陵”“兰水”。我国最早的兰花谱、南宋赵时庚编著的《金漳兰谱》中就有记载南靖出产的名贵兰花品种。

南靖县位于东经 117.30 度,北纬 24.26 度,属南亚热带海洋季风气候，境内山多林密，气候温和，适宜兰花生长。南靖野生兰花资源丰富，品种繁多，品质优良。高海拔山区盛产春兰、寒兰，中低海拔山区盛产建兰、墨兰。人们从上山采集兰花中培养出许多新、奇、特珍贵品种，深受国内外兰商的青睐，如矮种墨兰、山采达摩、线艺墨兰、水晶墨兰、奇花墨兰（梅、荷、水仙瓣、多瓣、多蕊柱等）、山城绿、四季线艺、素心建兰、奇花建兰、素心中华兰、春兰出土香等。据有关资料记载，全县有兰花品种 1000 多个，尤其以建兰、墨兰、寒兰、春兰品系最多，是东南亚地区最具特色的墨兰主产区。

南坑镇拥有丰富的野生兰花资源。20 世纪 80 年代前期，南坑镇经常有外地花商前来收购野生兰花。当时村民信息不灵，不知道兰花的价值，上山采兰后，就以重量计价卖给人家，每斤只卖几毛钱。

农民每天上山采兰几十公斤，赚到的只是工钱，外地兰贩挑好的品种带走，堆成小山的普通品种则丢进河里或就地任其消亡。兰贩往返几趟都富起来了，南坑的兰花资源却越来越少。

1988 年，有几位农民意识到做兰花生意是一条致富门路，于是，他们通过多种渠道接触花商，从中学会识别兰花品种，分辨出每株兰花的价值。后来，他们自己上山采集兰花，在自己的房前屋后种植下来，日积月累，越种越多，由此办起家庭兰圃，并开始独闯门路，到广州花卉市场了解到国际花卉市场对兰花的需求，认为培植兰花很有发展前途。

20 世纪 90 年代初，随着经济发展和人民生活水平提高，兰花开始进入寻常百姓家，国内外市场需求量大。南坑镇政府因势利导，发动农民种植兰花，在镇区规划出大片土地，连片开发兰花圃，鼓励兰农走出大山销售兰花，兰花专业户应运而生。县委、县政府看到南坑镇发展兰花，便把发展兰花业列为全县高优农业项目，以优惠政策鼓励全县农民种植兰花，拨出资金，规划连片土地扶持花农建圃种兰。1993 年，南靖已创办了三个兰花村、一条兰花街、一条兰花街走廊。同年，洪诗文、张瑞发等一批台湾客商回乡南靖，不仅为南靖带来了兰花新品种，也普及了先进的种兰技术，让兰花从稀缺的野生资源逐渐走向规模化种植之路。

至1995年，南坑、船场、和溪3个镇老区村有1000多人办起家庭兰圃，植兰专业户250多户，植兰面积1000亩，存圃兰花400多个品种共2000多万株，年创产值2000多万元，成为全省规模最大的兰花生产基地。种植兰花成为山区农民脱贫的一条途径，也成为南靖一个新的特色创汇农业。

至1998年，南靖是漳州市最大的兰花市场，兰花已成为南靖县花，兰花种植6000多万株，有300多户专业户，近1万户种植和经营兰花，年出口500万株；并首次参加马来西亚国际花展，获得很高的荣誉。当年，南靖获"中国兰花之乡"称号。2009年，兰花产业成为南靖农业支柱产业之一。2011年，南靖兰花种植3200亩，年产兰花6000多万株，组培兰花苗200万株。

（六）金线莲与铁皮石斛产业

南靖还把发展金线莲、铁皮石斛作为老区农业支柱产业来抓。南靖按照建设"生态名县"的目标定位，加强山林生态保护，在生态"把关"之下，农民不砍树，林下种养也一样增收致富，一支支重生态、效益高的林下种养队伍悄然兴起，成为推动农业转型、农民致富的新生力量。南靖林下经济类型有林下种植、林下养殖和森林景观利用三种。林下种植是全县发展林下经济的最主要模式，主要种植铁皮石斛、金线莲、兰花、巴戟天、木耳、蘑菇及套种绿化苗木等，经营面积1多万亩，产值约7亿元，从业人员1万多人。

金线莲在民间素有"金草""神药"等美称，具有凉血泻火、消肿止痛的功效，对预防和治疗高血压、胆固醇过高、动脉硬化、脑中风等有良好效果。

南靖属典型的南亚热带季风气候，土壤、湿度、光照适宜金线莲的生长，因此这里野生金线莲品种多、品质优良。由于品质出众、需求旺盛，野生金线莲被过度采挖，已经十分稀少。1990年，福建省将金线莲列为濒危药用植物。

2006年，南靖县引进福建省林业科技试验中心的科研成果"金线莲组培快繁与短周期栽培技术"，并成功建立金线莲人工栽培技术体系。应用此项成果，南靖金线莲由野生状态转变成人工培育种植，也使金线莲的生产逐渐走向规模化经营，进而一举催生了南靖县金线莲产业。

在南靖，建成大地金华、儒兰、东南佰生等金线莲标准化生产企业52家。这些企业推行“公司＋农户”发展模式，先工厂化繁育金线莲种苗，而后向农户提供种苗、技术，农户利用林地搭建大棚或林下种植金线莲，走出了一条金线莲工厂化繁育、生产、加工，企业产销、农户参与种植的产业化路子。年林下栽培金线莲1000多亩，鲜品50万公斤，干品3.5万公斤，产值超4亿元；从业人员5000人以上，规模为全国第一。2011年12月，南靖获得“中国金线莲之乡”称号，成为全国最早获此殊荣的县。

南靖金线莲标准化大棚种植

铁皮石斛是一种珍贵的中药材，被誉为“植物黄金”“救命仙草”，具有很高的药用价值，仿野生种植铁皮石斛一斤市值约3000元，市场前景很好。由于生长条件的特殊性和分布的局限性，野生资源濒临枯竭，只能靠科技组培来繁育。2011年，福建本草春石斛股份有限公司投资5000万元，在南靖建成现代设施铁皮石斛生产基地1000亩，组建了4500平方米的组培研发中心及温室炼苗大棚等设施。短短的时间里，该公司的年组培瓶苗达400多万瓶，开发出枫斗干品、颗粒、含片、超微粉、花茶等多种形式的产品，在泉州、漳州、福州、厦门等地开了多家直营店，成为福建最大的铁皮石斛技术组培和种植企业。

2011年，南靖从事铁皮石斛组培育苗的企业除了本草春，还有华盛、雅之源等企业，林下、仿林下种植200亩，产鲜品15万公斤，有1300人从事组培、栽培和营销。

二、老区对台农业的出现和发展

南靖县是台胞主要祖籍地之一，祖籍南靖的台胞有100多万人。南靖山地广阔，发展高优农业条件得天独厚。县委、县政府抓住机遇，出台优惠政策拓展交流渠道，使南靖对台农业合作高潮迭起，逐步形成由平原到山区推进的发展态势，促进传统农业向现代农业转变，也给老区农民带来新的发展契机。其中较为活跃、成绩较大的有南坑、山城、靖城、龙山等老区乡村。

南靖县引进台资农业企业是从20世纪90年代中期开始的，目前落户南靖的台资企业引进了一批优良农作物品种和先进的种植技术，推动了南靖农业的发展。原先并不起眼的麻笋、兰花、食用菌，由于引进一批台资企业，带动了这三个特色农业在南靖成为新兴的“亿元产业”。

南靖有丰富的野生兰花资源，但长期以来坐拥金山不见金，一些农民上山挖野生兰花卖给外地客商，有的兰花一株只卖几毛钱的低价，卖不出去的就晒干烧掉，给当地野生兰花资源造成严重破坏。1994年，南坑镇率先发展兰花种植，县委、县政府认为，兰花产业前景光明，决心做大兰花产业。当年，南靖县创办了40多亩的国兰示范场，引种兰花品种300多个，为全县推广兰花种植提供了技术示范。1996年，南靖制定鼓励种兰花的扶持政策，加快了兰花产业的发展。1998年10月，南靖被中国特产协会授予“中国兰花之乡”称号。农业部原部长、中国花卉协会会长何康在南靖视察时，欣然题词：“南靖山水秀，幽谷佳兰香。”同时，县委、县政府从该县是台胞主要祖籍地的实际出发，把兰花产业与两岸农业合作挂起钩来，大力招商引资，加强两岸花卉技术合作。当年就有10多家台资兰花企业落户南靖，不仅提升了当地花农的种植技术，还引进了台湾的蝴蝶兰、石斛兰、卡特兰等一批新品种。

吴怡庆是最早在福建种植洋兰的台商之一。1999年，他投资200多万元在南靖山城镇创办了集冠花卉公司，建立了15亩洋兰种植苗圃，拥有先进的自动化温控湿控设备，使集冠花卉公司培育出的兰花在南靖首届“兰花节”上轻取花魁之位，也吸引了当地许多花农前来取经，一些花农甚至还模仿建起了自家的“土温室”。

台商种植的洋兰确实让南坑镇许多种兰专业户大开眼界，也让他们掌握了不少种植兰花的新技术，甚至还将当地国兰和引进的洋兰“杂交”，选育出了兰花新品种。南坑镇许多种农民种植的兰花已有几百个国兰、洋兰品种，不仅销往北京、山西、东北、台湾等地，还出口到韩国、马来西亚等国家。通过台商种兰企业的带动，种植兰花已逐渐普及到山城、丰田、船场、和溪等山区老区村，成为名副其实的致富金钥匙。南坑镇村雅是南靖有名的种兰专业村，全村530户人家中有近一半的家庭种兰花，20多人长年累月走南闯北搞兰花营销，一些人还把兰花店开到上海、杭州等大城市，8户种养大户还到外地创办兰花培育基地。仅兰花一项，全村年收入上万元的就有200户，上10万元的13户，兰花被当地人亲切地称为致富的“绿色股票”。

1999—2000年，南靖已连续举办了两届“兰花节”，极大地提高了南靖兰花的知名度。在县委、县政府的大力扶持和台企的示范带动下，全县有350多人的兰花营销队伍，在广州、上海、北京、厦门等大中城市设点销售；兰农们还利用互联网开辟了200多个“网上兰铺”，并积极参加花博会等各种展会，进行自我宣传。台资兰花企业为南靖兰花产业注入新的活力，使它迅速向规模化、产业化方向发展。2011年，全县种植兰花面积1600多亩，存圃兰花500多个品种6000多万株，年创产值超亿元，产品远销日本、韩国等地，出口创汇2000多万元。南靖成为我国长江以南最大的兰花种植基地。

南靖麻竹从前没有被当作一个产业来开发，自20世纪90年代初，台商投资 130 万美元创办“高龙”麻竹笋制品加工厂，将 5000 多吨鲜笋加工成笋干、笋丝、调味笋等系列产品，统一使用“高龙”商标品牌销往日本、新加坡等国外市场，打响了品牌。此后，南靖麻竹迅速形成规模种植、深度加工、市场销售相配套的产业化发展格局。产品大部分出口日本、新加坡和欧美等国际市场，年可创产值 1 亿多元，成为福建乃至中国最大的麻竹生产种植基地。

20 世纪 90 年代初，台商在靖城镇创办福源食用菌有限公司，开展珍稀食用菌培育、研发和推广，食用菌产业得到了突飞猛进的发展。产品远销欧美、东南亚，每年创汇上亿元。

2008 年，福建土楼申请世界文化遗产成功后，国内外游客纷至沓来，越来越多的台商看好南靖，很多台湾考察团前来参观考察，有意投资休闲观光农业项目。黄文广便在南坑镇投资建成福建首家 500 亩咖啡休闲观光园，引进 1000 株台湾咖啡种苗，咖啡年产量 10 吨。这里咖啡生态园里的咖啡吧，每天都有三五百名游客慕名前来品尝。如今，看到种 1 亩咖啡每年有 1 万元收益，不少南坑镇农民纷纷向黄文广要苗，学种咖啡。

2012 年，南靖县被省农业厅确定为全省 10 个闽台农业合作推广示范县之一。截至 2018 年，南靖县累计引进推广水果、茶叶、食用菌、兰花、金线莲、咖啡等优良品种 50 多个，配套实用先进技术 18 项，新型农机具 56 台(套)；建设核心示范区 5.8 万多亩，辐射带动全县推广优质水果、茶叶、蔬菜、花卉、名贵药材等面积 10 万亩，珍稀食用菌种植 1 亿多袋，新增农业产值 3 亿元，每年带动农民增收 6000 万元。

第四节　乡镇工业的快速发展

一、乡镇企业的兴起

改革开放以前，南靖老区农村也办过一些社队企业，如水电厂、碾米厂、机砖厂和小型农机修理厂、农产品加工厂等，有的还结合山区资源，办起了松香厂、食品厂。但在“大砍资本主义尾巴”的年代里，这些企业难以有发展之机，许多企业到了后来都因经营不善而自然淘汰。这时期南靖老区村也办起一些地方工业，主要有小农机修造厂、小肥料厂、小矿山等企业。1976 年，全县乡镇企业 717 个，从业人员 9100 人，总收入 745 万元，税金 23 万元，纯利润 149 万元。

1978 年后，通过贯彻国务院颁发的《关于发展社队企业若干问题的规定（试行草案）》，各公社政府把发展乡镇企业作为振兴农村经济的突破口来抓，乡镇企业在广大农村异军突起。在镇办企业方面，有内樟祠水电站、埔墘水电站、斗米二级水电站、岭尾水电站、梅云一级水电站、靖城机砖厂、朝阳山柑橘场、南贸水产养殖场等镇办企业相继投产。1985 年，全县乡镇办企业 169 个，从业 3401 人，收入 1387 万元，占全县乡镇企业总收入的 25.6%。1985 年后，新办的书洋铁矿（乡、县外企业联营）、高龙农副产品公司（乡与外商合资）、腾龙雨具公司（镇与港胞合作）、飞龙雨具公司（镇提供厂房，台胞独资经营）、船南硅钙厂（乡与省属电力企业联营）、龙山水产场（乡与省水产进出口公司联营）与和溪乡自办的铁合金厂等企业，投资都在数十万元至数百万元，机械化程度比较高，经济效益也较好。同时，对一些规模小、经济效益差的乡办企业进行整顿，有的合并，有的承包给个人，有的关停。至此，乡办企业已突破原来纯乡一级集体办的组织形式，出现有个人自办、个人与村联办、个人与集体企业联办、与外商合办等多种形式。1990 年，全县有乡（镇）办企业 150 个，从业 3663 人，收入 5069 万元，占全县工农业总收入的 26.7%。

在村办企业方面，1978 年后，原有的大队办企业得到巩固、提高。同时，又有集星、西坑、荆都、塔下、上洋、高港、新罗、南坑、新村等 9 个老区村都建成装机 100 千瓦以上的水电站并陆续投产。而且全县还新办百亩以上的柑橘场 22 个，以及一批木竹加工厂、砖瓦厂、运输组和其他企业。1985 年，全县村办企业 1447 个，从业 8347 人，收入 2437 万元，占全县乡镇企业总收入的 44.9%。

1985 年后，一些村对一部分规模小、经济效益差的企业采取合并、个人承包、拍卖等办法，村办企业数有所减少，但一些规模较大、效益较好的企业又相继建成。老区溪边村与晋江县个人联营，投资 35 万元，在溪边村创办马赛克厂；老区高港村筹资 32 万元，创办天马峰茶叶公司。此外，溪边、草坂等老区村，还采取土地、房屋出租的办法，引进外资，创办外商独资经营企业。1990 年，全县村办企业有 1210 个，从业 6683 人，收入 4662 万元，占全县乡镇企业总收入的 24.6％，缴纳税金 206 万元，纯利润 450 万元。

靖城镇草坂村 20 世纪 80 年代末就办起了集体性质的村机砖厂，还发挥南安水库移民技术优势，办起了村集体皮鞋厂，开始打破单一的农业经济模式。奎洋镇仙岭村发挥山区资源优势，通过深加工增加毛竹的附加值，创办起 6 家竹凉席企业，产品远销广东、上海、北京。此外还创办茶厂、饲料厂各 3 家，解决了村里农产品的深加工难题，又增加了村民的收入。

南靖许多有水电资源的村办起了小水电厂，茶叶产区的村办起了小制茶厂，有些村子甚至开始有了外资企业。

金山镇老区荆都村，1978 年农民人均收入 80 元。1996 年一跃成为人均纯收入、人均水果拥有量、人均林木蓄积量、村级林业收入及户均摩托车拥有量 5 个“全县最多”的富裕村。该村有山地 7 万多亩，山地长期缺乏利用。1981—1985 年荆都村“五年绿化荒山”是第一次创业，全村造林 9949 亩，基本消灭荒山。第二次创业是 1988 年，村领导班子把开山种果作为打好经济翻身仗的工作来抓，把全村 8670 亩宜果地交给村民承包，规定在三年内全部种上水果。在短短的两年里，每家每户都种上了水果。到 1990 年，全村水果面积达 6000 多亩。1993 年，水果全部投产，全村 90％以上的农户水果收入上万元，其中 10 万元以上的 10 多户，水果生产已成为荆都村民致富的主渠道。

荆都人富了，但他们不满足于现状，把目光投向当地丰富的水力资源。1995 年进行第三次创业，村民合股兴建一座投资上千万元，装机容量 2520 千瓦的军营坪水电站，结束了荆都“水在溪中流，人在地上愁”的历史。三次创业，三次飞跃。1996 年，荆都山上有林木 7.7 万亩，立木蓄积量 14 万立方米。每年林业收入(含加工)近 200 万元；山腰有柑橘 7100 亩，年总产 900 万斤，收入 500 万元；山谷里千亩麻竹场、百亩蜜柚场。如今的荆都人，几乎家家户户建新房、买摩托、添彩电，还有 30 多户买汽车搞运输。

1994 年，山城镇政府把乡镇工业摆上重要位置，建成浮山、大埔崎、葛山、下潘 4 个工业小区，总面积 900 亩。当年，这 4 个工业小区已摆上 13 个项目，总投资 1.8 亿元，食品、纺织、服装、雨伞等行业已粗具规模。

船场镇地处偏远山区，发展乡镇企业劣势明显。该镇利用本地有温泉优势，由先富起来的农民集资建成 4 个淡水养殖场，总投资 550 万元，年养殖对虾 50 亩、中华倒刺鲃 43 亩、甲鱼 100 亩、毛蟹 30 亩。还投资 1200 多万元，在赤坑口创办南二炼铁厂，形成年生产钢坯、钢筋、不锈钢制品等 3 个系列产品 4 万多吨的生产规模，年创产值超亿元。

乡镇企业的发展解决了农村大量剩余劳动力的出路，挣得了国民经济“半壁江山”的地位，有效地增加了老区群众的收入。但是，到了 20 世纪 90 年代中期，由于市场竞争激烈，以及乡镇企业自身素质的局限性等方面的原因，大多乡镇企业遭到市场的淘汰。只有一些素质较高的企业得以在市场竞争中存留下来，并逐渐发展为后来的大企业集团，如源兴生态农业公司及万利达、闽星、万佳华等集团。

二、老区乡村的工业项目引进

20 世纪 90 年代末，南靖实施“工业立县”发展战略，开始了一场经济结构的调整，真正意义上的工业开始在老区的红土地上出现，并以强劲的势头发展。各镇老区村根据自己优势，引进相应的工业项目，成效比较显著的有以下几个乡镇。

1998 年，投资 1 亿元的南国药材种植基地等 10 个非公有制企业项目在和溪镇正式启动，总投资 1.2 亿元。这展示了南靖上规模的非公有制企业进入由县级到乡镇全面发展的新阶段。

靖城镇老区草坂村早在1991年就引进台资企业"华一雨伞有限公司""集昌农副产品开发公司"，年创产值1865万元，同时创办了一批内联企业，涉及玻璃、纺织、电器、农副产品加工等行业，年创产值1700多万元，形成了外资、内资、村办、个私4种企业群落。到1995年，全村社会总产值10048万元，其中企业总产值5481万元，已超过农业产值，在全县率先成为亿元村。解决了村里大量剩余劳动力的出路问题，还增加了村财收入和村民收入。

金山镇老区荆都村创建了荆都集团，是1家集散型集团公司，也是漳州市首家老区村创办的企业集团公司，总资产8000万元。集团下属有5家子公司，分别为东溪水电有限公司、下永水电有限公司、湖内冶炼有限公司、金都农工贸有限公司、仙亭旅游开发有限公司。经营范围包括水电、冶炼、农业、旅游等，其中水电装机容量为15000千瓦，年发电量为8000万千瓦时；冶炼锅炉总容量20吨，年产钢铁1万吨；农工贸年贸易额上千万元；仙亭旅游开发公司投资上千万元开发20多处新景点，年游客量近20万人次。2006年，实现产值2001万元，上缴税收70万元，解决就业230人；2007年，实现产值2371万元。

南靖县把发展乡镇企业作为全县经济工作的龙头来抓，仅1991—1995年，全县新办乡镇企业4436家，投资总额5.87亿元，基本形成小水电、饼干、竹凉席、水泥、机砖、食品罐头、服装鞋帽、茶叶加工、纺织、雨具、包装箱、冶炼等12个年产值数千万元及至超亿元的工业企业群体。

南靖乡镇企业总产值每年以10%以上的速度递增。至1998年底，全县乡镇企业11684家，其中镇办189家，村办1044家，股份合作556家，个体经济9895家，乡镇企业固定资产投资10亿元，从业人员45680人，全县完成乡镇企业总产值64亿元。创利税2.6亿元，缴纳税金6100多万元，占县财政收入的1/3。

自2000年以来，南靖乡镇工业保持持续快速增长。到2006年，全县规模工业119家，实现规模工业产值71.6亿元，规模工业增加值15.4亿元，占全县地方生产总值的40.2%。

南靖是漳州市乡镇企业聚集地，涌现了万利达、闽星、利南、港兴、中达等10家乡镇企业集团，重点规划高新技术产业园区、丰田项目区、靖城新区、环县城项目区等工业集中区，逐步形成以电子信息、装备制造、食品加工为支柱和印刷包装、新能源、生物科技为主导的“3+3”产业。

乡镇工业在南靖已成为经济发展的主力军，形成以电子信息、机械装备、食品加工、新能源新材料等产业为主的工业体系。南靖县按照工业跨越发展的要求，多措并举，全力促进乡镇工业持续发展，走出了一条利用“民资、民力、民智”发展的路子。

三、老区乡村工业园的创建与发展

21世纪初，南靖老区乡村工业产业发展迅速，并形成了每个乡镇都有工业园区的格局。

南靖与老区有关的工业集中区主要有省级奎洋民营经济区、省级高科技工业园区（靖城万利达工业园区）和丰田经济开发区、环县城经济开发区。此外还有金山、龙山、和溪经济开发区。总面积1万余亩。已引进一批“高、大、特、新”项目进园落户，引导一批食品、旅游工艺品、陶瓷、服装等民营企业向园区聚集，逐步形成产业集群的规模优势和区域特色。其中只有1.38万人口的奎洋镇的民营经济区创办于1997年，是全省第一个民营经济区。该园区位于319国道旁，面积1188亩。至2006年，有58家企业进驻，投资总额12.58亿元，年创产值2.3亿元，形成水电、饼干、水泥、竹凉席等四类产业。

1992年，由于省重点项目“南一水库”的建设，奎洋镇老区村东楼、店美被征用了4900亩耕地，5775人成为库区移民。这给经济本来就贫困落后的山区小镇带来了新的困难。1993年，他们抓住南一水库建成发电的机遇，争取到4000千瓦的电力使用权，并采用股份合作方式，“启动”工程的实施，为乡镇企业发展营造了有利条件，当年新办乡镇企业19家，总产值8000多万元。1994年后，该镇又掀起新一轮发展乡镇企业的高潮，企业发展呈现出水电、水泥、竹凉席、饼干、果业等“五龙腾飞”的景象。至1996年，全镇兴办企业654家，投资总额1.66亿元，年产值4亿元，实现税利1000万元，安排就业5000多人。全镇6000多名劳动力，86%左右转向区内的第二、三产业。人均纯收入达4100元，是1990年的9倍，跨进了小康镇的行列。

20世纪80年代中期，金山镇农民从运输业起步，进而发展冶炼、食品加工、电子等行业。1999年，创建金山经济开发区，占地3525亩，当年开发区内有企业202家，投资总额2.1亿元，初步形成了水电、饼业、造纸纸箱、农副产品加工等企业群体，年创产值4.6亿元，实现税利9000万元。以后，冒出了1名亿万富翁、16名千万富翁和125名百万富翁，闻名遐迩的国家级高新技术企业“万利达集团”，就在这一山沟崛起。

2003年3月，该镇嘉华饼业公司吴衍庆将1200多万元投向成都，创办嘉华饼业四川公司；河墘村吴伟才、吴五福等4人到内蒙古承包包头儿童食品厂；老区下永村村主任王汉忠携200多万元到河南西部投建味精厂；河墘村农民肖建辉携资120万元到安徽铜陵市开采铜矿。

大船搏大浪。南靖在发展乡镇企业时，注重向高效益的集团化企业发展，把各自为政的同类企业联合起来，组建成企业集团，形成规模化发展，变“小舢板”为“航空母舰”，提高经济效益和市场竞争能力。南靖县以县饼业协会为龙头，把年生产能力9万多吨、产值4亿元的12家饼业公司17条生产线组织起来，形成饼业集团，产量居全国县级单位第一，产品销往全国各地。全县老区村共有108家、年产竹凉席30万件、产值4000多万元、创税50万元、从业人员5000多人的竹凉席企业，以南丰竹器有限公司为核心组建竹凉席生产集团，统一商标、统一销售，效益明显提高。至21世纪初，南靖经济开发区由南靖高新技术产业园、丰田工业园、环县城工业园组成，拥有中国电子百强的万利达集团以及闽星集团、港兴集团、中达集团、利南硅业集团、万佳华集团等民营企业集团，已形成电子信息、装备制造、食品加工、新能源新材料等四大支柱产业。

以民营企业万利达集团为龙头的南靖高新技术产业园区工业粗具规模

万利达集团创立于1984年,公司自主研发生产手机、平板电脑、智能家居控制系统等各类产品,年产量近千万台。年上缴税收均在1亿元以上,并通过了中国CCC,美国UL、FDA和FCC,欧洲CE以及德国GS等认证,万利达先后获得“中国驰名商标”“中国名牌”等荣誉。

福建港兴集团成立于1992年,位于金山镇奇客兴业园,是一家集食品、造纸、电力于一体的企业。集团引进先进的华夫饼生产线,生产涂层巧克力、威化、蛋卷等饼干食品“奇客牌”系列。公司荣获“中国驰名商标”“全国乡镇企业重点企业”称号。

福建闽星集团创建于1997年,位于南靖县城,拥有电力、冶金制品、碳素制品、特种钢U形钢管制品等,年产值8亿元;还拥有四星级国际温泉大酒店一座。

第五节　全域旅游全面发展

南靖县旅游资源丰富，大部分都坐落在老区乡村。境内风光旖旎，人文荟萃，名胜古迹众多。这里是世界文化遗产福建土楼的故里，有庞大坚固型土楼400多座。境内被列入"世遗"福建土楼的有：田螺坑土楼群（坐落在书洋镇老区上坂村），和贵楼、怀远楼（坐落在老区梅林镇），河坑土楼群（坐落在书洋镇曲江村），国家AAAAA级旅游景区福建（南靖）土楼景区（坐落在书洋镇老区上坂、下坂、塔下村和老区梅林镇云水谣）。省级以下风景名胜区有：

世界文化遗产、国家AAAAA级景区的南靖县书洋镇曲江村河坑土楼群

鹅仙洞、乐土亚热带雨林、南华岩、石门岩、新溪尾、紫荆山森林公园、树海瀑布。省级历史文化名镇1个：梅林镇。著名的虎伯寮国家级自然保护区坐落在老区南坑镇、老区村象溪，以及和溪镇老区

乐土村。其中田螺坑土楼群、和贵楼、怀远楼、德远堂、河坑土楼群、五更寮土高炉群、南靖东溪窑等7处还列入国家级文物保护单位，省级文物保护单位22处，县级文物保护单位155处。温泉14处，热水点年出水量500万立方米。

南靖老区村大多山川秀丽，独特的自然风光比比皆是。而田螺坑土楼群景区、塔下村景区、梅林镇云水谣景区是蜚声中外的旅游风景区。

田螺坑土楼群景区包含田螺坑土楼群、裕昌楼、塔下村3个景点，为国家AAAAA级景区。田螺坑土楼群是福建土楼的标志性建筑，被誉为“东方文明的一颗璀璨明珠”，2001年5月被评为国家重点文物保护单位；2003年11月，田螺坑被公布为中国首批历史文化名村，2006年被评为中国最佳景观村落，2008年7月被列入世界文化遗产名录。田螺坑土楼群成为海内外人们游览土楼的首选之地。田螺坑东、西、北三面环山，南面为大片的梯田。5座土楼依照“金木水火土”五行相生次序，1座方形土楼居中，4座圆形土楼环绕其上下左右，5座土楼恰似一朵梅花绽放在大地上。

塔下村人称“闽南周庄”，是中国历史文化名村和中国最佳景观村落。其中，张氏家庙德远堂已有400多年历史，2006年被列为全国重点文物保护单位。塔下村有两个引以为豪的“全国之最”：(1)全国村级土楼最多。在方圆1平方公里多的村民聚集地，分布着45座庞大坚固的土楼，形成了一处蔚为壮观的土楼群落。(2)全国村级“石旗杆”最多。为纪念塔下村历代涌现出的乡贤，近100多年来，先后立下了24根“石旗杆”，成为一道稀世罕见的文化景观。

云水谣景区包括和贵楼、怀远楼、云水谣古道。和贵楼位于璞山村，始建于1732年，它有“二奇”：一奇是楼高5层21.5米，楼体高度接近生土建筑的极限；二奇是建在沼泽地上。怀远楼位于坎下村，它是南靖圆楼中保存最完好、最具文化内涵的双环形圆土楼。楼高4层，每层34个房间，4部楼梯均匀分布。云水谣古道位于梅林镇长教，是连接怀远楼与和贵楼的“交通便道”，沿溪两岸有一二百年古榕15棵，形成古道榕景，秀丽柔美。两侧的民居依地势而

中国著名景观村落——南靖县书洋镇塔下老区村，被列入“2011年中国最有魅力休闲乡村”

建，形成民居风景相融的和谐景观。村落中、溪岩旁、榕树下，一条古道在古榕树下蜿蜒穿梭。电影《云水谣》《沧海百年》等几十个剧组曾在此地拍摄。

游客在南靖县梅林老区镇国家AAAAA级风景区云水谣游玩

这些自然风景名胜，其中又有着历史人文的丰富内容，构成了南靖老区独特的旅游名片，如今已引起海内外人们的关注，每年都吸引了大批游客前来游玩。

南靖发展旅游产业，与改变老区乡村农民生活面貌关系密切，能助力脱贫，对建设富美乡村具有重大的现实意义。

云水谣景区的夜景,灯火璀璨,多彩多姿

南靖旅游业是从 20 世纪 90 年代开始发展的。县政府把旅游产业作为支柱产业来抓,1998 年,县政府投入 500 万元,开发建设和溪乐土雨林景区。2000 年,投入 85 万元,建设田螺坑土楼群景区观景台。2001 年,做好土楼申报"世遗"及虎伯寮南亚热带雨林申报国家级自然保护区的工作,加大开发本县旅游资源力度。2003—2007 年,投资 3.2 亿元,将县城至书洋曲江 58.6 公里的乡村道路扩建成国家二级公路。此后,还先后投入 1 亿多元进行景区旅游设施及道路等建设。

经过 10 多年的努力,南靖夯实旅游基础,打好品牌战役。2008 年 7 月,福建土楼被列入世界文化遗产。当年,南靖土楼景区接待游客从 2000 年的 1 万多人增加到 35 万人,旅游收入从 2000 年的 100 万元增加到 2000 多万元。南靖土楼从此有了"世界文化遗产"这个响亮名牌。"申遗"成功后,南靖坚持"创新、绿色、开放"的发展理念,全力实施"生态名县、工业强县、旅游大县"发展战略,通过"旅游推动、资源启动、建设拉动"等一系列工作措施,全力打造现代休闲农业示范区、"世遗"土楼国际旅游目的地和全国生态文明示范县,使旅游产业成为助力扶贫攻坚、建设富美乡村的重要着力点,努力建设"百姓富、生态美"的新南靖。

近几年来,随着人们生活水平的提高,旅游产业也日趋发展,老区的这些旅游景点已经在创造经济效益,为提高老区群众的收入做出贡献。但是，这些旅游景点现在面临的共同问题是旅游配套设施还比较欠缺，需要进一步建设。旅游设施建设是很花钱的事业，除了地方财政的投入之外，还需要广开筹资渠道，吸引更多社会的民间资金投入建设。

这些旅游项目环境建设的开展，配套设施的完善，极大地促使老区山区人气更旺盛，物流更畅通，经济更繁荣。

进入 21 世纪，南靖县累计投入 25 亿元完善景区配套设施建设。注重建设生态文明，打造旅游休闲度假乡村。先后荣获国家级生态县、国家生态文明建设示范县、中国旅游竞争力百强县、省级优秀旅游县等称号。

南靖县书洋镇文峰老区村的秋天景色

2011 年，南靖接待中外游客 169 万人次，旅游收入 5.92 亿元，荣获全国首批“休闲旅游和乡村旅游示范县”称号，南靖土楼景区获评“国家 AAAAA 级旅游景区”称号。

第十二章　改革开放40年农村水利建设与基础设施建设

改革开放以来，尤其是农村实行联产承包责任制以来，南靖老区人民在党和政府的重视和支持下，在社会主义新农村建设中，在奔小康的进程中，进一步推进农田水利设施的修建，使得老区大片“望天田”成为旱涝保收的丰产田，在很大程度上改变了老区靠天吃饭的农业生产局面，为老区农业生产的持续发展和农业产业结构的调整打下了坚实的基础。同时，老区人民在县委、县政府的支持下，采取县、镇、村、个人集巨资兴建南靖公路网，尤其是老区乡村公路建设，改变了老区世世代代“出行难”的状况，为老区经济建设和致富奔小康创造了条件。

第一节　水利建设

改革开放后，南靖县老区水利工程建设重点从新建水利工程转移到提高现有水利工程效益和抵御自然灾害能力上来。

一、水库建设

1979 年以来，南靖新建小(二)型以上灌溉水库 2 座，发电水库 16 座，山地水利 20 处(蓄水池 534 个)，除险加固小(二)型以上灌溉水库 23 座。

(一)灌溉水库

深坑水库　位于靖城镇老区大房村，坝高 21.3 米，总库容12.45

万立方米，1991年8月建成。

磨内坑水库　位于靖城镇大房村，坝高21.95米，总库容29.6万立方米，1993年11月建成。

（二）发电水库

南一水库　由漳州市政府建设，位于奎洋镇老区店美村，控制流域面积522平方公里，设计总库容1.58亿立方米，是一座以防洪为主，结合发电、灌溉和供水等综合利用的大型水库。主要项目包括混凝土重力坝1座，最大坝高96.8米，溢流堰上设13米×14.4米的钢闸门2扇，防洪库容7010万立方米，可削减漳州堤段洪峰流量1150米^3/秒；主体工程总量130.6万立方米。工程投资1.18亿元。

南靖县奎洋镇南一水库风景

南一水库大坝

淹没耕地4108亩、林果地1993.05亩，迁移人口5755人。该工程于1988年2月10动工建设，1993年8月14日建成投产。坝后电站装机2×10000千瓦。

源丰电站水库 位于丰田镇老区宝林村，总库容28.1万立方米。坝型是重力坝，坝高16.75米，装机容量820千瓦。2003年建成。

梅林二级电站水库 位于老区梅林镇，总库容248万立方米。坝型是重力坝，坝高24米，装机容量3200千瓦。2000年建成。

永和电站水库 位于和溪镇老区坂场村，总库容9.65万立方米。坝型是砌石连拱坝，坝高13.6米，装机容量410千瓦。

象溪三级电站水库 位于山城镇老区溪边村，总库容23万立方米。坝型是重力坝，坝高15米，装机容量1600千瓦。2000年建成。

南五电站水库 位于山城镇老区溪边村，总库容340万立方米。坝型是浆砌石重力坝，最大坝高24米，装机容量4800千瓦。1996年建成。

国防电站水库 位于老区南坑镇，总库容90万立方米。坝型是双曲拱坝，坝高36.5米，装机容量800千瓦。2006年建成。

城关拦河闸水库 位于山城镇，总库容70万立方米。坝型是水闸，坝高4米，坝高4米，装机容量1200千瓦。2002年建成。

南靖县山地水利蓄水池534个，新增灌溉面积14850亩；新建电排站11座，装机容量4085千瓦，新增排涝面积21246亩；新建节水工程43处，新增灌溉面积36510亩，建设农村人饮工程180处，解决饮水困难人口14.3422万人，建设乡镇区供水工程12处，供水人口3.96万人。除险加固重点防洪堤22条，总长82公里。全县投入水利建设资金合计6.184亿元。至2007年底，全县有大小水利工程9540处，其中，小(一)型工程3处，小(二)型工程88处。水利工程有效灌溉面积215700亩，占耕地总面积27万亩的79.9%。全县农村人饮解决率达82%，集镇供水普及率达90%。城区防洪标准达到20年一遇，镇、村防洪标准基本达到20年一遇。

二、引水排涝工程

（一）引水工程

1991—2007年，全县无新建较大型引水工程，但在1998年实施“九五”规划第一批国家级商品粮基地县水利项目建设中，对三下渠道、金山渠道2处重点引水渠道工程进行拓宽和配套改造建设。

2008年，南靖金山镇东建排洪渠

（二）排涝工程

1991—2007年，全县共建设电排站10座。

湖山电排站　位于靖城镇湖山村，1992年5月建成，装机2台，容量235千瓦，抽水流量2.27米^3/秒，排涝面积120公顷。

下戴电排站　位于山城镇下戴村，1993年6月建成，装机2台，容量310千瓦，抽水流量3.7米^3/秒，排涝面积115.13公顷。

双保电排站　位于龙山镇老区双明村，1993年12月建成，装机1台，容量465千瓦，抽水流量4.5米^3/秒，排涝面积206.67公顷。

下割电排站　位于靖城镇下割村，1995年建成，装机5台，容量775千瓦，抽水流量1.0米^3/秒，排涝面积40公顷。

上苑电排站　位于龙山镇上苑村，1997年建成，装机1台，容量155千瓦，抽水流量1.74米^3/秒，排涝面积113.33公顷。

东坂电排站　位于高新区东坂村，1997年建成，装机2台，容量

60 千瓦，抽水流量 1.0 米^3/秒，排涝面积 40 公顷。

下碑电排站 位于山城镇下碑村，1998 年 7 月建成，装机 3 台，容量 540 千瓦，抽水流量 6.6 米^3/秒，排涝面积 253.33 公顷。

棠溪电排站 位于龙山镇棠溪村，1999 年建成，装机 1 台，容量 155 千瓦，抽水流量 1.74 米^3/秒，排涝面积 53.33 公顷。

坑尾电排站 位于山城镇坑尾村，2000 年建成，装机 2 台，容量 310 千瓦，抽水流量 3.4 米^3/秒，排涝面积 86.67 公顷。

丰田电排站 位于丰田镇涵口寨，2007 年 12 月建成，装机 3 台，容量 540 千瓦，抽水流量 7.2 米^3/秒，排涝面积 186.67 公顷。

"十二五"期间(2011—2015 年)，南靖县投入 5.3 亿元，完成以防洪排涝工程、抗旱供水工程、防汛预警系统与信息化工程、水土保持与生态建设工程、农村水电(增效减排)为重点的"十二五"农村水利建设任务，取得良好的成效。2015 年，全县水利建设投资 3.8 亿元，重点建设重大水利项目、农村饮水安全、水库除险加固、小型农田水利、农村水电增效扩容等九大类工程，共 25 个项目。

2017 年，南靖县以"强水利、美生态、富百姓"为目标，实施水利提升工程，总投资 1.26 亿元，重点建设安全生态水系、水土流失治理等工程。2018 年，全县重点建设山城镇象溪、梅林镇船场溪(梅林镇区—上洋村)和金山镇龙山溪(马公—新内段)等 3 个安全生态水系项目及水土流失治理、农村饮水安全等工程，总投资 1.65 亿元。同时，全力推进河长制工作。全县围绕水资源保护、水污染防治、水环境治理等工作重点，全年总投资 11.7 亿元的"清新水域、洁净蓝天、清洁土壤、生态建设"四大工程共 19 个生态项目建设。实施总投资 13.7 亿元的农村污水处理设施等项目。

通过实施建设一批民生水利工程，有效减少水、旱等自然灾害，促进农业增产。

第二节　乡村基础设施建设

改革开放前，多数老区村基本上是“电灯不明，道路不平，喝水不净”，只有板车路、泥土路，很少有能通汽车的公路。交通制约成为老区人民最迫切要求解决的大事，“要想富，先修路”，是广大老区人民的心声。

改革开放以来，南靖加快基础设施建设速度，主要是公路交通建设速度加快。尤其是1986年以后，南靖乡村公路建设速度逐渐加快，主要得益于1985年中央提出“农村奔小康”的号召，调拨了粮、棉、布等物资帮助贫困地区修建公路。

这一时期南靖老区乡村道路建设有所发展，但大多为等外的沙土路。比较突出的有29个老区行政村通了公路，总长166公里。它们是：下永、仙岭、岭头、南欧、双明、太保、平重、葛竹、大岭、枫林、高溪、南坪、北坑、南高、沥阳、象溪、象城、碧侯、梧宅、星光、新村、荆都、乐土、上洋、店美、保林、磜头、上双峰、双峰。

进入20世纪90年代，南靖公路建设再掀热潮。其原因有三：一是全面建设小康社会的需要；二是随着国民经济的发展，各级政府财政积累增加，对老区建设加大了扶持力度；三是老区群众经济收入有了提高，集资修路的能力增强。

1991年初，全县有公路233条，长1115.841公里，公路密度0.55公里/平方公里。全县公路等级低，路况差。

1991年起，南靖加快公路建设步伐。1991—1993年，实施“村村通公路”计划，其中，1991年，完成县道山马（山城—马山）公路续建，路线全长12.3公里，工程投资230万元。到1992年，全县新建公路7处，完成15公里，改造提高5处、18公里，投资200.89万元。1993年，续建完成全长9.7公里的坎山公路工程，完成山长公路23公里柏油路面改造。

1994年，县委、县政府制定实施了公路“先行工程”规划和县乡公路“断头路”建设计划。全县投入公路建设资金7697万元,新建、改造公路里程近200公里。

1995年,开展县乡公路建设,投入资金1.8亿元。

1996年,全年完成县乡公路建设22条。其中,断头路3条,新建乡村公路5条,改造公路14条。

1997年,全县公路建设总投资3236万元,完成公路建设项目11项。其中,重点是县道山长线船场至梅林公路柏油路改造,全长40公里,同年完成20公里,总投资800万元。

1999年,南靖县确定为“旅游道路建设年”,开始实施“三年内实现村村通柏油路”公路建设规划。当年投入资金3816万元,实施“村村通柏油路”工程,项目涉及71个村,33条公路,共完成66个村共206公里柏油路面改造。

2000年,全县完成柏油路改造124.05公里,总投资1863万元,受益村达34个,受益人口4.881万人。同时,修建完成南一水库右岸公路6.4公里,投资162万元。全县11个乡镇、185个行政村不仅实现村村通公路,而且有150个村通柏油路,比上一年增加50个村。两年间,全县完成柏油路改造107条共330.5公里,投资5679万元,使全县公路畅通能力大大提高。

2003年,全年完成农村等级水泥路建设19条共50公里,总投资1300多万元。当年,《福建省农村公路建设管理实施细则(试行)》发布,规定行政村通达公路修建水泥路面,在满足相应的计划、标准和质量要求的条件下,给予乡村道每公里补助7万～10万元;市、县两级政府同时出台配套扶持政策,给予每公里补助3万元和2万元的乡村道配套补助。2004年起,南靖县把加快农村公路建设作为政府工作重点,用4年时间实现全县通行政村以上的510公里公路路面硬化的建设目标。4年总投资6亿元,扣除省市上级政府政策性补助,县级以下自筹配套资金约4亿元。这一项目的建设,4年共完成641.12公里,全县直接受益人口达到347637人。

2005年7月27日,山梅公路改建工程征地拆迁动员大会召开。2006年,山梅公路改建工程列入省、市重点在建项目。2008年1

2005 年，南靖县修建的龙厦高速公路和溪段高架桥

月，山梅公路改建工程竣工通车。山梅公路与国道 319 线平行，是南靖公路网规划的两条最重要轴线之一，起点为山城镇翠眉村，终点为梅林镇长塔村；新山梅公路贯穿起点于山城镇翠眉村，终点在书洋镇曲江村，贯穿山城镇、南坑镇、船场镇、书洋镇等 4 个乡镇老区行政村，辐射奎洋镇、梅林镇以及龙岩市适中镇，永定县高头乡、湖坑乡和古竹乡，平和县芦溪乡等 7 个乡镇。沿线直接受益人口 12 万人，辐射区间接受益人口约 18 万人。该路修建总里程53.152公里，总投资 3.89 亿元。

南靖县城通往山区南坑、船场、书洋、梅林等镇老区村的山梅公路

1991—2007年，全县共投资14.23亿元，新建、修建公路215条，共1379.22公里。到2007年，全县公路水泥路面808.5公里，道路硬化率为98%，有182个村实现公路水泥化，公路网络进一步健全完善，惠及全县人口95%，约32.3万人。公路交通设施大发展促进了公路运输业发展，全县形成国营、集体和个体多种运输共存、货运和客运共同发展的局面。

2010年，全县公路总里程2005.17公里，拥有高速公路(厦蓉高速)46公里，国道319线68.17公里，县道11条274.9公里，乡道72条513.4公里，村道824条1073.8公里，专用公路(林业公路)11条28.9公里。

“十二五”期间(2011—2015年)，南靖县基础设施日臻完善，龙厦铁路、沈海复线、靖海高速建成通车。其中，龙厦铁路是国家一级高速铁路，也是南靖第一条铁路，由铁道部与福建省共同合资建设。2006年动工，2012年建成通车。它西起赣龙铁路龙岩站，经本县和溪、龙山、雁塔、草坂至漳州，利用厦深铁路引入厦门市，全长171公里，为时速200公里双线电气化铁路，项目总投资64.8亿元。高铁建成后，龙岩至厦门间铁路运输距离缩短61公里，旅客列车运行速度由65公里/时提高到200公里/时，旅行时间由4小时缩短至1小时左右。龙厦铁路南靖段63.193公里，经过6个镇23个村。南靖全县高速公路里程81.3公里。投资20多亿元，基本建成靖城新区“两纵三横”交通主干道。累计投入2.5亿元，新增农村水泥路545公里。至2018年，全县高速铁路里程63.3公里，公路里程2283公里(其中高速公路75.1公里，国道69.58公里，省道58.1公里，县道12条计284公里；乡道97条计593.6公里；村道1072条计1204.3公里)。龙厦铁路、厦蓉高速、沈海高速复线、靖海高速、国道319线、省道318线纵贯全县，距厦门港、厦门高崎国际机场60多公里，属厦门湾1小时经济圈和厦漳泉大都市区范围。便利的交通，促进全县经济社会全面发展。

南靖公路建设在改革开放以来取得巨大成绩，但老区行政村通自然村路况并不理想。据县老促会2018年调查，不少没有通公路

2012年，途经南靖县山城镇的龙厦高铁通车

的边远老区自然村，由于山高谷深，地质条件复杂，技术难度高，工程量大，投资额度大，是老区公路建设的“老大难”路段。

南靖老区村公路建设与断头路现状如下：

县委、县政府出台〔2013〕3号文件《关于进一步支持和促进革命老区加快发展的实施意见》，县政府出台〔2014〕78号文件《南靖县人民政府关于加快农村公路建设，促进农村经济发展的实施意见》。文件中指出县里每年从财政经济拨出2000万元，用于全县行政村通自然村水泥路及配套建设（从2014年开始），对全县人口100人以上的300个自然村通水泥路，完成建设规模达400公里以上，路面长500米以上、宽3米以上、厚度0.18米以上的水泥路硬化路段进行专项补助。老区村每公里补助12万元，贫困村每公里补助15万元，既是老区村又是贫困村的按贫困村标准补助。据县交通局统计，2014以来，南靖已建成农村公路543.9公里，实现村村通水泥路；其中，建成老区村公路70条总长105.2公里，每公里造价40万～45万元，总投资7100万元，初步满足老区群众发展经济和生活的交通需求。

又据县发改局统计，2014年以来，南靖主动对接项目18个，向国家、省、市争取资金补助1.4亿元，享受苏区财政转移支付2000万元，财力补助1600万元，合计补助资金1.76亿元。进一步完善南靖老区基础设施建设、农村饮水工程、农田水利建设、农村道路水泥路面硬化工程、农村危房改造及配套设施建设等，为南靖建设小康社会做出了贡献。

南靖老区村“断头路”特点：全县56个老区村共有300多个自然村，至2018年，从行政村至各自然村的水泥公路未建成的“断头路”占老区自然村的50%。存在问题：南靖老区村要建的通自然村断头路共40条，总长300多公里，需要投建资金达1.4亿元。

第三节　供水供电事业的发展

一、改革开放以来供水工程的建设

改革开放以后，随着农村土地承包经营责任制的推行，有的先富起来的农民翻盖新房的同时，在庭院里打深水井，装上杠杆活塞抽水机械；有的在屋顶建蓄水池，安装小型水泵和自来水管道，水龙头，用上了较为卫生安全的饮用水。

20世纪80年代，老区乡村饮用水工程建设暂时还未摆上政府财政支持的“盘子”中。

由于老区乡村条件很差，地理环境各异，自来水工程的实施难度很大，其过程和修建公路一样，只能从近到远，从易到难，从行政村到自然村，从简陋的引水器具到规范的设备逐步推进。

从20世纪90年代开始，老区群众的安全饮用水问题正式摆上了县政府的议事日程，由县政府亲自抓，水电部门具体实施的自来水工程开始在南坑镇和梅林镇等老区村逐步展开，并取得一些成绩。据1999年统计，当年南靖已通安全饮用水的行政村有18个，约占老区村总数的1/3。

21世纪开始“村村通”自来水工程。

2000年，省委、省政府大打老区、少数民族乡村“五通”攻坚战，老区乡村通自来水工程又取得了显著的进展。当年省下达给南靖老区 14 个行政村通水任务，还安排扶助资金。

铺设自来水的村子每村补助 2 万元，其中省财政补 1 万元，市、县财政配套 1 万元，不足部分由当地乡镇、村自筹和群众投工投劳解决。

当年省下达应完成任务的 14 个老区村是：山城象溪、溪城、碧侯、六安，龙山双明，奎洋岭头、上洋，梅林双溪、磜头、科岭、长塔，书洋上田，南坑村雅，船场西坑。

由于有资金保障，当年年底省下达的任务全部完成，成为通自来水工程数量最多的年份。

2000 年，老区基点村的通水迈开了大步，南靖投资 48 万元，完成 14 个基点村的铺水管道。

2004 年，省政府实施“千万农民饮水工程”，南靖县再次掀起自来水建设热潮。按照“谁受益，谁负担，谁投资，谁所有”，政府适当补助的原则，凡这一年动工兴建自来水的村子，每村由政府补助 3 万元(到 2006 年资助金额提高到 6 万元)。至 2006 年底，南靖通自来水的行政村 25 个。当年年底，南靖未通自来水的行政村大都比较靠山区，还有 25 个，占老区行政村总数的 35.7%。1991 年，为提高农村卫生自来水的普及率，以乡镇集镇为重点，推进村级、村民小组自来水厂的建设，充分利用山区丰富的山泉水源，实行政府拨补一点、集体统筹一点、受益户自筹一点的办法，鼓励有经济实力的人承办自来水厂，因地制宜，加快自来水厂的建设步伐，使群众用上卫生的自来水。至 21 世纪初，全县农村自来水普及率 82.5%。

已通自来水的老区村供水设施和处理工艺因村而异，有的是从乡镇的自来水厂集中供水，铺设管道到村里，其水质处理按照规范工艺，达到优质饮用水标准。地处山区人口较集中的村子，是村建小型水厂，其水质处理比较简单，安全系数稍低。大部分已通水的村子采取就地寻找水源经水质化验达标后引水至村里，建沉淀池、过滤池，经简易处理后铺设管道入户。还有相当部分山区条件困难的采用深水井加水泵抽水、蓄水池等简易设施解决，更偏远的一些老区基点村则还是引山泉水入村入户，属直接供水。虽然水源没有污染，但离安全饮用水标准仍有一定差距。

南靖革命老区的面貌在党和政府的关心支持下发生了翻天覆地的变化。尤其在饮用水安全方面，由于水是生命之源，是老区群众生存、生活之本，因而近几年来，县委、县政府筹集巨资，努力解决老区群众饮水难问题。仅2013年以来，县、镇政府总投资7923.8万元，为老区村铺设饮水工程，初步解决部分老区村群众饮水问题。

2018年南靖老区村饮水现状：全县老区300个自然村落分散，近几年来，虽然南靖县、镇、村共筹资近8000万元兴建供水设施，仅解决部分老区群众饮水问题，今后还需1亿多元资金，才能彻底解决老区村饮水问题。

二、供电问题的解决

1979年以后，南靖掀起国家、集体、个人办电的高潮，到20世纪80年代末，船场溪水电开发成果甚丰，1978年，船场溪南二水电站2×1.25万千瓦发电机组投入运行。紧接着，南四水电站4×1250千瓦于1982年投入运行。

1990年，全县投产水电站189处，装机容量29955千瓦，年发电量1056万千瓦时。

1990年9月，水利电力部发文批准南靖县为基本电气化县，确认县电气化水平已达到水利电力部颁发的《一百个农村电气化试点县初级阶段验收条例(SD176—26)》规定的标准。

1991—2000年，县通过多方集资加强电源建设，先后建设一大批水电站。其中，装机容量1000千瓦以上水电站有：县投资4000多万元建设南五水电站，金山镇、和溪镇利用外资和民间股份集资建设海和、鸿明、军营坪、柳畲、梅二、象溪等水电站。至2000年底，全县新投产水电站53处，新增装机容量46825千瓦。在电网建设方面，先后兴建了一大批输变电工程，其中110千伏变电站2座(山城、龙山)，容量63000千伏安；35千伏变电站4座(牛崎头、草坂、和溪、马山)，容量20150千伏安。同时，配套了110千伏输电线路22.4

公里，35千伏输电线路94.15公里。

2000年，县政府组织编制了《南靖县“十五”国民经济发展计划》《南靖县水电农村电气化规划》。2001年，经国务院同意，水利部批准南靖县列入“十五”期间全国400个水电农村电气化建设县之一，并于当年开始实施。2001—2005年，全县共投产水电站48处，装机容量27495千瓦。至2005年底，全县已建成的水电站装机容量达到108475千瓦，电源建设指标和电站设备完好率均高于电气化指标。

南靖县水电站集中在水利资源丰富的老区乡村。1991—2007年底，全县建成水电站132处，装机262台，容量84985千瓦，相当于1990年前装机容量总和29955千瓦的2.8倍。至2007年底，全县已投产水电站229处，装机418台，容量12.6875万千瓦，加上省属南二电站2.5万千瓦、市属南一电站2.0万千瓦，全县境内已开发水电站装机容量达17.1875万千瓦，占全县水能资源技术可开发量19.2万千瓦的89.5%。其中，比较大型(装机容量1000千瓦以上)的主要水电站有20座，简要情况如下：

南一水库电站　装机容量20000千瓦，设计年平均发电量6750万千瓦时，1993年8月建成。

南三水电站　位于船场镇船场村，属船场溪三级开发。该站调节库容103.3万立方米，1990年建成，装机容量8000千瓦。2004年有进行扩容，装机容量10000千瓦。

坪坑电站　位于奎洋镇上洋村，装机容量1040千瓦，1995年建成。

海和水电厂　位于和溪镇斗米村，装机容量4000千瓦，1996年建成。

恒盈电力有限公司(赤坑口水电站)　位于船场镇赤坑村，装机容量2000千瓦，1996年建成。

南五水电站　位于山城镇溪边村油柑坪，属船场溪第五级开发。装机容量4800千瓦，1997年建成。

暗潭水电站　位于金山镇河墘村，装机容量4000千瓦，1997年建成。

军营坪水电站 位于金山镇荆都村，装机容量 3150 千瓦，1999 年建成。

柳畲水电站 位于和溪镇斗米村，装机容量 1260 千瓦，1998 年建成。

梅林二级水电站 位于梅林镇溪柄，装机容量 3200 千瓦，1999 年建成。

象溪三级水电站 位于山城镇溪边村卧牛陂，调节库容 10 万立方米，装机容量 1600 千瓦，2000 年建成。

横山水电站 位于龙山镇西山村，调节库容 40 万立方米，装机容量 4800 千瓦，2000 年建成。

合溪口水电站 位于奎洋镇合溪口，装机容量 1040 千瓦，2000 年建成。

拦河闸水电站(荆江水电站) 位于县城拦河闸下游 300 米处，装机容量 1200 千瓦，投资 833 万元，2002 年建成。

荆都二级水电站 位于金山镇荆都村，装机容量 1000 千瓦，2004 年建成。

璞山水电站 位于梅林镇璞山村境内，装机容量 1300 千瓦，2003 年动工建设，2005 年投产发电。

国绿二级水电站 位于靖城镇尚寨村宝珠岩，装机容量 2520 千瓦，2005 年建成。

上濑水电站 位于船场镇星光村，装机容量 1260 千瓦，2006 年建成。

诚丰水电厂 位于书洋镇赤洲村，装机容量 1300 千瓦，2006 年投产发电。

国绿一级水电站 位于丰田镇丰田村卧地虎，装机容量 1500 千瓦，2007 年建成。

在电网建设方面，南靖县 2001—2005 年期间建设的 35 千伏变电站有星光变电站(1×3150)千伏安、和溪变电站(1×10000)千伏安、三福特种钢变电站(2×6300)千伏安、闽航发特种钢变电站(3×

6300)千伏安等，总容量35650千伏安；扩建龙山110千伏变电站，增加变压器1台，容量5000千伏安；扩建35千伏变电站5座，增加容量23600千伏安。全县基本完成农网改造任务，网改面达97%，共投入网改资金6873万元，全县老区乡村用电实现了城乡一体化管理，理顺了管理体制。同时，大量新技术、新工艺应用于农网改造之中，降低了成本，实现了城乡用电同网同价。当年，南靖县电网各项指标达到或超过电气化水平。

在用电水平方面，2005年全县最高负荷达13.8万千瓦，总用电量56320万千瓦时，人均用电量1651千瓦时，生活用电量7860万千瓦时，户均生活用电量848千瓦时，户通电率达100%。全县供电可靠率达96%以上，超过农村电气化标准。丰水期全县实现小水电代燃料户数达3.1万户，占全县总户数的33.5%，供电质量达到电气化标准。2005年，"十五"水电农村电气化建设县通过省政府达标验收。

"十二五"期间(2011—2015年)，南靖县完成电网建设投资6.8亿元，建成110千伏变电站3座(书洋变电站、武林变电站、金山变电站)、35千伏变电站1座(村雅变电站)、扩建110千伏丰田变二期，增容110千伏龙山变电站二期，新增35千伏及以上线路135.8公里、新增变电容量227.8兆千伏安，分别增长65.31%和116.7%。电网安全运行和资源优化配置的能力大幅提升，逐步解决靖城、金山、南坑、书洋等乡镇电网之间联系薄弱问题，解决部分供电设施过载、"卡脖子"、低电压和频繁停电等问题，有力支撑经济社会发展；供电量从2011年的5.52亿千瓦时提升至2015年的9.88亿千瓦时，比增78.99%，为经济社会发展提供了有力的电力保障。2015年，南靖电网建设投资3.2亿元，开工建设220千伏坂后输变电工程，竣工投产110千伏武林输变电工程等。2018年，南靖全年供电量11.78亿千瓦时，同比增长8.99%；完成电网建设投资3.8亿元，新增变电容量24万千伏安，初步形成了以220千伏紫荆变电站、坂后变电站为主电源点，110千伏利达变电站、丰田变电站、武林变电站、龙山变电站、金山变电站、书洋变电站、南靖变电站为骨干网架结构的坚强可靠电网,为南靖社会经济发展提供坚强有力的电力保障。

40 年高歌猛进,南靖电网从小到大,从弱到强,从孤立到互联,从落后到领先,不断实现跨越式发展。

第十三章　改革开放40年乡村社会事业快速发展

新中国成立60年来，党和政府不仅在改变南靖老区基础设施落后方面给予极大扶持，而且从政策上、财力物力上大力扶持老区社会事业的建设，使得老区乡村文化教育、医疗卫生的落后状况有了根本的改变。南靖老区文化教育从普及到提高，医疗事业从无到有再到形成农村卫生医疗三级网络。在改善老区乡村社会设施的同时，还在全社会营造重视老区、为改变老区落后面貌做贡献的良好氛围，促使社会力量支援老区经济社会建设事业，使得老区社会事业迅速发展，人民群众的文化和健康水平得到较大提高，产生了有目共睹的巨大变化，跟上了时代前进的步伐。

第一节　改革开放40年乡村教育事业的发展

"文革"结束，国家迎来百废俱兴的良好局面，教育事业优先得到恢复和发展。老区的文化教育也与所有的城镇农村一起，迎来了新的发展春天。此时，南靖老区基本上乡乡办中学，各个大队（行政村）都办有一所小学（大多是完小）。学校布局多而散，师资配备不齐，教学设备严重不足；校舍多为低矮平房，已成为危房；生源不断地减少，不利于提高教学质量，实施素质教育。

经过拨乱反正，党和政府大力整顿教育工作，进行教育体制改革，调整学校布局与结构，压缩了完中，提高了高中教学质量，增设了职业中学，改造了危房，扩建了校舍，使教育事业走上了健康发展的道路。

一、布局调整改革

（一）小学撤并校

南靖县属山区县，新中国成立后一段时间，实行村村办小学，乡乡办中学。

因计划生育政策的实施，人口出生率明显下降，加上近几年来老区村青壮年劳力大量外出打工，有的还携家带口，“流动孩童”日渐增多，在校生人数随之减少，尤其是小学适龄儿童正逐年递减，农村生源大量减少，一些在教育“两基”达标时兴建的小学因缺乏生源而撤并。

1996 年 3 月，老区南坑镇的金竹小学高年级并入葛竹小学，大岭小学高年级并入村雅小学，南塘、工农 2 所小学高年级并入南坑中心小学。撤销高港、村雅 2 所中心学校，改办完全小学，全镇只保留 1 所中心校（南坑中心小学）。丰田华侨农场的丰华小学并入凤安小学。奎洋学区光祠小学五、六年级并入霞峰小学，光祠小学改办初小校。

1999 年 11 月 20 日，县教育局出台《南靖县教育局关于做好小学“单、双”人校、初小校、办学规模小的完小校撤并工作意见》，制订了对 104 所小学、村校进行撤并的规划和方案，提出分三步走的办法撤并“单、双”人校、初小校、办学规模小的完小校，建设一批寄宿制小学。1999 年撤并初小校（教学点）62 所（点），2000 年撤并 15 所（点），2001—2002 年撤并 18 所（点），2003—2004 年撤并 16 所（点）。

2004 年，根据小学生源逐步减少和农村城镇化发展的趋势，县教育局制订《南靖县 2004—2008 年初小校及规模小的中小学撤并五年规划》，每年拟分别撤并 14～24 所学校。1999—2005 年，全县共撤并 163 所小学初小校教学点及办学规模小的完小校，建立寄宿制小学 41 所。

2005 年撤并完小校（教学点）45 所（点），2006 年撤并 31 所

(点),2007年撤并39所(点)。

2007年,县财政投入20多万元添置寄宿生床铺1500床,完善南坑、船场、梅林、和溪中心小学和金山都美小学寄宿制学校设施。把规模小的完小校改为初小校,中、高年级学生并入邻近规模较大、办学条件较好的学校就读。1999—2007年,撤并小学35所、教学点198个,建立农村寄宿制小学43所。

(二)中学撤并校

1996年4月,奎洋镇政府在永溪征地50亩,投资390万元,建设奎洋中学新校区。当年8月竣工,并将位于霞峰的奎洋中学与位于上洋的奎洋学区附设初中班迁并于永溪,组建新的奎洋中学。

2005年8月,竹园中学并入龙山中学。2006年8月,将学生数25人、教师数10人的老区村店美中学并入奎洋中学;将学生数73人、教师数16人的老区村星光中学并入船场中学。2007年8月,将学生数256人、教师数42人的老区南坑中学,撤并到南靖县第一职业学校;将学生数102人、教师数15人的老区梅林中学和学生数54人、教师数12人的长教中学,撤并到南靖县第三中学。

二、小学教育大发展

1979年3月,南靖县撤销公社教育组,恢复学区管理体制,裁减三下、竹园、都美、葛山、霞峰5个学区,增设溪边、下碑、宝斗、丰田、金山、奎洋6个学区,实行毕业考试、升学考试制度,当年95%的学龄儿童入学。1982年,增设城关学区。

1985年,全县小学总数337所,学生41625人,入学率达99.6%,毕业率达99%,基本实现普及初等教育。

1991年,全县共有小学323所,班级1412个,在校学生35613人,教职工1945人(不含代课教师),其中公办教师1581人,民办教师364人;专任教师1534人。另有代课教师315人。校园占地面积502869平方米,校舍建筑面积143064平方米;学龄儿童入学率99.5%,巩固率99.3%。

1996年3月,南坑、丰田、奎洋学区部分小学进行撤并。

1999年8月，新建县第二实验小学，撤并初小校（教学点）62所。此后继续撤并边远、生源不足的小学。

2007年，全县共有小学142所，班级901个，在校学生23278人，教职工1803人，其中专任教师1713人。学校占地面积584990平方米，校舍面积165735平方米，体育运动场（馆）242667平方米，计算机1275台，图书414924册，电子图书382册，固定资产总值5203万元。

2010年，全县小学撤并至110所（县直小学2所，中心小学11所，完小学校36所，教学点61个），在校学生数20066人，教职员工1767人。

2014年9月，县第三实验小学建成并投入使用。

2015年，全县小学进一步撤并至72所（县直小学3所，中心小学11所，完小学校35所，教学点23个），在校学生数18977人，教职员工1521人。全县有省级重点示范小学1所、市级示范小学1所，省级农村示范小学11所，全县49所小学均通过福建省义务教育标准化学校验收。

第一实验小学新校区

注：南靖县第一实验小学校安工程于2010年8月投入使用。

2017年，全县小学64所（含教学点17个），教职工1420人，专任教师1338人。全县小学一年级招生3163人，在校生18869人，毕业生3155人，毕业率和毕业升学率均达100%。

三、中学教育大发展

1978年，15所完全中学合并为8所，初中校合并为7所，小学附设初中班压缩为101所。1979年，金山增设二中分校，山城在三下村创办城关中学。1983年，二中分校独立，命名为金山中学。1987年，山城增设1所初级中学，名为南靖第五中学，后改为湖美中学。1989年，全县学校布局趋于稳定，有完中4所，初中15所，小学附设初中班4所，在校学生12071人，教职员工1071人（其中民办教师135人）。

1991年，在老区村草坂创办草坂中学。当年，全县独立初中12所，小学附设初中班2所，职业中学4所，职业初中1所。1993年，老区梅林学区坎下小学附设初中班改办为长教中学，全县独立初中增至13所。

2004年，创办民办实验中学。2005年8月，竹园中学并入龙山中学。2006年8月，店美中学并入奎洋中学，星光中学并入船场中学。2007年8月，南坑中学撤并至县第一职业学校，梅林中学、长教中学撤并至南靖三中。至2007年，全县有独立初中11所，职业学校2所，完中5所。

2010年，全县有省级重点中学3所，公办初中校11所，民办初中校1所，全县初中在校生11852人，高中在校生5027人，教职员工1521人。

2014年，湖美中学、南靖三中整体搬迁至新校址。山城中学、下碑小学两校合并设立九年一贯制学校，新学校命名为"南靖县山城育才学校"，下辖下戴小学。2015年，全县有省级重点中学3所，公办初中校11所，民办初中校1所。全县初中在校生8199人，高中在校生5252人，教职员工1453人。

2017年，全县有省级一级、二级达标高中3所，公办初中校11所，民办初中校1所；教职员工1419人，专任教师1236人。全县中学初一年招生3060人，高一年招生1524人；初三年毕业生2671人，高三年毕业生1283人。全县初中在校生8414人，高中在校生4804人。

位于南靖县金山镇的南靖二中标准体育场

四、推行义务教育使老区学龄儿童的入学率迅速增加

南靖县于1985年实现普及小学教育，小学总数337所，1378个班，学生41625人，教师1799人，其中民办教师652人，学龄儿童入学率达96.8%。1985—1989年间，全县新办老区小学23所，即草前、上坂、鼎寮、径里、月明、长塔、磜头、草坂、集星、梧宅等。

1986年7月，义务教育法颁布实行，加上政府对贫困人口减免学费的助学政策，使学龄人口入学率大为提高。

1989年，全县小学324所，1364个班，学生33924人，教职工1812人(公办1417人，民办395人)，普及率提高至97.18%，入学率99.3%，巩固率98.96%，毕业率100%。1990年，全县拥有小学320所，1400个班，在校学生数34728人，教职工1865人(公办1501人，民办364人)，入学率99.58%，巩固率99.46%，普及率97.36%，毕业率100%。

1991年，南靖学龄儿童入学率99.5%，巩固率99.3%。

1995年开始，全县开展教育“两基”(基本普及九年义务教育和基本扫除青壮年文盲)达标建设，促使各中、小学校校舍建设掀起热潮，学龄人口入学率大大提高。

老区乡村中、小学校都在“两基”达标工作中获得快速发展，扩建了校园，增添了校舍、教学设备，提高了教学质量。至此，各乡镇都有一所中学，一所中心小学，每个行政村都有一所完小，人口较多的有两所。

2005年，国务院宣布从2007年开始，对农村九年义务教育阶段实行免学杂费的政策，家庭困难的学生可以享受免课本费，寄宿生补助寄宿生活费。福建省政府宣布从2006年春季开始，提前一年对农村义务教育阶段实行上述优惠政策。至此，老区群众学龄人口入学率基本上达到了百分百。

五、乡村扫盲工作和实用技术教育事业快速发展

改革开放以后，南靖县积极开展扫盲工作和实用技术培训工作，形式是以短期培训班为主。

1991年，南靖县开展扫盲工作，重点是扫除老区乡村15～50周岁青壮年文盲。县、乡（镇）、村层层签订扫盲工作责任状，保证扫盲经费到位，人员到位，措施到位。组织老区乡村青壮年文盲和历年的脱盲对象，上夜校学习。全县共开办扫盲班116班，学员4089人；开办巩固提高班106班，学员3220人。1991—1996年，全县共组织扫盲班196班（每村一班），组织15600名扫盲对象参加扫盲班学习。

1995年5月，全县扫盲工作顺利通过市政府验收。

1996年5月，南靖县“两基”工作以较高分数顺利通过省政府验收。青壮年非文盲率98.8%，被确认为基本扫除文盲县。

2000年后，大规模扫盲办班工作基本结束，扫盲工作重点转向以学文化、学技术相结合的培训办班模式。对脱盲后对象进行农村实用技术培训，采取“包教包学”的形式，组织小学教师利用课余时间，对15～24周岁文盲开展扫盲工作。全县共组织560个“包教包学”对象实施扫盲工作。

2007年，南靖县启动“高水平、高质量普及九年义务教育”工作，并于2008年5月通过省政府验收。其中15～24周岁非文盲率达99.95%。

老区实用技术培训是改革开放以后县、镇政府的一项重要工

作。其主要形式是在已形成规模产业的乡村根据群众生产中遇到的普遍难题和技术性问题，组织专门的短训班，请有关专家现场解答疑惑。1991 年，举办各种农村实用技术培训 286 期，参加培训 10306 人次。

1996 年，教育“两基”顺利通过验收后，扫盲工作重点转移到以学文化、学技术相结合的培训办班模式，各乡（镇）普遍开展实用技术培训班工作，组织农民和脱盲对象参加培训。同年，南靖县农机培训班与厦门高级技工学校南靖教学班联合举办技术工人培训班，这是漳州县级老区办与厦门有关技术培训单位合作开展正规培训的开始。当年南靖教学班开始面向老区招生。至 2001 年，已毕业 300 多人，全部安排在厦门企业工作，做到当年毕业，当年就业，月薪高的 3000 元以上，一般的也有 1800 元，起到“一人就业，一户脱贫”的效果。2002 年起，南靖教学班正式升格为厦门高级技工学校南靖分校，创设电子、电工两个专业，实行实用技术学历教育，学制两年，毕业后由学校负责推荐到厦门就业。

1991—2007 年，南靖县共组织实用技术培训 1250 期，8.2 万人次。

六、总政捐建希望小学

人民解放军热心扶持南靖老区教育事业。1995 年，解放军总政治部捐资 30 万元，在当年毛泽东率领中央红军攻克漳州的南靖十字岭战斗指挥部所在地龙山镇南坪村创办八一希望小学。因该行政村的自然村分散，远的距村部有 4 公里，所以，村里对总政的捐资一个掰俩用，分别在内洞和南坪村村部两个人口相对集中的自然村各兴建一所小学。总投资 60 万元，资金缺口由县、镇、村和村民筹资凑齐。两所小学同时动工，于 1996 年 7 月竣工，当年招生开学。现这两所小学建筑总面积 2300 平方米，各有一栋教学楼和一栋综合楼。共有在校生 181 人，教师 14 名，12 个班级。

总政捐建的南靖县龙山镇南坪村八一希望小学

第二节　医疗卫生事业的发展

一、发展概况

党的十一届三中全会之后，老区农村医疗卫生事业建设在各级党政部门的重视和大力扶持下迈开了步伐，卫生队伍不断扩大，县新建、扩建一批医疗卫生机构。

1980年，随着农村各种生产责任制的落实，各生产大队对医疗站体制也进行改革，基本上实行承包责任制，独立核算，自负盈亏。1984年6月，合作医疗站随大队改村亦改称村卫生所。1985年，全县有171个村卫生所，各乡镇卫生协会分会对卫生所实行统一领导和管理，统一处方、发票、药价和收费标准。

随着经济建设的发展和人民生活水平的提高，政府加强卫生医疗事业的规划和管理，扩大医疗网络建设。

1991年，全县各类专业卫生技术人员528人，病床507张。2007年，发展到各类卫生技术人员583人，其中，高级职称48人，中级职称160人。有病床800张，年门诊49.3万人次，年住院24002

人次。1991—2007年,全县新增医疗设备价值2300万元,先后购置了SA-4800HD超声心动图机、迈瑞全自动生化分析仪、西门子B超机、GE 4层螺旋CT机等比较先进的医疗设备,医疗水平显著提高。县、乡(镇)、村三级卫生服务网络得到健全和发展。其中,县医院、县中医院分别被卫生部、省卫生厅授予“二级甲医院”称号,县疾病预防控制中心粗具规模,县妇幼保健院被卫生部授予“一级甲等妇幼保健院”称号。

1991年以后,全县各个乡镇都已有了自己的卫生院,各个行政村都有自己的卫生所,较大的行政村还有二至三间卫生所。人口较多的自然村也有了卫生室,基本形成了县、乡、村“农村三级卫生医疗网络”。

二、乡镇卫生院

1991年,老区梅林、南坑及山城、靖城、金山、奎洋、船场等7个镇均设立卫生院。1997年5月,山城镇卫生所与山城镇卫生院合并,称“山城镇卫生院”。2000年,省卫生厅重新调整各县中心卫生院,确定龙山、和溪为中心卫生院。2000年10月,曲江华侨医院与书洋镇卫生院合并,由书洋镇卫生院直接管理。2007年11月,山城镇卫生院更名为“山城社区卫生服务中心”,设立4个社区卫生服务站。2007年,全县乡镇卫生院职工人数305人,其中卫技人员288人,设立病床数540张,房屋建筑面积达31315平方米,年门诊数35.38万人次,住院人数13711人次,业务总收入达1843.29万元。具体情况如下:

山城社区卫生服务中心 业务用房建筑面积2347平方米,设病房35张。2007年,年门诊数3.7万人次,住院数142人次。

靖城镇卫生院 2007年,县政府划拨30亩土地,总投资998.00万元,新建一幢门诊综合楼。当年,年门诊数5万人次,住院数7978人次。

丰田镇卫生院 2007年门诊数20150人次,住院数82人次。

金山镇卫生院 2007年,该院投资150万元,新建一幢病房综合大楼，建筑面积3376平方米。年门诊数19426人次，住院数2702人次。

奎洋镇卫生院　2006年新建一幢353平方米的门诊大楼。2007年，门诊数15237人次，住院数396人次。

书洋镇卫生院　2007年，设病床20张。年门诊数26312人次，住院数586人次。

船场镇卫生院　1999年，被省卫生厅授予"一级甲等医院"称号。2007年，门诊数3.8万多人次，住院数923人次。

南坑镇卫生院　房屋建筑面积2454平方米。2006年该院列入省百所乡镇卫生院改造提升工程，投资32万元，改扩建门诊综合楼760平方米，改建宿舍楼500平方米。2007年，年门诊数1.2万人次。

三、中心卫生院

南靖县第二医院（和溪中心卫生院）　1991年，医院占地面积10005平方米，房屋建筑面积5223平方米，病床30张。1998年，被卫生部授予"一级甲等医院"称号。2002年，新建一幢1700平方米住院综合大楼。2003年，更名为"南靖县第二医院"。2007年，年门诊数11万余人次，住院数3019人次。

龙山中心卫生院　1999年，被省卫生厅评为"一级甲等医院"。2007年，房屋建筑面积3851平方米，核定病床30张，年门诊急诊数73468人次，住院数1677人次。

乡镇卫生院是农村群众寻医问药的第一道关口。然而，在政府扶持下建起来的乡镇卫生院却面临着共同的问题：财政投入不足，发展困难；卫生技术人才和设备匮乏，层次较低。这致使很多农村群众患病不能及时就地解决，需到县、市级医院就诊，很不方便，费用也较高。2005年以来，县委、县政府在推进社会主义新农村建设过程中，把帮扶和改造提升乡镇卫生院医疗服务水平列入为民办实事项目，加大对乡村卫生医疗机构的投入，以解决广大农民看病难的问题。

2014年，南靖全面开展县级公立医院综合改革，实施县级公立医院药品、耗材零差率销售，调整医疗服务价格，落实财政补偿。全县共有19个医疗卫生单位，其中县直医疗机构3家（县医院、中医院和县妇幼保健计划生育服务中心）、疾控中心1家、其他卫生单位4家（爱卫办、卫协会、新农合管理中心、卫生局卫生监督所）、乡镇卫生院11家（其中乙类卫生院2家、丙类卫生院8家、社区卫生服务中心1家）；核定编制1044个，在编人员874人，其中卫技人员835名，千人均卫技人员数2.49人；有床位872张，千人均2.6张；在岗乡村医生437人，其中持有乡村医生执业证书358人，取得执业医师资格证书的有79人，村卫生所340家。2015年，全县住院人均自付费用相比2014年下降7.9%，增加业务收入306.89万元，比增5.54%；药占比、耗材占比均呈现下降趋势。全县居民健康档案建档率97.54%，高血压患者健康管理率46.78%，糖尿病患者健康管理率25.53%，重性精神疾病健康管理率91.22%，中医药健康管理服务人群覆盖率45%以上。65岁以上老人健康管理率91.09%。全县新型农村合作医疗筹资水平提高到470元，重大疾病保障病种提高到22种，基本保障广大农村居民“病有所医”。2017年，全县共有15个医疗卫生单位（县直医疗机构3家、疾控中心1家、乡镇卫生院11家），其他卫生单位4家（爱卫办、农村卫生所服务中心、新农合管理中心、卫生局卫生监督所），实际开放床位1056张。全县医疗卫生机构实有卫技人员961人，其中执业（助理）医师427人，注册护士458人，全科医师55人，千人均床位数3.10张，千人均卫技人员数2.88人，千人均医师数1.26人，千人均注册护士数1.35人。2018年，全县医疗卫生机构床位1062张，医疗从业人员1738人。

四、南靖乡村努力消灭传染病、地方病等

改革开放以后，南靖积极贯彻“预防为主，防治并重”的方针，坚持开展卫生防疫和群众性爱国卫生运动，城乡开展综合治理“脏、乱、差”现象，绿化美化居住环境，同时做好疫情普查、除害灭病、预

防接种、计划免疫等工作。到1990年,各种传染病发病率大幅度下降,危害人民健康的传染病和地方病得到有效的控制。全县人口平均寿命已从民国时期的35岁延长至1990年的67.4岁,人民健康水平已大为提高。

1991年后,南靖乡村消灭霍乱、狂犬病,基本消灭麻风病、细菌性痢疾、结核病、病毒肝炎、乙型脑炎等,发病率逐年减少,有的病只是零星发生。南靖常见的肠道寄生虫病是钩虫病、蛔虫病。1991年后,通过贯彻执行食品卫生法,实施"改水"改厕工作及培养良好的卫生习惯,患病人数逐年减少。天花、鼠疫消除,血吸虫病、地甲病也基本消灭和控制。南靖在老区乡村地氟病防治工作方面成绩显著。山城镇汤坑村东埔,龙山镇涌口村火烧龙眼、东爱村溪外,奎洋镇上洋村上楼等自然村是县内高氟区。1991年以后,重点抓好这4个自然村的"改水"降氟工作。经监测,水质达到生活饮用水卫生标准。1994年,通过了省关于"南靖县基本控制地氟病县"的考核。2017年,选择山城汤坑村、龙山涌口村、龙山东爱村作为监测点,覆盖人口3112人。3个村全部完成"改水"工程,监测"改水"工程全部正常运转且水氟含量符合国家标准。疾控中心对3个"改水"村开展儿童氟斑牙的病情监测,共检查8～12岁儿童41人,检出氟斑牙患者3例,氟斑牙检出率为7.3%,氟斑牙指数为0.10。

五、推行惠民的新型农村医疗合作制度

根据中共中央、国务院《关于进一步加强农村卫生工作的决定》和省委、省政府的贯彻意见,2006年,南靖开始在农村实行新型农村合作医疗制度(简称"新农合")。当年每人每年缴纳15元("五老"人员个人应交的15元由该县"五老"专项医疗经费解决)。省财政补助14元,市、县财政补助26元,共55元。按照"小病自理,大病统筹"的原则,在规定的起付线上,视住院的卫生机构等级(乡镇、县、市)可相应报销住院治疗费用30%～50%不等。其中在乡镇卫生院住院,起付线100元,可报销药费50%,在县医院住院起报线400元,可报销药费40%。在市医院住院,起报线1000元,可报销

药费30%。当年度住院治疗费补助累计总额不超过2万元。按规定生育并住院正常分娩的实行定额补助，一次性补助200元。之后，又增加特殊大病种门诊医药费补偿，把糖尿病、尿毒症、红斑狼疮3种病纳入补助范围。这些制度在一定程度上减轻了农民（包括所有的老区村民）的医疗负担。当年年底，南靖参加"新农合"农民达247838人，参合率86.615%，筹集基金371.757万元。

2007年8月，县对新农村合作医疗实施办法进行修订：提高补偿比例和最高限额，将补偿限额由2万元提高到3万元；取消单次住院补偿限额；在付钱不变的情况下，将镇级、县级、县外及县以上的补偿比例由70%、50%、35%提高到80%、60%、40%；扩大可补偿范围，将重症尿毒症透析、高血压、糖尿病、恶性肿瘤化学治疗和放射治疗等特殊病种的门诊费用等，包括重大突发公共卫生事件所发生的医疗费用也纳入新农村合作医疗可补偿范围，并按相关规定办理。2007年，全县参加新农村合作医疗农民268119人，参加合作医疗率93.96%，收缴个人基金536.44万元。2016年，南靖县城乡居民医保参合人数299904人，人均筹资540元。其中，个人缴费120元，各级政府补助420元，共筹集资金16364万元。全年补偿金额14059.37万元。

2018年，南靖县城乡居民医保参合人数297487人，保费收入19634.14万元，保险待遇支出21912.21万元，其中普通门诊补助225872人次，补助金额803.9万元；特殊门诊补助173931人次，补助金额3183.72万元；住院补助48059人次，补助金额16836.38万元；大病补助1088.21万元，基金累计结余1252.44万元。

老区村民长期以来因看不起病而导致"大病拖、小病扛"的问题由此得到很大缓解。

第十四章　著名革命历史遗址与红色文化资源

中国共产党领导南靖人民进行新民主主义革命的过程中，留下了许多珍贵的革命遗址。这些革命遗址，铭刻着共产党人和南靖人民为民族独立和人民解放而英勇奋斗的光辉历程，蕴含着共产党人和南靖人民不屈不挠的革命精神，是宝贵的革命历史文化遗产。保护和利用革命遗址，对于继承、弘扬党的光荣传统和老区人民革命精神，都具有重要意义。

南靖重视保护和利用革命遗址。2010 年，根据全国革命遗址普查工作会议精神，在县委领导下，县委党史和地方志研究室对全县革命遗址进行普查，初步普查较为著名的革命遗址和纪念设施有 26 处（其他革命遗址有待进一步查证）。其中，重要历史事件和重要机构旧址 8 处，重要历史事件和人物纪念地 12 处，纪念设施 6 处，省级文保单位 5 处，县级文保单位 13 处，未定级 12 处。被列入市级爱国主义教育基地 1 处、县级爱国主义教育基地 4 处。26 处革命遗址是：(1)苏维埃政权旧址：仙岭村苏维埃政府旧址、科岭村消费合作社旧址、岩永靖北区苏维埃政府成立大会遗址、闽西南军政委员会常委扩大会议遗址、和溪地区苏维埃政府旧址群、岩永靖军政委员会旧址纪念馆。(2)红军东征漳州战斗遗址：红军东路军总部及毛泽东策划漳州战役遗址、红军东路军主战场遗址、红十五军司令部（南靖妇女解放协会）遗址、红十五军政治部遗址、红军桥、红军标语旧址群、漳州战役南靖决战纪念室。(3)中共地方党组织遗址：中共南靖特别支部遗址、中共永和靖边区县工委旧址、树海中共闽南地委旧址、中共闽南地委干训班旧址、中共树海支部遗址。(4)

其他革命遗址：中共闽南特委扩大会议遗址、南靖山城兵变旧址、沥水战斗遗址。(5)纪念碑亭：科岭革命烈士纪念亭、纪念碑等，南靖县革命烈士纪念亭，五更寮陈木树、陈石生烈士纪念碑，金山革命烈士纪念碑。

第一节　著名革命历史遗址

一、苏维埃政权旧址

(一)仙岭乡苏维埃政府旧址

仙岭乡苏维埃政府旧址位于南靖县奎洋镇仙岭丹桂堂。

1929年3—6月，红军第四军在毛泽东率领下，打开闽西革命斗争新局面。1927年7月，中共闽西特委领导人邓子恢派共产党人谢光辉从龙岩适中进入毗邻的仙岭村开展革命活动。8月，仙岭村苏维埃政府在该村尤氏宗祠“丹桂堂”成立，选举尤元炮为主席、尤玉树为副主席。同时，成立以武术馆成员为主体的闽南游击大队仙岭

仙岭乡苏维埃政府旧址——丹桂堂

中队。谢光辉还从龙岩带来一把铜号赠给仙岭中队。在村苏维埃政府领导下，仙岭游击中队开展打土豪、分田地等活动，革命风暴迅速席卷到和溪、高才等地。

仙岭乡苏维埃政府旧址丹桂堂始建于明代，清代多次重修，有门厅、天井、两廊和正堂建筑，左右有对称厢房，现保存较好。1956年春，国务院副总理邓子恢为仙岭苏维埃政府旧址题写“有其人，有其事，情况属实”碑记。仙岭丹桂堂于1993年6月被列为县级文物保护单位。

（二）科岭村消费合作社旧址

科岭村消费合作社旧址位于南靖县梅林镇科岭村。

三年游击战争时期，国民党对科岭革命根据地实施残酷的军事“清剿”和经济封锁，造成岩永靖游击根据地内群众的日常生活必需品的供应异常困难，特别是食盐紧缺。1936年7月，科岭村人民在共产党的领导下，创办消费合作社。社址设在村中水尾。合作社的资金，以群众自愿入股和摊派富户入股相结合的方式筹集，创办之初共集资250元。服务对象主要是根据地的党政机关、部队；经营范围主要有日常消费的五大类20多个品种，如粮食类有大米、面条，副食品类有食盐、咸鱼、红糖等。科岭村消费合作社存在时间虽然只有两年多，但有效解决了当地日常生活必需品紧缺的问题，为游击队提供物资，在当时反“清剿”、反封锁的革命斗争中发挥了很大作用。

科岭村消费合作社旧址现为村民的居所，占地面积500平方米。

（三）岩永靖靖北区苏维埃政府成立大会遗址

岩永靖靖北区苏维埃政府成立大会遗址位于南靖县梅林镇科岭村的上科岭永隆楼。

1936年7月15日，闽西南军政委员会在上科岭永隆楼召开岩永靖靖北区苏维埃政府成立大会。大会主席团成员有闽西南军政委员会主席张鼎丞等人。出席会议的有南靖的科岭、九云墩、上马、厦岭、月水等28个村庄的代表及平和县、永定县、龙岩县等地代表共200余人。会议选举王永根为靖北区苏维埃政府主席。区苏维埃政府地址设在上科岭永隆楼。

岩永靖靖北区苏维埃政府成立大会遗址永隆楼已被国民党军烧毁，现仅存断壁残垣。

（四）闽西南军政委员会常委扩大会议遗址

闽西南军政委员会常委扩大会议遗址位于南靖县梅林镇科岭村的下斜自然村大湖堀。

1937年4月25日，闽西南军政委员会根据中央指示和中共南委的指示信精神，在下斜村大湖堀山林中紧急召开常委扩大会议。会议由张鼎丞主持，邓子恢等人参加。会议传达贯彻了中共中央《关于抗日救亡运动的新形势与民主共和国的决议》，做出了“在闽西南开展和平运动，以推动国民党抗战，迎接全国的抗日高潮”的决定。此次会议，为此后在闽西南实现第二次国共合作谈判奠定了基础。

（五）和溪地区苏维埃政府旧址群

和溪地区苏维埃政府旧址群位于南靖县和溪镇月星、坂场、乐土、和溪等8个村。

南靖县和溪乐土乡苏维埃政府旧址——乐土村黄氏宗祠“赡依堂”

和溪镇是红军进攻占漳州的前哨和离漳的后站，从1932年4月10日至1932年5月28日，红军帮助在和溪镇成立了南平区、南华区两个区苏维埃政府和乐土、麟埜（今林中村）、坂场、月水、和溪、茶山（今英勇、吉春村）、迎富、永溪等8个乡革命委员会，同时在各乡组建赤卫队、贫农团、妇女会组织。

和溪区、乡苏维埃政府领导群众开展了打土豪、分田地等革命斗争，还组织1200余人参加运输队，帮助红军运送物资。

二、红军东征漳州战斗遗址

（一）红军东路军总部及毛泽东策划指挥漳州战役遗址

红军东路军总部及毛泽东指挥漳州战役遗址位于南靖县龙山镇南坪村寨前山。

1932年4月13日，毛泽东率领攻打漳州的红军进入南靖。16日，毛泽东和林彪等领导在马山对攻打漳州战役进行部署。红军总部设在南坪村墓仔顶，毛泽东在这里指挥漳州战役。

4月19日清晨，红军主攻部队向南坪村一带风霜岭、十字岭的敌人发起猛烈进攻，经过一天的激烈战斗，敌军防线全面崩溃。红军取得漳州战役决定性胜利。

红军总部遗址位于南坪村墓仔顶，现仍保持原貌。

（二）红十五军司令部（南靖妇女解放协会）遗址

红十五军司令部遗址位于南靖县靖城镇靖城村文庙。

1932年4月20日，毛泽东率领红军攻克漳州后，令红十五军进驻南靖县。红十五军司令部设在县城（今靖城村）文庙（即孔子庙），红十五军积极开展书写墙标等宣传活动，促进了红军在南靖筹款等工作的开展。一个多月，便在南靖筹款16万银圆，扩充红军200多名，并建立了基层苏维埃政权，将南靖的革命运动推向高潮。

靖城文庙同时也是南靖妇女解放协会遗址。

南靖妇女解放协会是北伐军攻克漳州后成立的革命妇女组织。在北伐军东路军政治部一支工作队的帮助下，1926年11月26日，在靖城文庙前召开大会，宣布成立南靖妇女解放协会。该协会成立后，积极领导妇女开展反封建、反压迫活动，在社会上产生巨大影响，是福建早期著名妇女革命团体之一。

南靖县靖城文庙旧址

南靖文庙于1983年11月被列为县级文物保护单位。

(三)红军桥

红军桥位于南靖县龙山镇南坪村。

在南坪村有一座明代兴建的两孔石拱桥,是明清以来的汀漳古驿道和当地群众通过的重要桥梁。1932年4月16—17日,毛泽东率领红军从这座石拱桥经过,进入十字岭主阵地的南坪村一线前沿阵地。漳州战役结束后,群众把它称为"红军桥"。新中国成立后,县政府把这座"红军桥"视为革命遗址加以保护。1997年,当年参加漳州战役、中共中央统战部原副部长童小鹏为该桥题写了"红军桥"桥名。

龙山镇南坪村"红军桥"

（四）红军标语旧址群

红军标语旧址群位于南靖县靖城镇靖城村县后街等地。

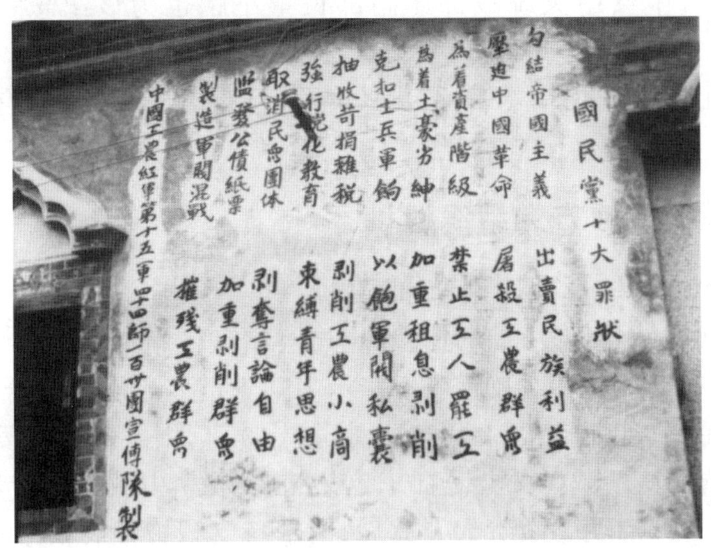

1932 年红军在南靖县靖城镇县后街书写的红色墙标

1932 年 4 月，南靖是红军攻克漳州的主战场。红军在南靖共 49 天，极大地推动了南靖革命运动的发展。红军在南靖大量书写大字革命墙标。现存南靖各地的红军墙标，数量多，范围广，据统计，各地收集到 50 多条（首），其中靖城 9 条，金山 10 条，和溪 10 条，南坑 8 条，龙山 6 条，丰田 1 条，山城 1 条。红军的宣传，促进了在南靖建立革命政权。红军标语旧址目前有些字迹尚清晰，有些则因多年风雨侵蚀而日渐模糊。红军标语旧址群于 1983 年 11 月被列为县级文物保护单位。

（五）漳州战役南靖决战纪念室

漳州战役南靖决战纪念室位于南靖县龙山镇南坪村八一希望小学。

1932 年 4 月，毛泽东率领红军攻打漳州，南靖是主战场。为了宣传毛主席和红军的功绩，1997 年 7 月，南靖县政府决定在漳州战役主战场所在地南坪村建立漳州战役南靖决战纪念室。中央军委还拨专款在南坪村建设八一希望小学，由当年参加漳州战役的老红军、中国人民解放军原总参谋长杨成武题写校名。当年参加漳州战役的老红军、中共中央统战部原副部长童小鹏也为该纪念室题写了牌匾。

该纪念室现仍在八一希望小学里，但布展较为陈旧，有待进一步完善。

三、中共地方党组织遗址

（一）中共南靖特别支部遗址

中共南靖特别支部遗址位于南靖县靖城镇靖城村。

1927 年 8 月，中共闽南特委指示中共党员邱启明到南靖县工作。邱启明在南靖秘密发展中共党员。同年 10 月，中共闽南特委派刘乾初到南靖县城靖城村文昌塔召开会议，正式成立中共南靖特别支部，党员 6 名，邱启明为负责人。此后，南靖特支积极开展革命斗争。

该文昌塔高 21 米，占地面积 100 平方米，共 7 层，为砖木结构，外观保存较好。1983 年 11 月被列为县级文物保护单位，2018 年 9 月被列为省级文物保护单位。

（二）中共永和靖边区县工委旧址

中共永和靖边区县工委旧址位于南靖县南坑镇村雅村刘氏朋山祖祠。

1949 年 1 月，中共闽南地委陈天才、卢炎等领导在村雅村的刘氏朋山祖祠开会，宣布成立中共永和靖边区县工委，任命陈清定为县工委书记。县工委成立后，积极开展各项革命工作，为解放和接管南靖培养一批地方干部。

该刘氏朋山祖祠占地面积 200 平方米，为一厅堂一天井的小四合院结构。

（三）中共闽南地委干训班旧址

中共闽南地委干训班旧址位于南靖县南坑镇大岭村大岭脚水尾祠。

1949 年 6 月，中共闽南地委机关进驻南靖树海大岭村。1949

年7—9月，中共闽南地委为在大岭脚水尾圆楼水尾祠举办地委干训班，学员有从菲律宾、新加坡、马来西亚等地来的知识青年，以及来自漳州、厦门的地下党员共47人。为解放漳州、厦门，接管政权培养了一批干部。

该水尾祠为砖木结构，是当地的赖氏祠堂，占地面积500平方米。水尾祠于2005年11月被列为县级爱国主义教育基地。

（四）中共树海支部遗址

中共树海支部遗址位于南靖县山城镇象溪村陈公雅山。

1947年1月，中共树海支部在象溪村陈公雅山上成立，由陈清定担任书记。成立后担负起发展工作团人员、武装和筹备军粮等繁重任务。至南靖解放前夕，树海党支部发展人员160余名，为巩固树海游击根据地奠定基础。该遗址现已纳入虎伯寮国家级自然保护区。

四、其他革命遗址

（一）中共闽南特委扩大会议遗址

中共闽南特委扩大会议遗址位于南靖县丰田镇宝林村横山自然村。

1927年8月初，中共中央为加强闽西南党的工作，指派陈明前往漳州。8月中旬，在宝林村横山客栈召开中共闽南特委扩大会议。参加会议的有特委成员和漳州、厦门、泉州等地党组织的负责人罗明、罗秋天等17人。会议决定扩展共产党基层组织，组织农民协会及武装并举行武装暴动。此次会议，是闽南党组织在危难情势下召开的一次重要会议，成为闽南党史上的一个重要转折点。

横山客栈及露天地热水汤池，现已损毁，被辟为生产养殖场所。

（二）南靖山城兵变旧址

南靖山城兵变旧址位于南靖县山城镇大同路。

1931年春，中共闽南特委书记陶铸派颜长标潜入驻防在南靖山城的国民党第四十九师任班长。颜长标在第三、四连组织士兵会，伺机组织起义。9月21日凌晨，颜长标率领第三、四连士兵205

人，携枪180余支，集结到山城镇中山公园宣布起义，番号为红军闽南游击队第二支队第二大队，颜长标任大队长。起义队伍向平和游击区进发，在途中遭受敌人飞机和部队的围歼，除少数人突围外，大部分殉难。颜长标因受重伤被捕，在漳州北教场英勇就义。

该兵变旧址中山公园现已被拆毁后辟为广场，大庙口周围开发为商贸居住区。1996年9月，该兵变旧址被列为福建省文物保护单位。

（三）沥水战斗遗址

沥水战斗遗址位于南靖县靖城镇沥阳村。

1949年9月19日，国民党南靖县长陈维猷率领县党政人员数百人东逃到靖城镇阡桥村。同日，解放军闽粤赣边区纵队第八支队抵达靖城镇沥阳村（旧称沥水）。20日，敌军渡江登岸后，被解放军彻底打败。此战全歼国民党军政人员600多人，陈维猷只身逃到漳州后被俘。

沥水战斗遗址现已开辟为住宅和农副业生产场所。

第二节　其他红色文化资源

一、墙标、歌谣、漫画

（一）红军墙标

1932年4月，红军在毛泽东率领下攻克漳州，当时，南靖是漳州战役主战场。红军在南靖大量书写革命墙标，领导南靖人民建立苏维埃政权，极大地推动南靖革命运动的发展。

据调查，红军在南靖期间书写的墙标近千条，分布全县各个乡村，内容丰富，深深影响了当地人民。

1936年，当红军主力撤出中央苏区进行长征以后，红三团、红八团和红九团留在闽西开展艰苦卓绝的三年游击战争。

红军游击队深入开展政治宣传，足迹遍及南靖全县各乡村。当时，除城镇外，部队每到一个乡村，就组织文字宣传小组，负责写墙标、绘漫画。红军所到之处，群众住宅、村里小学、庙宇都写了许多醒目的墙标，如书写在船场赤坑的新楼村和奎洋东楼的下楼厝村等地“实行打土豪、分田地”“打倒出卖中国的蒋介石卖国贼”等墙标。至今，在新楼村墙壁上还完整保留在1940年前后，红军写下的大量宣传抗日救国的墙标、文告。在赤坑群众房墙上尚存有中国工农红军闽西南抗日讨蒋军《告赤坑全体工农群众书》。

现存南靖县各地的红军标语数量多，范围广，主要内容大致可分成三类：(1)宣传红军，宣传共产党；(2)揭露帝国主义、揭露国民党，宣传抗日；(3)号召民众起来革命，建立革命政权。这些红军标语虽历经80年风吹雨打，至今可以收集到的有50多幅。

南靖现存的红军墙标是红军和南靖人民心连心的纽带。红十五军四十四师一三〇团政委宋任穷也书写墙标。1983年5月14日，中共中央政治局委员、组织部部长宋任穷专程到南靖县靖城镇靖城村寻访旧时的房东，并进入原“进士第”内寻找他当年写的标语。当发现自己书写的标语已毁失，却有其他红军墙标存在时，他高兴地在保存红军墙标前留了影。

1932年，红军在龙山镇南坪村内洞畲埔大厝书写墙标

1992年4月18日，解放军总参谋长杨得志上将也亲临南靖县宝林大桥，追述他任红十五军第一三四团团长参加漳州战役的情形，并到靖城村县后街观看当年红军书写的墙标。

1992 年，解放军总参谋长杨得志(左一)到南靖县靖城镇靖城村看 1932 年红军书写的红色标语

表 14-1　1932 年中央红军转战南靖时书写的至今保存的 51 条墙标、歌谣

序号	保存地点	墙标内容	书写部队、番号
1	靖城公社靖城圩	《共产党十大政纲》	红军
2	靖城公社靖城圩	《国民党十大罪状》	红军第十五军四十四师一三〇团
3	靖城公社靖城圩	《国民党四字经》	红军
4	靖城公社靖城圩	消灭张贞	红军
5	靖城公社靖城圩	穷人不要打穷人	红十五军政治部
6	靖城公社靖城圩	请看国民党三主义：民族主义，投降帝国主义；民权主义，禁止民众开会，枪杀请愿群众；民生主义，加租加税加息勒捐	红军四十四师一三二团
7	靖城公社靖城圩	《国民党十大罪状》	红军第一军团十五军四十四师一三〇团
8	靖城公社靖城圩	创造铁的红军	红军 44/乙宣
9	靖城公社靖城圩	红军是工农自己的军队	红军 44
10	金山公社新内埔底村	打倒国民党统治，建立苏维埃政权	红军

续表

序号	保存地点	墙标内容	书写部队、番号
11	金山安后山边	扩大红军要打倒国民党政府	红军十五军一二八团二连
12	金山安后山边	红军万岁，男女平等	红军十五军一二八团二连
13	金山安后山边	打倒民团，兄弟姐妹来当红军	红军十五军一二八团二连
14	金山安后山边	红军不打穷苦人，打倒军阀	红军十五军一二八团二连
15	金山公社新内溪尾村	士兵不打士兵，工农不要打红军	红军
16	金山安后	拥护中国革命	红军 15/43
17	金山安后	建立苏维埃政府，打倒国民党政府	红军 15/43
18	金山安后	反对帝国主义瓜分中国	红军 15/43
19	金山安后	打倒国民党和军阀	红军 15/43
20	和溪乡斗美村云水坑	穷人不打穷人，士兵不打士兵	红军特务连
21	和溪乡斗美村云水坑	反对日本出兵东三省 反对军阀混战	红军特务连
22	和溪乡斗美村云水坑	打倒蒋介石走狗，打倒帝国主义	红军特务连
23	和溪乡斗美村云水坑	农民起来打土豪分田地	红军特务连
24	和溪乡斗美村云水坑	拥护中国共产党的政治主张，拥护革命领袖	红军特务连
25	和溪乡斗美村云水坑	实行自由结婚	红军特务连
26	和溪乡斗美村云水坑	欢迎靖卫军弟兄们回家打土豪分田地	红军特务连
27	和溪乡斗美村云水坑	打倒蒋介石的走狗！	红军特务连
28	和溪乡斗美村云水坑	反对帝国主义瓜分中国	红军特务连
29	和溪公社乐土村	维护苏维埃中央政府	（字迹不明）
30	南坑公社南坑下圩村	欢迎白军士兵当红军	红军十五军第四十五师一三〇团政治部
31	南坑公社南坑下圩村	红军是工农自己的军队	红军十五军第四十五师一三〇团政治部

续表

序号	保存地点	墙标内容	书写部队、番号
32	南坑公社南坑下圩村	打土豪分田地	红军十五军第四十五师一三〇团政治部
33	南坑公社南坑下圩村	拥护中国共产党	红军十五军第四十五师一三〇团政治部
34	南坑公社南坑下圩村	共产党打倒帝国主义	红军十五军第四十五师一三〇团政治部
35	南坑公社南坑下圩村	工人增加工钱。穷人不打穷人。焚烧田契、借约。反对帝国主义进攻苏联。反对国民党军阀压迫革命。	红军十五军第四十五师一三〇团政治部
36	南坑公社南坑下圩村	工人罢工自由,反对帝国主义进攻苏联,苏维埃中国万岁,共产党是工农的党,同志们拖枪回来当红军。	红军十五军第四十五师一三〇团政治部
37	南坑公社南坑下圩村	打倒军阀国民党。打倒帝国主义,反对帝国主义侵略中国。	红军十五军第四十五师一三〇团政治部
38	龙山公社南蔗丹蔗村	工农不要打红军	红军三军
39	龙山公社双明下坑村	工农不要打红军	红军
40	龙山公社双明下坑村	打到漳州去,扩大革命战争	红军
41	龙山公社双明下坑村	反对帝国主义大战	红军
42	龙山公社双明下坑村	打到漳州去,消灭张贞匪部	红军
43	龙山公社双明下坑村	打到漳州活捉张贞	红军
44	丰田农场洪盘楼脚村	消灭张贞残部	红军(四一)
45	山城镇大庙口	筹备自治是国民党压迫工农新办法	红军
46	丰田农场保林村	《告白军士兵歌》	红军十五师政治部
47	龙山公社上宛村	农民起来实行土地革命	红军工宣
48	龙山公社上宛村	发展闽西苏区	红军
49	龙山公社上宛村	消灭屠杀闽西南工农群众的张贞!	红军
50	和溪公社林中村	消灭屠杀闽西南工农群众的张贞	红军
51	和溪公社林中村	烧田契借约、共产党万岁	团机枪连

（二）革命歌谣

1932年4月中旬至5月下旬，红军驻扎在南靖境内，在全县各地书写下大量揭露国民党军阀罪恶行径，宣传共产党革命主张的歌谣。

山城大庙口《告白军士兵歌》：

士兵出身是工农，没有工做没田耕，受压迫才要当兵，哎哟哎哟，受压迫才要当兵。

士兵打仗没军饷，升官发财是官长，受痛苦士兵独当，哎哟哎哟，受痛苦士兵独当。

军阀混战刚才停，又要开兵打红军，给咱饷骗咱拼命，哎哟哎哟，给咱饷骗咱拼命。

汪蒋冯阎争地盘，屠杀工农反革命，新军阀欺骗我们，哎哟哎哟，新军阀欺骗我们。

军阀混战十几年，枉死弟兄万万千，全国里叫苦连天，哎哟哎哟，全国里叫苦连天。

工农革命势力大，全国遍地起红军，奴隶们要做主人，哎哟哎哟，奴隶们要做主人。

打倒土豪与劣绅，平田废债最公平，农友们才有翻身，哎哟哎哟，农友们才有翻身。

每天工作八点钟，增加工钱要相称，工农们大家高兴，哎哟哎哟，工农们大家高兴。

消灭军阀把饷清，回家分田享太平，士兵们赞不赞成？哎哟哎哟，士兵们赞不赞成？

红军革命才是真，条条公约工农兵，为什么要打红军？哎哟哎哟，为什么要打红军？

士兵不要打士兵，穷人不要打穷人，工农兵联合暴动，哎哟哎哟，工农兵联合暴动。

杀尽官长当红军，工农群众都欢迎，掉转枪天下太平，哎哟哎哟，掉转枪天下太平。

靖城镇县后街还写有《国民党四字经》歌谣：

国民党部，吞并流寇。
国民政府，一群狼虎。
党外无党，实行独裁。
党内无派，横行霸道。
以党治国，愚民政策。
忠实党员，只要花钱。
三民主义，改头换面。
民族主义，勾日美帝。
民权主义，禁止开会。
民生主义，苛捐杂税。
整理财政，滥发纸币。
五权宪法，扯七扯八。
建国方略，空头计划。
建国大纲，官样文章。
军政时期，军阀混战。
训政时期，争权夺利。
宪政时期，欺我民众。
蒋阎冯张，各自为政。
年年打仗，百姓遭殃。
饿无饭吃，地主剥削。
青天白日，黑天暗地。
总理遗嘱，无法实行。

抗日战争时期，南靖各地流传一些抗日歌谣。其中一首《龙园乡儿歌》流传更广：

轰轰轰，厦门炮声轰轰轰，我在校内听不见，想到天顶弹雷公。探听真消息，却是来了日本兵。讲起臭日本，真无理，无缘无故来赴死，运来大炮和飞机，炸咱乡村和城市。今礤埔（男人）不吃烟支，喳某（女人）不要点胭脂，俭起来买炮子，打倒日本无身尸。

流传于南靖的还有《抗日歌谣》（闽南调）：

一

日本旗，日本旗，白白中央一点圆。
有人讲是红膏药，有人讲是尿桶底，
我讲总不是，大家都来看，原来是一个尿桶盖。

二

煮饭煮滚滚，吃饱打日本。
阿兄做前锋，小弟做后盾。
打倒日本变成番薯粉。

三

中国打日本，日本去点兵。
中国安大枪，大枪一下开，日本鬼仔死光光。

（三）抗日漫画

七七事变爆发后，由中共闽南工委领导的漳州抗敌后援会山城抗敌后援分会，在中共党员柯联魁领导下，利用漫画，宣传抗日救国，在靖城、龙山、山城、丰田、金山、梅林、和溪等地均留下大量抗敌后援会和民训工作队绘制的漫画，鼓舞了南靖人民抗日救亡的斗志。

靖城镇草坂村墙壁汉奸漫画　1937 年，柯联魁领导的民训工作队第一分队到靖城镇草坂绘画一幅“狗头、人身、毒蛇肠肚”的汉奸漫画。题写：“汉奸满心只要钱，他的肠肚好像毒蛇。”

金山镇荆美村圆寨两处抗日漫画　1937 年 7 月，南靖抗敌后援会宣传工作团在金山荆美宣传演出后在圆寨后墙绘制《汉奸的下场》漫画。漫画中一汉奸下跪，背插斩条，斩条上书“枪决汉奸”。另一幅漫画中，两个日本侵略军在中国国旗和如林耸立的刀枪面前，仓皇奔逃；旁题：“团结一致，消灭矮（倭）寇！”

南靖抗日后援会绘制宣传抗日的漫画

金山镇圩头祖厝（吴氏祖祠）抗日反蒋漫画 1937年7月，南靖抗敌后援会在金山圩进行“抗日反蒋”宣传演出后，在圩头祖厝内墙绘制8幅漫画。一漫画中，蒋介石光头像和一汉奸头套在铜钱币孔中，钱币上书：“爱钱鬼。”旁题：“不要脸！”另一漫画中，2名日本侵略军凶恶地抢掳妇女和钱财，满脸狰狞，背景是燃烧的村庄和被杀死在地的百姓，旁题：“同胞们，鬼子如此杀人放火，抢我们财产和姊妹，此仇还要几时报呢？”

1937年7月，南靖抗战后援会宣传工作团在龙山雁竹乡公所绘制的宣传画鼓舞了抗日的决心。漫画图有：（1）坦克车；（2）飞机；（3）战舰；（4）高射炮。

梅林镇背垅村抗日漫画 1938年，红军闽西南抗日讨蒋军在梅林背垅绘制一幅漫画。漫画中，一日寇士兵手举挑着太阳旗的刺刀，欲刺向脚下的中国版图，旁题“日寇并吞中国恶想”。

梅林镇圩底抗日漫画 1938年，闽西南抗日讨蒋军在梅林圩底绘制一幅漫画。漫画中，一日寇军官手握刺刀，刺刀上挑着一个小孩，肠肚外流，日寇士兵脚下踩着3个老百姓和台湾地图，旁题：“救救孩子！救救台湾！”

二、革命遗物

游击队铜号 1929年，中共闽西特委书记邓子恢派谢光辉到奎洋仙岭开展秘密活动，组建闽南游击队，送给仙岭游击中队一把铜号。这把铜号由当年的小号兵尤瑞碧保存至今。

奎洋仙岭游击中队使用过的铜号

中央苏区银币　1932 年 4 月，红军东征漳州后筹款百万元银圆。1933 年，中央苏区利用筹来的银圆铸制苏区通用银币。南靖建立革命根据地后，中央苏区银币曾在南靖革命根据地流通使用。保存至今的有两枚，面值贰角，其中一个币面上铸“中华苏维埃共和国”字样，左右各铸一颗五角星，下铸公历一九三三年；另一面铸有地图、镰刀斧头、稻穗标志。

红军红袖章　在今和溪镇乐土村黄炎塘家保存两个红军红袖章。袖章为墨印，左上角印一颗五角星和“全世界无产阶级联合起来”字样，中间印“中国工农红军”和“福建省南靖县和溪区乐土乡革命委员会”，右下角印“主席黄瑞坤”。另一个红袖章右下角印“……士兵黄士勤”（黄士勤是和溪区乐土乡赤卫队贫农团副主席）。

中国工农红军红袖章

靖北区磜头乡苏维埃政府农民赤卫队袖章　保存在梅林磜头村。

闽西红军第一军团红袖章　保存在和溪镇林坂村林丰年家中，现征集在县档案馆。袖章中间印有一颗五角星，五角星中间是镰刀斧头，四周印有“闽西红军第一团”，下方印着“第一营……班士兵……”

和溪乐土乡革命委员会印章　和溪区乐土乡革命委员会印章及主席黄瑞坤、黄伦醒印章保存在和溪镇乐土村黄炎塘家中。

和溪麟埜乡工农革命委员会印章　原保存在林丰年家，现征集在县档案馆。

红军马华山赠给赤卫队队长王长水的军用刀　保存在宝林洲仔头王长水烈士儿子王岐山家中。1932 年 9 月，王长水参加红军赤卫队，工农红军干部马华山帮助宝林赤卫队开展工作时，赠送一把军用小刀给赤卫队队长王长水。1947 年，王长水被国民党军队杀害，遗留下此刀和与马华山往来的两封信件和地图。两封信后收藏在省民政厅。

红军北上抗日前掩藏在科岭碗坑山上的一支步枪　保存在县文化馆。

第三节　革命纪念场馆、碑、亭

一、红军东路军主战场遗址

红军东路军主战场遗址位于南靖县龙山镇南坪村十字岭、风霜岭。

1932 年 4 月，红军攻打漳州，南靖是主战场。南靖县境内的天宝山山脉榕仔岭（含宝林桥）、笔架山和十字岭、风霜岭、五峰山，距漳州 20 多公里，是漳州的咽喉和屏障，驻守漳州的国民党陆军第四十九师在这一带重兵布防。16 日，毛泽东和红军主攻部队进抵风霜岭、十字岭敌前沿阵地南坪、内洞一带。

4 月 19 日拂晓，红四军主攻部队向风霜岭、十字岭的敌人发起猛烈进攻。守敌二九三团伤亡过半，守敌二九四团见状纷纷逃窜。尔后红军突破了敌设于南靖境内的所有防线，为 4 月 20 日胜利攻占漳州扫清了障碍。

红军东路军主战场遗址十字岭、风霜岭现基本保持原貌。红军东路军主战场遗址及红军进漳战役总指挥部旧址（在丰田镇凤安村）于 2018 年被列为省级文物保护单位。

二、红十五军政治部遗址

红十五军政治部遗址位于南靖县靖城镇靖城村城隍庙，占地面积 300 平方米。

1932 年 4 月 20 日，红军攻克漳州后，毛泽东命令红十五军进驻南靖。红十五军进驻南靖后，政治部设在靖城村城隍庙。红十五军积极开展革命活动，一个多月的时间，便在南靖建立了许多基层苏维埃政权，将南靖的革命运动推向高潮。

1932 年红军发起漳州战役时红十五军政治部遗址

（原靖城镇城隍庙）

红十五军政治部遗址靖城城隍庙于 1983 年 11 月被列为县级文物保护单位。

1996 年 1 月 24 日，县政府重修红十五军政治部遗址（城隍庙）。

当年参加攻打漳州的老红军、中共中央统战部原副部长童小鹏为此挥毫题词："继承和发扬红军革命传统，为建设有中国特色的社会主义而奋斗！"

三、岩永靖军政委员会旧址纪念馆

岩永靖军政委员会旧址纪念馆位于南靖县梅林镇科岭村下斜自然村。

(龙)岩永(定)(南)靖军政委员会旧址纪念馆

科岭村是土地革命时期中央苏区的一部分。1935 年，岩永靖军政委员会在科岭下斜成立，李明康任主席。1936 年春和 1937 年 4 月，闽西南军政委员会先后在科岭召开过两次重要的会议。在艰苦斗争的岁月里，张鼎丞、邓子恢等领导和红八团、红九团指战员长期战斗和生活在科岭，开辟了以科岭为中心的岩永靖游击根据地。2010 年 12 月，县政府拨出专款，在下斜自然村兴建了岩永靖军政委员会旧址纪念馆。该纪念馆占地面积 250 平方米，重点展示红军和张鼎丞、邓子恢等人在科岭进行的革命活动。

四、树海中共闽南地委旧址

树海中共闽南地委旧址位于南靖县南坑镇大岭村白咏。

1945年以后，中共闽南地委与中共闽粤边临委书记魏金水、王涛支队司令员刘永生等先后到大岭村白咏一带，创建了树海游击区根据地。1949年6月，这里成为中共闽南地委领导闽南各地革命斗争的指挥部，南靖树海被誉为闽南的“西柏坡”。2005年6月，南靖县人民政府在白咏建立“南靖树海中共闽南地委旧址纪念馆”，福建省政协原主席伍洪祥题写了馆名。2009年12月，该纪念馆被中共漳州市委、漳州市政府命名为“漳州市第三批爱国主义教育基地”。2011年6月，该纪念馆被评为漳州市十大革命遗址之一。2018年被列为省级文物保护单位。

南靖树海中共闽南地委旧址纪念馆

树海闽粤赣边纵队第八支队旧址纪念碑

六、纪念性碑、亭

新中国成立以后，南靖县政府拨款建立起革命烈士纪念碑，纪念在第二次国内革命战争、抗日战争及解放战争期间牺牲的革命烈士。

（一）科岭革命烈士纪念亭、纪念碑

科岭革命烈士纪念亭、纪念碑位于南靖县梅林镇科岭村。

1930 年 8 月，红军第三军第三纵队进驻南靖，创建以南靖科岭村为中心的岩永靖军政委员会。张鼎丞、邓子恢及红军曾长期在此开展革命斗争。其间，有以闽西南军政委员会主席李明康为代表的 35 名烈士牺牲在这里。1963 年，县政府在上科岭建造了烈士纪念亭；1979 年，又拨专款建造了一座气势宏伟的革命烈士纪念碑。

科岭烈士纪念亭为混凝土建造，正面写着"烈士纪念亭"，两边对联："青山不老先烈革命精神实长在，绿水长流人民建设规模看日新。"亭内立着一块镌刻有烈士芳名的石碑，亭的底座下埋着李明康等烈士的遗骨。

科岭烈士纪念碑，高 15 米，为黄冈岩石砌成。正面刻有"革命先烈永垂不朽"八个大字，底座呈四方形，显得庄严大方，正面同样刻有烈士芳名。碑身四周有平台、栏杆、石阶、围墙，和原有的烈士纪念亭形成一个占地面积约为 2000 平方米的亭碑整体。

科岭革命烈士纪念亭、纪念碑及岩永靖军政委员会旧址纪念馆于 2018 年被列为省级文物保护单位。

（二）南靖县革命烈士纪念亭

南靖县革命烈士纪念亭位于南靖县山城镇月眉公园。

为缅怀革命先烈，县政府于 1995 年 9 月在山城镇月眉公园内兴建南靖县革命烈士纪念亭。纪念亭内的石碑雕刻着全县 326 位革命烈士的芳名：有在第二次国内革命战争时期开展地下革命活动的马梧凤等 105 位烈士；有在抗日战争时期，奋勇抗击日本英勇献身的马青松等 13 位烈士；有在解放战争时期壮烈牺牲的王才荣等 65 位烈士；也有新中国成立后为剿匪反霸和社会主义建设事业献

出宝贵生命的王世禄等143位烈士。

南靖县革命烈士纪念亭

该纪念亭高4.9米，建筑面积19.63平方米，象征着南靖县1949年解放，全县总面积1963平方公里。该纪念亭于1996年7月被县委、县政府公布为南靖爱国主义教育基地。

（三）五更寮陈木树、陈石生烈士纪念碑

五更寮陈木树、陈石生烈士纪念碑位于南靖县书洋镇上田村五更寮自然村。

陈木树（1912—1936），书洋镇上田村人。1934年后，陈木树在上田村五更寮自然村创建游击队，并任五更寮村苏维埃政府主席。1936年10月12日，陈木树被敌人杀害。为缅怀革命先烈，县政府于1963年在五更寮建立陈木树、陈石生烈士纪念碑。纪念碑占地面积20平方米，高12米，纪念碑正面刻写“革命烈士永垂不朽”。

（四）金山革命烈士纪念碑

金山革命烈士纪念碑位于南靖县金山镇九月半埔山顶。

1949年4月15日，闽南支队第八支队副支队长吴扬和第二十一团团长张振礼率领第七、八连160多名指战员在金山镇新村村整训时，遭遇省保安二团赖德辉部及县保安中队共1000多人的包围。

在突围中有8名战士壮烈牺牲,他们是:赖龟、周天生、黄开祥、蔡育祺、庄国英、曾庆衍、庄中亨、简作周。1950年3月18日,南靖第四区副区长陈增棍带领区干部共13人下乡发动支前筹粮,当他们进入水美村时,遭遇土匪伏击,林萱等6人阵亡,林文献等5人受伤。为了缅怀这些革命先烈,1963年,县政府在金山九月半埔山顶修建革命烈士纪念碑。

该纪念碑占地1427.5平方米,高10.1米,基座用花岗岩镶砌,碑周围以条石为栏,场地宽阔,青松掩映。该纪念碑于2003年10月被中共漳州市委、漳州市政府公布为漳州市爱国主义教育基地。

(五)奎洋革命烈士纪念碑

奎洋革命烈士纪念碑在奎洋镇霞峰村。1964年5月,为纪念1950年在剿匪战斗中牺牲的4名解放军战士,县政府拨款800元建立纪念碑,占地面积180平方米。纪念碑高4.5米,四周有石围栏。1978年和1989年,县政府又两次拨款合计2700元维修纪念碑。

(六)船场革命烈士纪念碑

船场革命烈士纪念碑在船场镇竹仔圩。1965年3月,为纪念在1950年剿匪战斗中牺牲的7位烈士,县政府拨款800元建立,占地面积300平方米,碑高4米。1983年4月,县政府拨款1000元维修纪念碑。1984年3月,迁建溪口,碑高4.2米。1989年3月,县政府又拨款2000元维修。

第四节　南靖土楼与老区人民革命斗争

南靖县是福建土楼故里,有庞大坚固的福建土楼四五百座,主要分布在书洋、梅林、船场、南坑、奎洋等山区老区乡村。这些土楼以历史悠久、数量众多、规模宏大、造型奇异、风格独特而闻名于世,被誉为"神话般的山区建筑"。2008年,南靖县的福建土楼被列入世界文化遗产名录。有人考证,土楼的前身是唐朝陈元光初到福建漳州时的兵营、城堡和山寨建筑。也有人认为,闽西南地区土楼是在“外寇之出入，蟊贼之内讧”的特殊环境下的产物。南靖土楼大多建于清代和民国年间，每座土楼建有几十个乃至上百个房间，可居住上百人。最大圆楼书洋镇石桥村“顺裕楼”，直径86米，高4层，共286个房间。南靖土楼有圆、方、椭圆、半月、交椅、雨伞等形状，各具特色，各领风骚。土楼以生土为主要原料，掺上石灰、细砂、糯米饭、竹片、木条等，经过反复舂压，夯筑而成，墙体厚一二米，历经数百年仍坚固无比，具有聚族而居、防匪防盗、防兽、防震、防潮等特点。因而在土地革命、三年游击战争、抗日战争和解放战争中，南靖有不少土楼盘踞着军阀或国民党保安民团，他们凭借土楼的庞大坚固，将其作为防御红军进攻的土堡垒。同时，也有不少红军游击队在土楼区域开展游击战争，擒抓为非作歹、残害老区群众的国民党军官、保安队头目，产生一场场可歌可泣的英勇斗争。

一、游击队奇袭保和楼

1935年，为了配合红八团扩展新区，岩永靖军政委员会主席李明康率领游击队四出打击反动武装。他们深入距科岭村10余公里的梅林乡磜头、上马等地活动。在游击队的配合下，红八团于4月13日伏击了前往高树门收捐税的长教壮丁队，次日晚，又前往梅林乡下坂捉土豪。

当时，梅林村保和楼住着一个名叫魏荣风的土豪。他豢养的一支几十人的反动武装就住在楼内，平日里为非作歹，鱼肉乡民。红八团获悉此事决心为民除害，但保和楼楼高墙厚，强攻不易得手，只能智取。于是，李明康通过魏荣风的一个长工，了解到保和楼内情况。5月的一天，魏荣风带着反动武装外出收租，仅少数武装留守楼内。这天晚上，李明康率领游击队配合红八团60余人迅速包围了保和楼。两名游击队员顺着竹竿攀上楼，从窗口爬入楼内，一边朝天开枪，一边高喊：“红军来了！”并迅速冲到楼下打开楼门。红八团与游击队像潮水般涌入土楼，楼内敌人来不及顽抗，只得缴械投降。这次战斗虽没逮住魏荣风，但却缴获长短枪6支、子弹数百发，还有不少粮食。

二、红军攻打土楼民团

1935年，红九团在南靖书洋乡下版寮李屋村的步云斋，组建了游击队。游击队常活动于版寮、高港一带，打土豪、除恶霸。一次，游击队获悉书洋乡双峰村水头一座大圆楼内驻有民团20余人，时常欺压群众反抗红军，立即于当晚摸进楼内，收缴了这股民团的枪支弹药。

1935年，为了解决红军千余人向南挺进的吃饭问题，红九团决定从永定县黄竹烟直插南靖，攻打位于南靖书洋圩的一座土楼。6月8日清晨，侦察排排长李德安率领20余人的便衣队，装扮成担柴、卖菜、挑着货担做小买卖的老百姓，趁圩日混入圩场。上午10时，当便衣队接近土楼，团丁要检查"货担"时，李德安见势立即拔出驳壳枪，顶住了团丁的脊梁骨。不料这情景被附近的敌兵发现，结果战斗提前打响。敌人顿时大乱，豪绅亦争先恐后涌出土楼，四处奔逃。约10时40分，红九团后续部队赶到，跟踪追击，捉到地主豪绅30多人，搜缴到黄金二三公斤、光洋1万多元。当日下午，红九团在书洋圩召开群众大会，开仓分粮。

三、游击队为土楼农民报仇

1936年，由于敌人的多次"清剿"，南靖科岭村的耕牛被杀光，造成田园荒芜，给发展农业生产带来极大困难。

1936年冬，科岭村的上科岭自然村一座三层的四角大楼内，住着一股由当地恶霸纠集起来的20多人的反动武装，他们在乡里无恶不作。红四支队第二大队决心为民除害，在当地游击队的配合下，向盘踞在楼内的反动武装发起猛攻，全歼了这股顽敌，镇压了几个罪恶的"土霸王"，替穷人报仇雪恨。正是有红军游击队撑腰，群众的革命斗争情绪才更加高涨。

1936年6—8月间，红四支队在永和靖频繁活动。6月13日，百余人攻入南靖县书洋乡的水头、水尾、赤洲村。7月2日，进占曲江圩。7月24日，攻打并焚毁书洋乡下版寮田心楼。7月29日，红四支队300余人再次攻打版寮，激战一天。次日，攻占枫树坪，发动群众成立赤卫队。8月22日，红四支队与平和县游击队共千余人，用机关枪四面围击版寮乡，围攻6天，占据版寮。是役，焚毁碉堡7座，击毙壮丁队100余人，俘虏10余人，筹款20余万元。待国民党军队驻永定县第十五团派兵驰援，红军已撤往小山城一带。

四、智取象溪炮楼

1947年10月，福建省保安二团中队长陈式辉为了对付中共南靖树海武装工团，在南靖县象溪村建了一座三层土楼式碉堡，人称“象溪炮楼”。炮楼居高临下，可监视通往各村的交通要道，对驻在毗邻的树海地区的中共闽南地委机关的工作构成威胁。1948年秋，中共闽南支队曾组织两个连袭击该炮楼，虽未得手，却使炮楼内的敌兵成为惊弓之鸟，惶恐不安。不久，楼内敌兵仓皇撤走，闽南支队及时焚烧炮楼。

象溪炮楼

此后，南靖县保安中队重修象溪炮楼，在炮楼外设立两道防线，派出一个加强班固守，负隅顽抗到底。1949年8月3日，中共闽南地委派出第八支队副团长张国忠负责歼灭炮楼内守敌。14日凌晨，由象溪工团主任沈火淡等 4 人组成的伏击组，埋伏在该炮楼外围的杂草丛中，乘敌分队长王和贵出来大便时，开枪击毙王和贵。然后，劝楼内士兵投降，并由中共漳州地委派出警卫排四五十人围攻炮楼，迫使炮楼内的敌兵全部缴械投降。缴获枪支 20 多支、子弹 1000 多发、手榴弹 20 多枚和一批军用物资。被俘敌兵 20 多人，经过形势教育，发给路费，遣返回家。至此，第八支队已全部消灭树海地区的各股反动势力，树海地区获得解放。

五、全歼下楼的自卫队

1948 年 7 月，中共闽南支队第七连和黄虎文独立大队转战南靖县树海，首歼小山城赖林放自卫队，拉开了树海地区反“清剿”“驻剿”斗争的序幕。

山城乡溪山保小山城村是敌军“驻剿”树海的前沿阵地，省保安二团中队长陈式辉任命溪山保代表赖林放为小山城自卫队队长，配给精良武器。赖林放早年为匪，鱼肉百姓。他扶植反动保长沈水良为非作歹，请县保安队派兵驻防象溪炮楼，不间断地监视树海地区党组织和游击队的活动。

中共闽南地委军事部部长卢炎决定拔除赖林放这颗“钉子”。9 日凌晨，游击队指战员包围自卫队固守的一座双环大圆楼。天刚亮时，赖林放环楼一看吓了一跳，又听见陈清定大声呼唤乡亲们帮助游击队抓赖林放的声音，便气急败坏地朝陈清定开枪射击，却未能打中。负责阻击的中共独立大队面对三层的四方楼，没有房屋做掩体，过早地发起攻击，以致在阵地前牺牲了 3 名战士，2 名战士受伤，攻楼行动一时受挫。

指挥作战的卢炎立即调整作战部署，下令战士搬来木头和茅草，放火烧楼门；陈清定令战士搬来几件谷笪，靠在楼门点火引燃。霎时，楼门大火熊熊，浓烟滚滚，楼内自卫队兵纷纷从水井里打水泼楼门，一时忙得团团转。七连出其不意，机枪手发射出一连串机枪火力，将窗门的门闩打断，窗门顿时洞开；已爬上长梯的短枪班战士勇猛地从三层窗门爬进，猛烈地向楼内的敌人射击，还向底层楼埕

小山城下楼

的大门扔下三颗土炸炮。顿时，楼门被炸开一个大洞，连长周炳煌指挥大批指战员占领了整座大楼。自卫队兵见大势已去，纷纷举枪投降。

清点俘虏时却不见赖林放。陈清定从审讯的俘虏中，获悉这家伙带其妻躲进楼中央那口打完水的枯井中，指战员们迅速掀开盖上的簸箕，把枪口对准枯井内，然后从井口放下长梯，让二人上来。赖林放夫妻俩吓得浑身打战，跪地求饶。

为了严惩首恶，经组织上批准，将罪大恶极的赖林放夫妇和县保安中队的一个班长就地枪决，以教育分化胁从者，并当场释放了经过教育后的 20 多名俘虏。

六、大岭头突围

1948 年 7 月，为了摆脱省保安团对南靖树海地区的“搜剿”和“扫荡”，中共闽南地委命令闽南支队第三连打出外线，从平和县山内进军南靖县树海地区，攻打各地联防队，以此扩大影响。

闽南支队第三连连长张振礼会同赖石狮领导的树海工团，决定突袭南靖县南坑乡葛竹保联防队长赖廷光盘踞的下楼村隆峙楼。7

月 7 日天刚亮，队伍全速前进，却不料赖廷光早已带队逃离隆峙楼。指战员们只抓到赖廷光媳妇和地方豪绅等人，并开仓分粮给当地群众。部队押着俘虏前往大岭头基点村兴隆楼做暂时体整。当时平和县的交通员赶来报告有大批敌人来了。顷刻间，敌保安营长唐憨纠集东槐、高港、金竹、葛竹 4 支联防队共 500 多人，分三路凶猛地向大岭头扑来，情况万分危急。张振礼找来排长赖景明等人商量，赖景明急中生智想出一条妙计：将赖廷光媳妇等 4 人当“盾牌”，强迫他们向敌军喊话，敌兵不敢立即开枪，全连指战员就可冲出楼门撤往后山。

于是，张振礼即令 4 名战士用手枪顶住人质腰部，将他们押到楼门边，低声命令他们喊话。这一招真奏效，高港曾银帕等一听到他们的喊话，果然没有开枪。稍停片刻，只见游击队员火速冲出兴隆楼。这突如其来的行动，一时让敌人不知所措，待敌连长回过神来，下令“快打”时，游击队们已撤到了后山。

紧接着，敌保安营长唐憨压阵指挥的省保安团两个连 300 多人，从左侧蜂拥而至，猛扑过来。闽南支队第三连三面受敌，张振礼下令赶快向后壁岭撤退，全部撤到山顶制高点时，唐憨自知围歼闽南支队的阴谋已彻底破产，气得两眼圆瞪，不敢贸然前进。

第十五章　老区建设管理与优抚工作

新中国成立初期，中央与省委、省政府对老区群众的关心，还体现在从专区到各县都普遍建立了老区建设委员会及其办事机构老区办公室（简称“老区办”），作为党委、政府联系老区人民、解决老区群众困难、直接帮助老区发展生产的专门机构。但这些老区管理与办事机构在各个时期随着机构的精简、改革而变化，有时被撤销，有时与民政局合署办公，有时并入民政局，成为民政局中一个职能科（股）室。但不管是独立存在，还是与民政局合署办公，老区办事机构都能够很好地履行自己的职责，为落实党和政府的老区政策，为老区群众的生产生活，为老区经济社会的进步与发展，做了大量的工作。

改革开放之后，为了促进老区经济社会发展，南靖县成立了老区建设促进会，许多刚从领导岗位上退下来的领导干部走上了老区办或老促会的领导位置。他们在新的岗位上发挥“四有”（有政治水平、有群众威望、有建设经验、有较宽裕时间）的优势，从“促”的角度，认真调查研究，反映老区群众的困难与问题，当好党政领导机关帮助搞好老区建设的参谋，做了大量的有益工作。

第一节　老区建设管理与促进机构的建立

一、老区建设管理机构

遵照1952年1月28日政务院《关于加强老根据地工作的指示》和福建省人民政府关于“龙岩、建阳、福安、龙溪、晋江等专署应即组织起老区工作委员会专门机构”的指示，1952 年 11 月，南靖县成立革命根据地建设委员会，主任由县委书记康仲吉兼任，副主任由县长陈锐志兼任，委员 5 人，由民政、财政、交通、粮食等部门领导担任。下设办公室，主任庄永达，配备工作人员 8 人，专职负责老区建设工作。

1955 年，根据中央关于“精简机构，厉行节约”的指示，从省到县的老区办公机构面临一次较大变动。当年 8 月 16 日，中共福建省委以〔55〕075 号文件指示说：

> 解放三年来，我们建立了专门机构来开展老区工作，老区的面貌已有巨大变化……今后老区工作应逐步转向经常化，老区工作必须依靠党委的统一领导和各部门的密切配合去保证，老区机构在年内分批撤销……

这次机构变动，从专区到下属 5 个重点老区县建委全部撤销。1956 年 5 月 11 日，根据龙溪委员公署〔56〕署老建字第 0237 号《关于龙溪专区工作意见的通知》，撤销老区办公室，老区工作交由县民政科办理。革命老根据地建设委员会自然消失。

二、“文革”结束后县老区办事机构的恢复

“文革”结束后，在拨乱反正工作中，老区管理机构的恢复摆上省政府的议程。1980 年 12 月 6 日，福建省老建委颁发“闽政老委〔1981〕001 号文件”，强调要求各地要按照省政府“抓紧在 1981 年 2 月底前恢复各级老根据地建设委员会及其办事机构”。

南靖县于 1984 年 4 月恢复老区办机构，与县民政局合署办公，编制干部 2 人，由 1 名副局长分管老区工作，下设专职人员 1 名。

南靖县老区办机构成立时间及负责人：

庄水达：1952 年 11 月至 1956 年 5 月；吴碧山：1984—1993 年；简海养：1992—2004 年；刘林易：1993—1999 年；刘东财：1999 年至 2008 年 5 月；韩荣耀：2008 年 6 月至 2016 年 4 月；张卫文：2016 年 5

月至今。

三、老区办的工作职责

1980年,刚恢复成立的省老区办颁发了〔1980〕综1037号通知,就各县老区办的工作职责做了规定:

1.贯彻执行党和政府有关老区工作的各项方针、政策,帮助解决老区群众的困难和问题;

2.深入调查研究,向党委和政府提出加强老区建设事业的建议;

3.做好全市老区扶建项目认证、上报、审批工作,跟踪、监督老区扶建项目的实施;

4.负责老区扶建专项资金的分配,管好老区专用资金;

5.落实革命"五老"人员的生活待遇,定期发放生活补助金。

四、老区建设促进会的成立

在党中央、国务院的直接关怀下,1990年7月5日,中国老区建设促进会在北京成立。1994年12月20日,漳州市老区建设促进会成立。

南靖县老区建设促进会于1995年11月28日成立。会长吴振生,副会长赖景明、张水达、庄金砖、刘林易,秘书长张衍祥。常务理事14名,理事43名。1997年12月换届,第二届会长吴振生,副会长赖景明、张水达、吴碧山、吕一旋,秘书长吴位西。常务理事14名,理事43名。2000年12月换届,第三届会长吴振生,副会长赖景明、张水达、吴碧山、刘东财、黄红,秘书长吴位西。常务理事15名,理事57名。2009年6月换届至今,会长王长金,副会长庄能森,秘书长李其南。理事43名。

老区建设促进会工作职责主要有4项:

1.开展调查研究,向党委、政府提出意见和建议,当好政府和老区群众的桥梁纽带;

2.呼吁有关部门、单位和社会各界支持老区建设,为老区做好事、办实事；

3.贯彻科教兴农方针，协助老区推广新技术、开展职业培训，培养农村、农业适用人才；

4.反映老区群众和革命“五老”人员的意见和要求。

概括起来就是四句话：宣传老区、调查研究、反映情况、促进发展。

第二节　为老区经济社会的建设和发展而努力

一、20世纪50年代老区办的主要工作成效

新中国成立后的几年里，南靖县老区办为老区群众重建家园、为老区经济社会的恢复做出了努力。

一是划定老区村、老区基点村。按照1952年8月24日省委《关于划分老革命根据地问题的讨论记录》规定的标准，对老区村、老区基点村进行调查摸底，第一次列出了全县老区村、老区基点村的名录及其户数、人口数、耕地面积、山地面积等基本情况，为落实党和政府对老区村的扶持政策奠定了基础。

二是组建老区工作队，深入老区乡村，落实党和政府帮助老区群众重建家园的政策，医治战争创伤。在短短的几个月，完成了对老区基点村遭敌人摧残情况的摸底和汇总，为政府拨款支持老区重建家园提供依据。

三是管理好政府拨给老区人民的资金和生产资料，帮助老区解决重建家园的困难。

四是深入全县老区村、基点村，开展优抚等项工作。

二、20世纪80年代老区办恢复后的主要成效

1980年，南靖县老建委、老区办恢复成立后，按照省政府的文件精神，对1953年划定的老区村、基点村予以重新核定。

一是开展调查研究，面对老区生产落后、生活困难的现实，制订扶持建设规划，改变老区落后面貌。

二是争取政策扶持，推动各有关部门从物力、财力等方面支持老区的建设事业。

三是协助政府和民政部门做好老区的抚恤救济救灾工作。

四是管好上级政府拨给老区的扶建资金和物资，帮助老区村发展农业生产、基础设施等事业。

三、老区建设促进会成立后的工作成效

南靖县老区建设促进会从1994年成立以来，在促进老区建设和发展上发挥着不可替代的作用。

一是宣传老区，弘扬老区精神。(1)宣传南靖老区在民主革命时期为革命胜利所做出的牺牲与贡献，在社会主义建设进程中为改变老区落后面貌所做的努力和取得的成绩；(2)组织力量，整理、编写、出版反映民主革命时期南靖老区人民英勇斗争事迹的书籍，如南靖老促会与县党史办合作，编写南靖革命斗争史《树海风涛》，出版印刷5000册；(3)深入老区调查研究，了解老区群众在发展经济过程中的困难和问题，及时写成文章，在省老区办的《红土地》杂志和《福建日报》《闽南日报》《南靖乡讯》以及市老促会编印的《简报》上发表，据统计，发表的有关南靖老区调研文章和各种新闻报道200多篇。

二是深入老区乡村调研，总结推广老区群众先进典型。老促会坚持每年制订年度工作计划，组成调查组到各老区村开展调查研究，与老区群众共商脱贫之策。对老区经济社会亟须解决的问题，及时写成调查报告向县政府反映，并提出解决的意见供县政府参考。例如近年来，南靖老促会组织人员到各老区村开展“老区村饮用水安全问题”和“老区村断头路问题”的两个专项调查，全面了解各老区村饮用水安全问题和“断头路”的情况，撰写成调研报告，向县政府提出对策建议，被县政府列入工作日程：(1)加大政府支持力度，从政策层面推动饮用水设施和打通“断头路”设施建设资金投

入;(2)积极引入社会力量,参与推动老区饮用水工程和打通“断头路”工程建设。据不完全统计,2000 年以来,经县老促会帮助修路筹资 300 多万元,新建老区村水泥路总长 200 公里。在饮水工程方面,自 2000 年以来,全县已建了 30 个老区村饮水工程,解决 4 万名老区群众的饮水问题。

三是建立革命传统教育基地,呼吁对破损严重或即将湮灭的重要革命遗址进行修复,协调各有关部门帮助筹集修建款项等。主要有:梅林镇科岭村岩永靖军政委员会旧址、南坑镇大岭村中共闽南地委机关旧址等项革命遗址已全部修复并对外开放。

四是促进老区经济发展和小康建设。多年来,县老促会为老区乡村的发展出谋献策,帮助当地群众脱贫奔小康。其中,效果显著的项目是帮助龙山镇双明村发展大棚蔬菜生产和靖城镇草坂村发展太空蔬菜种植生产,帮助科岭村发展红色旅游等。

第三节　老区乡村划定

民主革命时期,广阔的老区革命根据地是我们党和苏维埃政权开展革命活动的好处所。老区群众为支持革命付出了巨大牺牲。其中一部分老区小自然村对革命贡献最大,被称为老区基点村,它们是老区村中的最核心部分,也是新中国成立后党和政府重点扶持的对象。

革命胜利后,首先必须做的,就是确认、划定这些老区乡村。

由于南靖革命斗争的复杂性,产生了评定政策的盲区,加上掌握政策的干部思想业务素质的差距,乡村辖属的变动、拆分,以及“左”的思想的影响等因素,给老区乡村的评定造成困难,南靖县老区基点村、老区村的评定工作经历了多次调查划定,直到 21 世纪初还有两次对疏漏和变动的老区村子的增补。

一、老区基点村的第一次划定

1952年8月24日，省委在福州召开首次老区工作会议，布置在全省开展划分老区村的工作。此次划定是以中央制定的政策界限为依据，分“老区基点村”“老区一般村”“游击基点村”“游击区村”四种类型。各种类型划分的标准是：

老区基点村：革命历史长，曾有过党、团、武装和政权组织，受敌人摧残严重，损失巨大。

老区一般村：革命历史长，有一定群众基础，群众支持过革命斗争，受敌摧残不太严重。

游击基点村：革命历史短一些，对敌斗争坚决，在游击战争中受敌摧残严重的村子。

游击区村：开展革命时间较晚，群众同情革命，是敌去我来、敌来我去的拉锯式红白交界点。

1952年9月，南靖县按照省委1952年8月24日文件精神，审定全县调查划定的老区村名册。

其中，南靖县老区基点村，分布在6个区、12个乡，共27个村，368户1351人。

一区：汤坑乡的炭坑（16户53人）；六安乡的半山（4户7人）、半兜（7户27人）；溪山乡的油柑坪（7户24人）、虎尾寮、水尾（3户12人）、虎伯寮、楼仔（7户20人）、磜溪仔（10户52人）。

二区：子侨乡的水下尾（9户33人）。

三区：太保乡的港仔口（9户33人）。

五区：科岭乡的下畲（8户38人）。

六区：今下庄的狮头（8户29人）、陈坡（6户22人）、白云（12户45人）；中西乡的内寮（22户92人）、汤兜（24户96人）；洋奎乡的外云（24户105人）、洋尾溪（70户256人）、芒里（18户53人）、石门仔（12户48人）。

七区：高寨乡的透龙（2户7人）；村雅村的湖山坑（4户22人）、村底（24户95人）。

八区：月水乡的迎坑(40 户 131 人)、细畲(12 户 43 人)。

新中国成立初期，在划定老区村上较为粗放，产生不少缺漏，导致了后来对老区乡村的再次调查与核定。

1957 年，南靖县行政区划分变动较大，程溪区的 5 个老区乡、42 个老区自然村，共计 1669 户 7014 人划归龙溪、漳浦两个县管辖。南靖县老区按当时行政区划分，尚有 24 个乡、136 个自然村，共有 2580 户 10729 人，土地 27178.08 亩。其中，老区基点村 8 个，183 户 679 人；老区一般村 28 个，983 户 4277 人；游击基点村 11 个，94 户 345 人；游击区村 57 个，116 户 4899 人。

二、"文革"结束后老区乡村的核定

1985 年，省计委、省老区办下达了闽政老办〔1985〕005 号文件《关于进一步核实革命老根据地乡村的通知》，明确规定了核定老区乡村的标准。

1.第二次国内革命战争时期老区行政村的划定标准：曾经有党的组织，有革命武装，进行了打土豪、分田地等运动，建立了工农政权并进行了武装斗争，坚持半年以上时间的。

2.抗日战争时期老区村的划定标准：曾经有党的组织，有革命武装，发动了群众，进行了减租减息运动，主要是建立了抗日民主政权并进行了武装斗争，坚持一年以上时间的。

3.解放战争时期老区村的划定标准：解放战争开始至南下大军渡江(1949 年 4 月)以前开辟的游击区，存在时间达一年以上的。

根据省老区办的规定，老区基点村的标准为：从斗争的历史来看，应是斗争时间长、贡献大、牺牲重、红旗不倒的。

1983 年，南靖县按照省老区办制定的新标准，重新核定全县老区基点村 33 个，1279 户 7825 人。

表 15-1 1983 年核定的南靖县老区乡、(行政)村基本情况表

县别	类别		老区乡数(个)	老区村数(个)	户数(户)	人口数(人)	耕地面积(亩)	山地面积(亩)
南靖县	小计		10	44	7897	42999	55148	404935
	其中	苏区村	4	16	3354	17585	13533	164148
		游击区村	6	28	4543	25414	41615	240797

1991 年,全县革命老区乡 2 个(南坑乡、梅林乡),老区村 49 个。2004 年,经县政府批准确认的老区村增加到 56 个,占全县建制村(居)总数 198 个的 28.3%;老区村人口 9.6 万人,占全县人口总数 34.2 万人的 27.9%。

三、21 世纪初对老区乡村的两次核定

从 20 世纪 90 年代到 21 世纪初期,全省各地区老区县、乡、村及基点村均发生变化,南靖县也一样。为此,省老区办于 2003 年 4 月下达核编《福建省老区乡村名册》的通知。南靖县根据该通知精神,重新核定南靖老区村上报省老区办,核定后如下:

表 15-2 2003 年 10 月省老区办核定南靖老区乡村基本情况表

县别	全市乡镇总数(个)	老区乡(个)	老区分布乡(个)	老区行政村(个)	老区人口(万人)	基点村自然村(个)
南靖县	14	2	8	50	8.30	32

表 15-3 2003 年 10 月省老区办核定南靖县革命老区基点村名册

乡(镇)	建制村	自然村总数(个)	其中	基点村名
			基点村数(个)	
梅林镇	科岭村	11	5	★上科岭、下科岭、都宁头、坑下、下斜
	磜头村	9	1	上马
	双溪村	6	1	九云墩
	长塔村	5	1	泉坑

续表

乡(镇)	建制村	自然村总数(个)	其中 基点村数(个)	基点村名
书洋镇	上坂村	7	1	★上坂寮
	下坂村	12	1	李厝
南坑镇	大岭村	7	4	★大岭脚、系山、高冬、叶坪
	北坑村	4	2	北坑、小南坑仔
山城镇	碧侯村	12	1	坑口
	溪边村	15	1	油柑坪
	汤坑村	29	1	炭坑
龙山镇	双明村	13	1	凤山
和溪镇	月星村	6	3	通坑、山龟碑、红斜
	月明村	8	3	八半墘、西山、黄徐
	乐土村	6	1	乐土
	坂场村	8	3	★下溪坂、后格、姓徐楼仔
奎洋镇	仙岭村	5	1	丹桂堂
	上洋村	22	2	○合福坑、埔头洋
合计	18	185	32	

说明:1.基点村名前加"★"号,表明该村(自然村)为建制村村部驻地;

2.基点村名前加"○"号,表明该村(自然村)已搬迁。

表 15-4　2003 年 10 月省老区办核定南靖县革命老区行政村名册

老区乡(镇、街道)	老区村(居)数(个)	老区人口数(人)	老区行政村(居)名称及人口数(人)								
南坑镇	8	10399	村名	大岭	北坑	葛竹	新罗	村雅	南塘	南高	南坑
			人口	522	238	1338	1241	2203	1346	1389	2122
梅林镇	6	9344	村名	科岭	磜头	双溪	梅林	坎下	长塔		
			人口	1267	1625	1183	2104	2289	876		
* 书洋镇	8	10804	村名	上坂	上双峰	双峰	上田	下坂	书洋	枋林	高溪
			人口	1079	843	1173	1209	1545	1965	1500	1400
* 和溪镇	4	4310	村名	月明	坂场	月星	乐土				
			人口	1062	1455	915	878				

续表

老区乡(镇、街道)	老区村(居)数(个)	老区人口数(人)	老区行政村(居)名称及人口数(人)						
＊船场镇	5	9319	村名	集星	梧宅	星光	上汤	西坑	
			人口	2271	2236	1570	1275	1967	
＊山城镇	6	15567	村名	象溪	溪城	碧侯	溪边	六安	汤坑
			人口	1290	874	1780	3465	2829	5329
＊靖城镇	4	11457	村名	沥阳	草前	径里	大房		
			人口	2133	3300	1545	4479		
＊龙山镇	3	3705	村名	双明	太保	平重			
			人口	1841	1533	331			
＊金山镇	3	5908	村名	新村	下永	荆都			
			人口	2641	1718	1549			
＊奎洋镇	3	3583	村名	仙岭	岭头	上洋			
			人口	810	260	2513			

说明：有加“＊”号的为老区分布乡(镇、街道)。

21世纪初，南靖经济社会进入快速发展时期，有些老区乡村所辖的行政村有一些调整。根据这一新变化，省老区办于2007年10月派出人员，会同各县老区办，通过反复核对，重新编印了《福建省革命老区乡村名册》。

南靖县增加6个：书洋镇的南欧村、坎下村(其中坎下村系从书洋镇划归梅林镇管辖，隶属变动，数量不加)；靖城镇的草坂村；龙山镇的南坪村；奎洋镇的店美村、东楼村；丰田镇的保林村。

第四节　革命“五老”人员的优抚

南靖老区人民在长期的革命斗争中，无私地支援了革命，产生出许多老地下党员、老游击队员、老接头户、老交通员、老苏区干部，今天称之为革命“五老”人员。

革命“五老”人员的优抚水平和范围，是随着国家经济建设的发展而逐步提高和扩大的。新中国成立初期到 20 世纪 60 年代是少量生活补助，重在政治肯定；“文革”后是对其中无依无靠、生活无着的给予一定生活定补；20 世纪 90 年代是扩大定补的范围；进入 21 世纪，政府把定补对象扩大到全体“五老”人员，并对其遗偶也实行生活补助。

一、革命“五老”人员情况

1952 年 9 月，南靖县随着老区村、老区基点村调查工作的开始，对“五老”人员的调查也同时进行。当时评定标准苛刻，因此全县认定的“五老”人员不足百人。

1956 年初，老建委、老区办机构撤销，“五老”人员就没人管了。

20 世纪 60 年代开始至“文革”前，向“五老”人员发放少量生活补贴。

1961 年 8 月，政府开始对“五老”人员中的生活困难者进行少量生活补贴。能够享受生活困难补贴的只有三种对象，且补贴金额极少。三种对象是：(1)生活“无依无靠”的；(2)有子女但无力赡养，生活“有依无靠”的；(3)虽然有依有靠，但“生活比较困难”的。按照这三种不同对象，每个月发给 8 元、5 元、3 元的生活补贴费。凡是生活勉强能过得去的就不发补贴费。

1964 年，南靖县核定“五老”人员 296 人，享受定补 7 人。

20 世纪 80 年代初，南靖县对“五老”人员进行重新调查，核定 360 人。

1985 年，南靖县确定全县“五老”人员总人数 465 人。

此后各时期，因年龄增加，自然减员，“五老”人员数量逐年减少。

1991 年，县“五老”领导小组研究确定并经县人民政府批准的老地下党员、老交通员、老接头户、老苏区干部共 463 人。

表 15-5 1991 年南靖各乡镇“五老”人员情况统计表

乡镇场	“五老”总人数（人）	其中					各时期“五老”人员			1991 年底已故人数（人）	享受补贴	
		老地下党员（人）	老交通员（人）	37 年前苏区干部（人）	老游击队员（人）	老接头户（人）	三次国内革命战争（人）	抗日战争时期（人）	解放战争时期（人）		“五老”人数（人）	年金额（元）
山城镇	57		2	1	20	34	13	15	29	10	11	6800
靖城镇	21		1		10	10	10	5	6	7	4	2400
龙山镇	45			1	20	24	20	10	15	4	2	2250
金山乡	14				10	4			14			420
和溪乡	17	1	1	1	7	7	10	3	4	5	2	1810
奎洋乡	17				7	10	7	2	8	3	2	1850
梅林乡	49		1	2	20	26	35	5	9	9	17	9500
书洋乡	67	1			20	46	20	20	27	9	13	8510
船场镇	45				15	30		5	40	9	4	3350
南坑乡	117		2	1	25	89		10	107	14	15	11010
丰田农场	12				6	6		5	7	1	2	1360
合计	461	2	7	6	160	286	115	80	266	73	72	49260

2007年，开展革命“五老”人员核查，全县健在革命“五老”人员94人。至2018年12月底，南靖县健在革命“五老”人员只有14人。

二、“五老”人员定补范围的扩大和额度的提高

20世纪80年代初，健在的“五老”人员基本都进入耄耋之年，且大多体弱多病，生活困难。

1981年、1982年，省委分别以41号文件、34号文件下发了关于调查和关心“五老”人员，“对其中年老体弱丧失劳动能力或无人赡养的，应按民政部门社会救济标准发给定期补助”的通知，发给定补。1982年，不仅“无依无靠”的可以享受定补，虽有子女，但无法赡养的“有依无靠”人员也开始列入享受定补的范围，每人每月10元钱。但一些身体还健康，能从事农业生产的“五老”在发展生产中可以得到政府资金上的扶持。如龙山公社双明大队“五老”陈金鱼等人组织了一个柑橘专业组，资金不足，老区办给予扶持资金2000元，帮助购买种苗及肥料，1983年柑橘已发展到40多亩。

从20世纪80年代后期起，各地政府对“五老”人员的生活困难补助额度不断提高。

1984年，根据省老区办文件精神，南靖县对“五老”人员进行澄清落实，南靖现有“五老”人员461人，并于春节前发放“五老”荣誉证。

1985年后，广泛开展慰问老革命根据地和“五老”人员活动。

1987年春节期间，全县“五老”人员324人，每人生活补助20元，共计6480元。同年，查清上报失散红军老战士52人，经县政府批准享受定期补助38名。

1996年10月1日起，“五老”人员定补标准为：“无依无靠的孤寡‘五老’月定补应不低于80元，有依无靠的应不低于50元。”

1999年7月1日起，进一步提高“五老”人员生活定补标准为：无依无靠的每月定补提高到134元，有依无靠的提高到80元。至2018年，革命“五老”人员月生活补助标准提高到1170元。

三、“五老”遗偶的生活困难补助

“五老”遗偶的生活困难补助，实际上是对“评定‘五老’时夫妻都是交通员、接头户只能评一人”政策缺陷的一种弥补。

对“五老”遗偶的弥补，起先是春节前夕结合对老区群众的慰问活动，给他们发放慰问金 200 元左右，2006 年提高到 300 元。

2002 年 1 月开始，南靖县对全县 116 名“五老”遗偶发放生活补助每人每月 30 元。至 2018 年，“五老”遗偶生活补助每人每月提高到 450 元。

四、革命“五老”人员的医疗补助

（一）新中国成立后较长时间的临时补助

新中国成立初期到“文革”前，“五老”人员的医疗问题没能解决。20 世纪 80 年代到 90 年代末，对住院治病的“五老”人员以临时补助的办法给予报销一部分医疗药品费用。

（二）20 世纪 90 年代末开始实施医疗优惠政策

改革开放之后，革命“五老”人员身体健康与医疗补助也摆上党和政府的工作议程。1999 年，南靖县向“五老”人员发给“医疗优惠卡”，在本市辖区内的公立医院就医，凭“医疗优惠卡”可免交挂号费、注射费和 50%的住院床位费、手术费、护理费。对无依无靠的“五老”，应安置到县福利院或乡镇敬老院，让他们安度晚年。

从此，革命“五老”人员在享受新设立的农村合作医疗和城乡困难家庭医疗补助的同时，还可享受省市县财政的专项医疗补助。

附：

南靖县“五老”人员名录

为了存史育人，缅怀革命先辈的光辉业绩，给子孙后代留下一份宝贵的精神财富，根据 1983—1986 年落实地下党政策，全县老地下党员、老地下游击队员、老地下交通员、老地下接头户、老苏区区乡干部，经县“五老”领导小组研究确定，报请县人民政府批准后，发给“五老”荣誉证书的共计463人，现一并予以登录。具体名单如下：

山城镇

元湖村：张木根、张阿九。**坎仔头村**：董枝花。**汤坑村**：曾　桃、林　伴、工　港、徐含笑、林　茸。**溪城村**：罗　坤、曾庆春、周树兰。**岩前村**：黄顺花。**溪边村**：赖阿宽、周　雨、张水钦、黄再成、陈　居。**碧侯村**：卢　便、赖　粉、黄　文。**下潘村**：蔡双溪。**下碑村**：黄春木、阮　批、黄轩风、黄开伸。**三下村**：韩荣树、李达成、郑　贤。**象溪村**：沈柳枝、郑木花、沈金荣、沈　佛、沈六春、沈乌九、沈荣春、江　阵、刘文火、沈　美、沈　清、赖梨花、张炳云、沈金诗、沈茂春。**雁塔村**：徐　婴、徐小通。**钟古村**：赖水东。**葛山村**：赖水土。**六安村**：章水龟、黄　缎。**山城村**：陈长王。**人民居委会**：陈瑞花。**解放居委会**：陈雅平、游阳西、黄　墙。**荆江居委会**：张瑞莲、黄东水。**新民居委会**：罗少明、廖影清。

靖城镇

靖城村：许田土、王　轿、王　洪、陈　杨。**尚寨村**：吴石目。**沥阳村**：余坤宗、陈冷花。**田边村**：张土田。**廊前村**：蔡　彬、蔡仪生。**沧溪村**：沈添财、沈大鼻。**草坂村**：陈园头、陈德金。**天口村**：张　乞、吴永春。**东坂村**：杨石生。**下魏村**：魏有兴。**湖林村**：连信昌。**阡桥村**：黄龙山。**草前村**：叶　树。

龙山镇

双明村：刘有福、陈水松、陈　连、陈永南、王　花、陈老发、陈金花、邹玉花、陈土粉、王　脏、王金兰、苏　瑞、王　市、陈石心、刘阿老、陈金鱼、陈阿美、陈百达、陈瑞裕、卢大福。**太保村**：陈光辉、黄扶助、黄华顺、陈水来、陈跃坤。**宝斗村**：张米香、黄清水、陈阿土。**梧营村**：黄仁横。**圩埔村**：陈茂土。**海仔村**：陈阿城、王庭村。**龙山村**：戴阿里。**棠溪村**：陈新铁。**西山村**：阙振坤、蔡水书、陈开明。**南坪村**：柯漳龙、陈捷山。**平重村**：陈溪水、苏德元。**涌口村**：吴木本。**蓬来村**：邹友阳、吴华庭、张东山。

金山镇

河墘村：卢田丘。**新村村**：林永主、林桥埔。**都美村**：卢清辉。**东建村**：吴水沟、吴海鹅。**北星村**：卢土树。**荆都村**：吴火炭、邹阿达、吴振东。**下永村**：庄固仔。**水美村**：李火盛。**后眷村**：卢景盘。**马公村**：吴阿美。

和溪镇

月星村：吕万生、陈素花、陈香莲。**月明村**：陈仕梧、游桂文、陈启宝、陈长林。**林中村**：林木海、陈武松。**斗美村**：林金水。**坂场村**：吕水木、李新堆、李木开、林履坚。**林坂村**：林秀丰。**迎富村**：游金木。**和溪村**：阙溪河。

奎洋镇

东楼村：庄伯维、庄杞盛、庄连坤、邱仙女、庄福宣、庄龙周。**店美村**：简阿山、庄怀考、庄诗恩、庄焕文、庄清法。**上洋村**：庄长春、庄友福。**罗坑村**：庄长春、庄壬癸、庄赞民。**下峰村**：庄加兴。

梅林镇

双溪村：简加渊、简进加、简菊花、董和兰、简加雨、简加木、董万林、魏林赐、李阿九。**梅林村**：董阿佑、魏连钦、黄来盛、魏和生、庄阿绸、黄育元、魏春仁、张阿辉、魏德茂、魏中山、魏中美。**背岭村**：简顺桃。**磜头村**：苏元昌、赖冬姑、李银丰、江惠英、马焕达。**坎下村**：简瑞照、魏五娘、简清波、简海通、简新城。**官洋村**：简启距。**璞山村**：江光标。**科岭村**：林田富、林开焕、赖连妹、王开泰、黄细妹、卢利丕、王井荣、邓坤海、林起兰、邓坤城、王鼎荣、王荣庆、邓庆山、王金海、王灿先、李春銮、邓承钟。

书洋镇

上坂村：黄堂庆、黄富生、黄遴书、林新周、黄来进、黄连树、黄跃东、黄石圳、黄超恒、黄石立、黄石龙。**下坂村**：刘锦恒、李步城、李永定、刘传发、张东周、李水旺、刘清泉、李天妹、刘加兴、刘清金、李锡登、刘恭亮、李永迎、李永梯、李时流、刘锦迎、刘天恩、刘玲玉、李永木、李永丰、刘传坤、刘水发。**书洋村**：肖天盛、张建坤、肖宗礼、肖松棉、肖清枝、肖琴书、肖瑞勇、肖瑞标、肖金盘、肖风开、肖石金、张超风、刘宗琴、肖高塘。**高溪村**：庄壹娘、张玉腾、简养元、魏福海、简文榜。**文峰村**：赖培昌。**田中村**：江生标。**枫林村**：江　畴。**上田村**：陈锦亮。**塔下村**：张秉乾、江喜风。**储坑村**：吴菊花。**石桥村**：江林英。**双峰村**：邱土菜、邱长草、谢银瓶、邱阿衣、邱长达、邱福田、邱思锡、谢明道。

船场镇

集星村：刘木火、刘彩峰、张　兰、刘清水、张同林、张明哲、张杨桃、曾桂花、刘明通、李　孟。**下山村**：简鸳鸯、曾　印、曾春木、周作、刘幼仔。**冷水坑村**：简和芳。**高联村**：卢连珍、卢阿梅。**赤坑村**：庄开通、庄如东。**船场村**：魏应财、李坤如。**西坑村**：刘大川、肖瑞兰、简两时、卢银根、叶亚茄。**笔峰村**：黄永川。**上汤村**：张客人、张大和、林亚天、张月波、张水朝、陈亚茂、黄玉晶、林有明。**鼎寮村**：林振南。**世禄村**：张外仁、张肚甫。**梧宅村**：石跃东、石银水、石　波、庄连松、石吴福照。**星光村**：庄荣兴。

南坑镇

大岭村：曾百旺、叶阿胶、赖成柱、曾赐记、曾　见、赖秀明、曾顺金、郑　静、赖里安、赖南午、刘刈菜、赖天赐、赖凤睢、赖九乞、邱杨梅、赖水佃、赖水角、赖水农、赖四川、赖树荫。**葛竹村**：赖亚战、赖其田、赖景生、赖甲乙、赖宗纣、赖伯余、赖真笑、叶　甭、赖福彰、叶　灿、叶　丹、陈亚埕、赖德明、赖　全、赖　守、赖右山、赖　良、赖龙运、林义花、陈　设、赖亚柱。**北坑村**：刘　斩、赖新来、陈　月、赖杉根、赖三井、赖水明、赖水英、赖石灰、叶诲味、赖石皮。**新罗村**：曾木枝、曾金朝、曾甲子、曾金土、曾春和、曾子耕、赖国才、曾坤元、王　月、曾昭时。**南高村**：卢　健、张坤波、邱含笑、刘石连、张　隶、沈韭菜、张三仪、沈鸡心。**高港村**：曾香山、曾九润。**南坑村**：张　家、叶店、刘皇乾、肖　密、叶莱花、卓德荣、张　抱、游祥坎。**南塘村**：庄盆、张安荣、曾　面、张木鸡、刘文知、曾　妹、张下古。**村雅村**：刘林忠、张喷花、曾　喜、张香花、张　娥、张菊花、刘克类、张荣花、曾宪贵、刘维贤、刘　柳、刘聪明、刘桂香、曾连召、刘火生、刘三章、钟水生、张荣华、曾雪同、刘振春、刘亚晴、刘振禄、刘指高、刘荣昌、叶叶、刘爆德、张　乜、刘三分、刘绵长、曾和尚、刘长江。

丰田农场

丰田作区：周木火、黄水泳、张酒精、陈瑞兰。**风安作区：**吴阿送、陈桂树、陈　沛。**宝林作区：**徐　探、陈桂芳、戴　赐、黄　火。**红星作区：**赖添来。

附注：以上“五老”户名单均以1985年落实地下党人员时所颁发的证书为准。

第十六章　打好老区脱贫攻坚战

改革开放以来，经过几十年的建设与发展，南靖县老区发生了翻天覆地的变化，群众生活水平得到很大提高，扎实开展脱贫奔小康活动，有46个老区行政村基本实现小康村。特别是党的十八大以来，县委、县政府带领全县人民坚持以习近平新时代中国特色社会主义思想和党的十八大、十九大精神为指引，全面贯彻落实党中央和省委的工作部署，充分运用中央和省里赋予的各项特殊政策和灵活措施，发挥“天时、地利、人和”优势，因地制宜，艰苦奋斗，决战脱贫攻坚，决胜全面小康，为“建设美丽新南靖、共圆伟大中国梦”不懈奋斗。南靖老区人民在政策扶持、全社会参与的扶贫进程中，选准特色农业产业，打开致富大门，老区乡村基础设施显著改善，全域旅游助农脱贫增收，集体经济不断发展壮大。

第一节　1980—1990年老区扶贫

“文革”结束后，国家迎来百废俱兴的良好局面，党和人民政府重视老区社会经济建设，拨出资金扶持老区建设。

1980年后，国家恢复扶持老区建设。当年，南靖县政府拨款0.5万元补助月星大队红畲生产队修建公路桥梁和购置1台手扶拖拉机；拨款0.5万元补助科岭大队坑下生产队修建1座石拱桥。

1981年6月23日，县拨款1.5万元，补助都宁头、坑下购置水电设备。12月11日，龙溪地区老区办、水电局拨款2万元，补助科岭、双溪九云墩、上田治五更寮、上版寮田寮坑、月星村红畲村、大岭系山村维修小水电。同月28日，县拨款0.4万元补助龙山公社双明大队白叶坑小水电扫尾工程。

1982年，龙溪地区老区办、财政局拨款7万元，补助梅林公社、书洋公社、和溪公社、南坑公社、奎洋公社仙岭大队、靖城公社大房大队磨仔山、山城公社汤坑大队外炭坑发展水果生产。

1983年，龙溪地区老区办、财政局下拨6.1万元，扶助梅林公社、书洋公社、南坑公社南坑大队、奎洋公社仙岭大队和和溪公社发展多种经营。

1984年11月18日，龙溪地区老区办下拨5万元，扶持梅林乡、书洋乡、南坑乡、龙山乡、和溪乡、奎洋乡、山城乡发展种植业。这批资金实行无偿支援和有偿扶持两种。没有直接经济效益的项目，实行无偿支援；生产周期短，见效快，有经济效益的项目，实行有偿扶持。不论有偿还是无偿，都实行经济合同制，根据受援项目大小，由乡、镇人民政府与受援对象订立经济合同。

1980—1984年，共发放扶建资金28.6万元，扶建18种项目，扶建项目基本落实，社会效益和经济效益较好，如科岭村下斜输电线路当年竣工投入使用；南坑乡大岭公路已开通；奎洋乡仙岭村扶一业成一业，业业有成果。当年，漳州市老区办下拨5万元扶建指标，安排南坑乡、书洋乡、梅林乡、奎洋乡、和溪乡、山城乡、靖城镇、龙山乡发展生产。1985年，开展老区扶建检查评比。

1986年3月，检查1985年扶建项目进展情况，大部分项目已经落实。当年8月，漳州市老区办下拨扶建款8万元，扶持梅林乡、书洋乡、南坑乡、和溪乡和奎洋乡发展生产。当年12月12日，漳州市老区办又下拨扶建款3万元做如下安排：岭头村柑橘场工棚0.3万元、岭头村刺蛙场0.2万元、合福坑2公里输电线路0.5万元、合福坑10亩柑橘场0.2万元、仙岭村百亩茶场0.2万元、月星村红畲陈香连3户“五老”柑橘场0.1万元、双明村百亩柑橘场0.4万元、溪城村小学新建校舍0.5万元、溪城村集体百亩柑橘场0.5万元、下版寮村李厝百亩茶场0.1万元。

1987年，漳州市老区办下拨扶建款10.5万元，分配给梅林乡

2.4万元、书洋乡1.3万元、南坑乡2万元、山城镇0.6万元、靖城镇0.6万元、和溪乡1.3万元、奎洋乡1.4万元、龙山乡0.3万元、县民政局技术培训费0.6万元，仍分为无偿和有偿扶持2种。

1988年8月17日，分配漳州市老区办下拨扶建款3.8万元：梅林乡项目3个、0.8万元；书洋乡项目2个、0.5万元；南坑乡项目3个、0.8万元；山城镇项目2个、0.4万元；和溪乡项目3个、0.6万元；奎洋乡项目2个、0.7万元。12月6日，分配漳州市老区办下拨第二批扶建款6.2万元：梅林乡项目3个、0.7万元；书洋乡项目3个、1.7万元；船场乡项目1个、0.3万元；靖城镇项目1个、0.3万元；和溪乡项目1个、0.3万元；南坑乡项目3个、0.5万元；奎洋乡项目1个、0.7万元；县民政局技术培训费1.3万元。

1989年，漳州市老区办分2次下拨扶建款10.5万元，并根据省、市老区工作会议精神，对1981年以来老区扶建资金使用进行全面检查清理。1981—1988年，上级共下拨扶建资金61.75万元，其中扶持基建项目18个、资金30.6万元，占总投资金额的49.5%；扶持种养业、经济实体项目32个、资金31.15万元，占50.5%。受扶持9个乡镇22个老区村、32个老区自然村、1所老区乡中学、6户“五老”人员联办柑橘场。扶建资金使用符合规定，没有出现违法乱纪的行为。同时对1985年以来的有偿资金进行一次清理，至1989年底全县有偿扶持资金22.66万元(包括1989年底合同到期的1.96万元)，至当年12月5日止共收回3.8万元，占漳州市下达回收任务5.6万元的66.7%。

1990年，漳州市老区办同意县上报10个扶建项目，下拨扶建款8万元，主要用于未解决温饱的老区贫困乡、村，重点是粗具规模和连片开发性生产，建立生产基地，壮大集体经济，特别是村级集体经济。有偿资金6万元，年限控制在1～2年内，10月31日安排给书洋乡上田治村办50亩杂果场1万元，和溪乡乐土村办120亩柑橘场1万元，龙山镇太保村办200亩柑橘场1万元，梅林乡坎下村粗角自然村联办200亩柑橘场1万元，奎洋乡仙岭村新办100亩柑橘场1万元，奎洋乡岭头村办60亩杂果场1万元。无偿资金2万元，安排给南坑乡葛竹村大岭头溪口 1 座 25 米长石拱桥 0.5 万元，南坑乡北坑村新建 2 层 6 间 300 平方米教育楼 0.3 万元，南坑乡南塘村修建公路 0.6 万元，山城镇象溪村新建 2 层 10 间 550 平方米教育楼 0.6 万元。当年到期有偿扶建资金收回 4 万元，占应回收数的 55%。

表 16-1　1981—1990 年中央和地方扶持老区建设项目表

基本建设无偿投资项目	建设规模	投资金额（万元）	种养加工业有偿投资项目	规模	投资金额（万元）
建小水电站	8 座　855 千瓦	12.48	加工设备	16 套	1.85
修小水电站	10 座　770 千瓦	5.20	种果	4215 亩	31.18
输高压线路	84 公里	7.90	种茶	720 亩	2.15
开机耕路	2 条　10 公里	0.83	抚育种杉	4750 亩	1.90
开简易公路	11 条　55 公里	4.985	抚育毛竹	10950 亩	1.69
兴修水利	2 条　2.5 公里	0.55	种油茶	1200 亩	0.7
建修校舍	16 所　9306 平方米	10.09	种黑荆、枇杷	300 亩	0.85
建桥	10 座　485 米	2.35	办香菇木耳厂	2 个	1.2
合作医疗	2 所	0.03	建柑橘场工棚	6 间	0.9
建电视差转台	2 座　10 千瓦	0.4	办各种加工厂	5 间	5.2
建自来水	3 条　8 公里	0.3	养鱼	2 亩　5000 条	0.1
建排涝站	1 座	1.3	省、市培训	64 人	
建广播站	4 所		县、乡、镇	485 人次	0.2
			办农函大	50 人	40.5
合　计		46.415	合　计		88.42

第二节　1991—2011 年扶贫与小康建设

1991 年起，南靖县根据国务院下发的《国家“八七”扶贫攻坚计划》，在全面开展全县扶贫攻坚对象摸底调查的基础上，持续推进扶贫开发工作。1996 年 9 月，根据省委文件和省、市农村小康建设动员大会精神，南靖县制定出台了《关于加快农村奔小康建新村的实施意见》。1998 年起，全县逐年实施“造福工程”，并持续将其列为政府为民办实事项目之一。至 2000 年底，全县农村贫困人口下降至 936 人，老区村和少数民族村的“五通”建设基本完成。1997 年

10月，经过省、市验收复查确认，南靖县小康建设综合得分93.8分，基本实现小康。1998年，全县“亿元村”达到10个。2001年起，县委、县政府制定了挂钩帮扶制度。至2007年底，全县累计实现农村劳动力转移9.2万人；投入1.8亿多元，完成农村路网建设工程650公里；投入资金208.63万元，完成“造福工程”搬迁2020人。同年，《南靖县社会主义新农村建设五年规划》编制出台，“新农村建设”成为全县小康建设的工作重点。

一、农村扶贫与贫困普查

1995年10月，全县各乡(镇)进行扶贫攻坚对象摸底调查，并报县民政局汇总。据调查，当年全县扶贫攻坚对象(指1995年人均纯收入低于860元的农户)共1979户7877人。

表16-2　1995年南靖县扶贫攻坚对象汇总表

乡(镇)	户数(户)	人口数(人)
山城	502	1927
靖城	107	390
龙山	91	342
金山	301	1037
和溪	97	381
奎洋	231	984
梅林	86	377
书洋	181	805
船场	152	681
南坑	225	933
丰田	6	20
合计	1979	7877

2005年10月，县民政局组织开展农村贫困户调查，摸清了全县农村贫困户状况。据调查，全县人年纯收入1300元以下有4459户12662人(不含五保户)，占农村人口的4.33%。其中，人年纯收入1100～1300元有823户2577人，占农村人口的0.88%；1000～1100元有576户1792人，占农村人口的0.61%；1000元以下有3060户8290人，占农村人口的2.84%。

表 16-3　2005 年南靖县农村贫困户统计表(一)

乡　镇	农村人口数（人）	人年纯收入1300 元以下		占农村人口总数(%)	其中								
					1100~1300 元			1000~1100 元			1000 元以下		
		户数（户）	人数（人）		户数（户）	人数（人）	占百分比（%）	户数（户）	人数（人）	占百分比（%）	户数（户）	人数（人）	占百分比（%）
山城镇	53511	651	1734	3.24	67	236	0.44	40	132	0.25	544	1366	2.55
靖城镇	58289	842	2627	4.51	201	634	1.09	109	330	0.57	532	1663	2.85
龙山镇	32970	444	1331	4.03	86	287	0.87	107	334	1.01	251	710	2.15
金山镇	34371	440	1171	3.41	53	154	0.45	44	127	0.37	343	890	2.59
和溪镇	20265	339	871	4.29	35	100	0.49	34	86	0.43	270	686	3.40
奎洋镇	12160	341	990	8.11	72	229	1.88	62	188	1.55	207	569	4.68
梅林镇	12685	180	514	4.05	23	65	0.51	10	29	0.22	147	420	3.31
书洋镇	22943	496	1296	5.65	93	276	1.20	59	172	0.75	344	848	3.70
船场镇	24798	318	746	3.01	73	194	0.78	30	102	0.41	215	450	1.82
南坑镇	13821	335	1191	8.62	77	283	2.05	73	266	1.92	185	642	4.65
丰田镇	6562	73	191	2.91	43	119	1.81	8	26	0.40	22	46	0.70
合　计	292375	4459	12662	4.33	823	2577	0.88	576	1792	0.61	3060	8290	2.84

表 16-4　2005 年南靖县农村贫困户统计表(二)

人年纯收入 1100~1300 元

乡镇	户数	人数	其中：因残家庭 户	因残家庭 人	因病家庭 户	因病家庭 人	因灾家庭 户	因灾家庭 人	缺乏劳力家庭 户	缺乏劳力家庭 人	其他家庭 户	其他家庭 人
山城镇	67	236	12	41	33	131	8	27	9	27	5	10
靖城镇	201	634	42	117	57	184	37	115	35	109	30	109
龙山镇	86	287	17	59	37	113	8	31	21	77	3	7
金山镇	53	154	9	26	16	38	1	3	21	70	6	17
和溪镇	35	100	7	9	11	31	0	0	13	37	4	13
奎洋镇	72	229	8	25	34	117	2	8	19	49	9	30
梅林镇	23	65	3	11	11	33	1	2	8	19	0	0
书洋镇	93	276	18	52	31	112	1	3	25	60	18	49
船场镇	73	194	12	43	31	72	1	3	20	51	9	25
南坑镇	77	283	11	36	42	154	14	54	10	39	0	0
丰田镇	43	119	10	31	13	32	7	21	9	19	4	16
合　计	823	2577	149	450	316	1017	80	267	190	557	88	276

人年纯收入 1000~1100 元

乡镇	户数	人数	其中：因残家庭 户	因残家庭 人	因病家庭 户	因病家庭 人	因灾家庭 户	因灾家庭 人	缺乏劳力家庭 户	缺乏劳力家庭 人	其他家庭 户	其他家庭 人
山城镇	40	132	8	33	22	67	5	16	3	10	2	6
靖城镇	109	330	12	38	35	111	42	127	18	47	2	7
龙山镇	107	334	25	75	45	143	10	39	19	61	8	16
金山镇	44	127	15	42	8	25	1	4	14	37	6	19
和溪镇	34	86	12	26	9	25	2	6	10	25	1	4
奎洋镇	62	188	9	27	21	66	2	4	25	71	5	20
梅林镇	10	29	3	10	5	14	1	2	1	3	0	0
书洋镇	59	172	12	34	15	52	3	8	16	49	13	29
船场镇	30	102	8	29	9	32	0	0	12	37	1	4
南坑镇	73	266	15	55	39	142	12	47	7	22	0	0
丰田镇	8	26	3	11	1	5	2	8	1	1	1	1
合　计	576	1792	122	380	209	682	80	261	126	363	39	106

人年纯收入 1000 元以下

乡镇	户数	人数	其中：因残家庭 户	因残家庭 人	因病家庭 户	因病家庭 人	因灾家庭 户	因灾家庭 人	缺乏劳力家庭 户	缺乏劳力家庭 人	其他家庭 户	其他家庭 人
山城镇	544	1366	156	429	244	569	60	170	69	167	15	31
靖城镇	532	1663	90	281	164	509	142	460	104	312	32	101
龙山镇	251	710	83	234	99	303	22	61	40	93	9	19
金山镇	343	890	88	245	104	264	9	32	134	330	8	19
和溪镇	270	686	71	180	109	275	7	20	73	185	10	26
奎洋镇	207	569	60	175	70	186	15	44	52	147	10	17
梅林镇	147	420	35	102	51	140	10	35	48	137	3	6
书洋镇	344	848	97	249	111	266	16	52	60	154	60	127
船场镇	215	450	75	176	85	154	1	4	45	103	9	13
南坑镇	185	642	41	136	86	302	35	144	13	50	10	10
丰田镇	22	46	15	33	3	7	0	0	2	4	2	2
合　计	3060	8290	811	2240	1126	2975	317	1022	640	1682	168	371

二、扶贫措施

1991年，南靖县财政拨出专项资金36万元，用于扶持全县36个“空壳村”发展集体经济。为此，各相关乡镇也拨出扶持资金共11.4万元。当年，全县“空壳村”新创办集体果场29个，新增水果种植面积2750亩。

1994起，南靖县根据国务院下发的《国家“八七”扶贫攻坚计划》，依靠社会各阶层力量，以“解决温饱、实施造福工程”为中心，采取科局挂钩村、领导挂钩贫困户等一系列措施，以发展种养业为重点，大力推进扶贫开发工作。

至2000年底，全县农村贫困人口下降至936人，老区村和少数民族村的“五通”（通路、通电、通水、通电话、通广播电视信号）建设也基本完成。

2001年，县委、县政府确定88个科局单位挂钩帮扶88个村，副科级以上干部分别挂钩一户农村贫困户和下岗职工。全县共安排423名副科级领导挂钩423个农村贫困户和291个下岗职工，35个处级领导挂钩105个农村贫困户和70个下岗职工。

2005年，为解决农村富余劳动力，以“技能培训一人、转移就业一人、增收脱贫一户”为目标，开展非农职业技能培训，引导农村劳动力向非农产业和城镇转移。同年，全县农村劳动力实现转移7110人，累计转移9.2万人，占全县农村劳动力总数的54.5%。农民务工收入成为农民增收的重要渠道。

2005—2007年，全县大力实施“年百公里”农村路网建设工程，3年累计投入1.8亿多元，完成650公里的农村水泥路建设。

三、造福工程

由政府统一安排并给予一定资金补助，让长期居住在偏僻山区、船上或地质灾害点的村民整户迁到生产生活条件较好的地方居住，此项工作称“造福工程”。由于搬迁目的地基本实现“五通”，搬迁后，群众的人居环境大为改善，生活质量明显提高。

南靖县于1998年起逐年实施“造福工程”，并持续将其列为政府为民办实事项目之一。1998—2007年，全县“造福工程”累计搬迁2020人，其中偏僻山区或地质灾害点村民搬迁共1600人，连家船民上岸定居共483人。省、市、县政府在“造福工程”中累计投入资金共208.63万元（省级补助资金共189.13万元，市、县投入配套资金共19.5万元）。其中，2000年全县“造福工程”的实施规模最大，当年涉及搬迁的自然村达8个，共搬迁122户528人；当年省、市、县政府投入“造福工程”的补助资金或配套资金达41.6万元。

表16-5　2000—2007年全县“造福工程”实施情况表

实施年度	实施单位	搬迁前自然村名	搬迁后集中10户以上村名	搬迁户数或人数	省级补助资金（万元）	市、县配套资金（万元）	备注
2000	和溪镇英勇村	溪头岭	石头垅、对坑洋	9户 48人	3.6	2	地质灾害
	金山镇内安村	和尚岭	东安新村	13户 60人	4.5		集中搬迁
	龙山镇平重村	银行尾		5户 22人	1.65		
	南坑镇村中村	石岐尾等	新村公路边	16户 78人	5.85		
	船场镇星光村	上濑、赤坑头	村址边 庙口路	19户 83人	6.225		
	书洋镇上田村	大山	书洋圩	9户 45人	3.375		
	梅林镇磜头村	磜下	福坪下	37户 145人	10.875		房屋倒塌
	奎洋镇上洋村	合福坑	埔头洋	14户 47人	3.525		
2001	金山镇内安村	溪竹林等	东安新村	8户 36人	2.7	2	
	金山镇新内村		溪墘组	10户 44人	3.3		
	龙山镇海仔村		本村 国道边	12户 53人	3.975		地质灾害

续表

实施年度	实施单位	搬迁前自然村名	搬迁后集中10户以上村名	搬迁户数或人数	省级补助资金(万元)	市、县配套资金(万元)	备注
2002	船场镇赤坑村	大片田	村部附近	71人	7.1	2	山体滑坡
	梅林镇磜头村	福坪下	福坪下	35人	3.5	1.5	
	金山镇内安村	和尚岭	东安新村	30人	3		
2003	交通局船社	连家船		51户 173人	20.3		
	船场镇梧宅村	楼顶社	村部附近	73人	7.3	2	
	船场镇赤坑村	大片田	村部附近	25人	2.5		山体滑坡
2004	船场镇集星村	台山组	亭仔角造福新村	34户 146人	10	10	
2005	南坑镇高港村			43户 150人	15		
2006	南坑镇高港村			24户 100人	10		
2007	和溪镇船场镇南坑镇			66户 250人	37.5		
合计				1510人	189.13	19.5	

四、老区扶建

1991年，南靖县政府拨出扶持老区建设资金9万元，扶建项目13个。1992—2007年，拨扶建款139.5万元，扶建项目95个。1995年，举办技术培训班10期，培训老区人民1000人，向老区人民赠送科技小册子5000本，选送老区村学生到福师大老区预备科班就读2人，配合县农机局创办技工班，培训革命烈士、“五老”人员后代24人。1998年，输送老区村学生到大、中专学校就读14人，发挥县老促会作用，培育柿苗15万株，支持老区村发展种植业。2000年，加强老区村"五通"建设，全县 49 个老区村通公路 45 个，通电 49 个，通广播电视 43 个，通程控电话 48 个，通水 49 个。2005 年，输送老区村学生就读大学 5 人、漳州技校 18 人。

五、农村小康建设

1996 年 2 月，南靖县"奔小康建新村"领导小组成立，县委书记谭培根任组长。同年 6 月，县委出台了《关于加快农村奔小康建新村的实施意见》，小康建设成为全县农村工作的主线。与此同时，县委、县政府决定组建"奔小康建新村工作团"，从县直机关抽调 100 名工作人员进驻 40 个村开展奔小康建新村工作，县长罗春生任奔小康建新村工作团团长。各(乡)镇也相应成立"奔小康建新村"工作机构，抽调 300 多名机关干部与县奔小康建新村工作团一道，进驻 141 个村，开展"奔小康建新村"工作。

1997 年 10 月，经过省、市验收复查确认，全县 9 个乡(镇)、152 个村、58787 户在 1996 年底基本实现小康，小康建设综合得分 93.8 分。此后，全县转入宽裕型小康建设阶段。

1997 年，全县开展"千人结对扶贫大行动"，确定 660 个贫困户由副科级以上干部一对一挂钩，并建立台账、措施、目标和脱贫期限，定期检查考核。同年，全县 12 个村开展村容村貌整治。

1998 年，县委、县政府联合出台《关于组织实施农村宽裕型小康建设的意见》(靖委〔1998〕37 号)，并结合本县实际，全面开展"新村建设年"活动。同年，全县建成 10 个新村建设示范点，其中 9 个旧村改造点，1 个旧村整治点。规划总面积 1200 万平方米，投入资金 6800 万元，拆除各类建筑物 3577 间，新建别墅式农民住宅 338 幢。此外，全县 60 个村开展村容村貌整治，改路 216 公里，改沟 7.3 万米，改厕 830 个，改圈(猪圈)845 个。总投入资金 144 万元，其中县、乡(镇)补贴 40 万元，村集体投入 70 万元，农民投资投劳 34 万元。

1999 年，全县主要实施新村建设"521"工程，即 50 个中心村规划、20 个新村点建设和 10 个旧村的整治。

2004年7月,为有效推动农村工作格局和创业氛围的良性转变,全县选派57名机关党员干部到45个村任职。

2006年,南靖县出台《关于社会主义新农村建设"十村典型,百村行动"工程的实施方案》,并确定2个示范村、12个整治村和100个行动村名单。此外,县政府还决定:从当年起,县财政每年安排100万元专项资金,主要用于典型村启动、主导产业培育、示范项目和整治项目补助。

2007年,以县委书记为组长的新农村建设工作领导小组成立。各镇也相应成立了以党委书记为组长的领导小组,并下设办公室,抽调工作人员,落实专人负责。至同年底,市、县挂钩部门共落实扶持资金78万元,全县的新农村建设工作取得初步成效。

六、小康村验收

1995年底,据南靖县农调队抽样调查,全县小康进程为84.6分,县级农村小康标准8项达标(县级农村小康标准共16项)。

1996年,全县存在贫困户的村由160个减少到108个,"空壳村"(村生产性收入3万元以下)由30个减少到18个,贫困人口由1947户7851人减少到750户2926人。

1997年10月,经过省、市验收复查确认,南靖县小康建设综合得分93.8分,基本实现小康。全县10个乡(镇),9个乡(镇)基本实现小康,占90%。全县176个行政村,152个村基本实现小康,占86.4%;其中,有45个老区行政村基本实现小康。全县农户67233户,58787户基本实现小康,占87.4%。

附一:

1997年全县老区基本实现小康村名单(共45个行政村)

山城镇(共6个行政村):溪边村、象溪村、溪城村、碧侯村、六安村、汤坑村

靖城镇(共5个行政村):草坂村、大房村、草前村、径里村、沥

阳村

龙山镇(共 3 个行政村):南坪村、太保村、双明村

金山镇(共 3 个行政村):新村村、下涌村、荆都村

和溪镇(共 4 个行政村):月星村、月明村、坂场村、乐土村

奎洋镇(共 3 个行政村):上洋村、仙岭村、岭头村

梅林乡(共 5 个行政村):坎下村、梅林村、双溪村、科岭村、长塔村

书洋乡(共 5 个行政村):上田村、枫林村、塔下村、南欧村、书洋村

船场镇(共 5 个行政村):集星村、西坑村、上汤村、梧宅村、星光村

南坑镇(共 6 个行政村):南坑村、南塘村、南高村、村雅村、新罗村、北坑村

至 1997 年,在全县 45 个老区行政村中,还有龙山镇平重村,奎洋镇东楼村,梅林乡磜头村,书洋乡上双峰村、双峰村、上版寮村、下版寮村,南坑镇大岭村、葛竹村,丰田镇保林村等未基本实现小康村。

附二:

亿元村简介

1993 年,中共南靖县第八次党代会提出在全县农村开展创建"亿元村"(村社会总产值达到亿元)活动。1996 年底,溪边、汤坑、草坂等 3 个老区村步入"亿元村"行列。至 1998 年底,全县"亿元村"有 10 个:河墘、龙山、溪边、靖城、汤坑、草坂、翠眉、东爱、三下、和溪。

2008 年,南靖县做好"造福工程"搬迁安置为重点的扶贫工作,县政府组织镇、村及有关部门对全县地质灾害点、偏远老区村等急需搬迁安置的农户进行再调查。经过核实,贫困户共 129 户 505 人,分布在 6 个乡镇 10 个有地质灾害的村。至年底,这些搬迁户全

部完成地基以上建设;完成1层封顶以上的有98户370人,搬进居住的有85户335人。此外还认真做好搬迁户扶贫小额信贷工作,共发放小额信贷资金100万元,平均每户1万元。

2009年,继续抓"造福工程"工作。县政府向上争取600个"造福工程"项目指标共163万元补助资金,做好10户以上集中安置点的规划、实施,将"一方水土养育不了一方人"的部分群众搬迁到生产生活方便的地方居住,全年落实搬迁157户611人。

2009年,南靖县凝聚合力,共同促进老区基础设施的完善和经济社会发展。按照老区村通达公路建设的要求,当年投入资金1891万元,完成道路硬化33.4公里。其中,重点老区村科岭投入93万元,铺筑水泥路3.1公里,老区南坑镇投入1000多万元,铺筑水泥路12.5公里,解决老区群众出行难的问题。

县卫生局开展卫生进老区活动,分别于6月和10月,组织县医院、镇卫生院等10多人次医务人员多次到老区村进行义诊和健康咨询,共义诊1200多人次。

县教育局在向全部农村义务教育阶段学生免费提供国家课程教科书的基础上,加大对老区农村学校的投入,修建老区校舍4672平方共672万元。当年,全县老区村还建成安全饮用水3处共37万元,家园整治37处共1750万元,举办科技培训2497人次,劳动力转移培训3920人次。这些努力改善了老区群众的生产和生活条件。

2010年,县政府继续抓"造福工程",鼓励整个偏僻自然村搬迁,把"造福工程"与城镇化结合起来,全年搬迁210户800人,补助建房资金200万元,分布在全县5个镇16个村。当年6月强降雨和9月强台风以后,又向上争取救灾资金24万元,安置老区村受灾群众20户93人。

2011年4月1日,南靖县被国家确认为原中央苏区县后,积极向上争取发展项目和资金。在老区水利、公路、电信、特色农业等方面,向上争取项目32个,争取资金3亿多元,进一步完善全县老区农村饮水工程、农田水利建设、农村水泥路工程等,为南靖建设小康社会做出了贡献。其中，用于科岭村下斜自然村道路改造230万元，用于该村岩永靖军政委员会旧址纪念馆维修5万元。当年还抓好新一轮“造福工程”，主要扶持偏僻老区村。全县搬迁234户812人。南靖县援宁扶贫协调工作荣获国务院扶贫开发领导小组颁发的“全国扶贫开发先进集体”荣誉称号。

第三节　新时代的老区脱贫攻坚

一、政策扶持，全社会助推脱贫攻坚

党的十八大以来，依靠滴水穿石和与时俱进的创新之举，南靖县坚持真扶贫、扶真贫、真脱贫，以“绣花”功夫和响鼓重锤打好脱贫攻坚战。

以改变老区发展面貌为目标，县委、县政府于2013年4月3日，以靖委发〔2013〕3号文件下发《中共南靖县委、南靖县人民政府关于进一步支持和促进革命老区加快发展的实施意见》（以下简称《实施意见》）。

根据《实施意见》，南靖加大老区重大基础设施建设，其中包括：加强综合交通体系建设，推进老区乡村公路建设改造等；支持老区发展生态农业；加快推进农村电网的改造升级；推进水利设施建设；提升信息化水平等。《实施意见》还提出，扶持现代产业发展，增强老区“造血”功能。通过以上措施，开展精准扶贫，确保老区贫困人口脱贫。

2016年，南靖县开展“脱贫攻坚年”活动，对照国家文件精神，审定全县有32个贫困村。其中老区村有13个，老区贫困人口590户2005人，占全县贫困人口的37.2%。这13个贫困老区村是：南坑镇大岭、北坑，梅林镇科岭、磜头、长塔，山城镇象溪、小山城，靖城镇沥阳，龙山镇南坪，奎洋镇岭头，金山镇下永、新村，书洋镇上双峰。

2016 年 3 月 20 日，县委、县政府以靖委〔2016〕12 号文件下发《中共南靖县委、南靖县人民政府关于推进精准扶贫打赢脱贫攻坚战的实施意见》。该意见提出，脱贫攻坚战的总体要求：以县里已确定的 32 个贫困村和省定扶贫标准线下建档立卡对象为扶贫标准，精准脱贫。行动目标：全县当年省定扶贫标准的农村贫困人口到 2019 年全部脱贫；具体安排是 2016 年脱贫 3300 人，剩下的贫困人口到 2019 年全部脱贫。到 2019 年，32 个贫困村居民人均可支配收入达到县平均水平 80％以上，村级收入达到 10 万元以上。

2017 年 3 月 27 日，县委、县政府为贯彻落实《中共中央、国务院关于打赢脱贫攻坚战的决定》精神，以靖委〔2017〕22 号《中共南靖县委、南靖县人民政府关于南靖县 2016 年脱贫攻坚工作总结的报告》（以下简称《报告》）下发。《报告》公布南靖县 2016 年实现 3491 名贫困对象脱贫，其中省定对象 2248 名；实现 10 个贫困村脱贫摘帽。贫困人口脱贫，人均纯收入达到 4180 元。具体内容如下：（一）突出政府主导。县委、县政府领导对脱贫攻坚工作进行全面部署。采取科局挂钩村、领导挂钩贫困户等一系列措施，实行“一对一”挂钩帮扶，做到每个贫困户有 1 个干部帮扶，至少扶持 1 个生产性项目或联系 1 个就业岗位。（二）突出产业支撑。（1）推广发展设施农业。重点推进 32 个贫困村因地制宜建立 30～50 亩的设施农业或现代农业示范片，推广设施栽培、连片种植。2016 年已有 22 个贫困村建成标准化大棚 683 亩，主要种植蔬菜、花卉、苗木、药材等，带动 10 个县级贫困村、126 户贫困户脱贫摘帽。（2）培育农村特色产业。发展特色种植，按“一镇一业、一村一品”的模式，引导农户发展种植花卉、食用菌、中药材等，全年已有 28 个贫困村在发展特色产业上取得初步成效。（3）发展特色旅游。以乡村休闲度假、红色旅游为主题，打造特色旅游。如梅林镇科岭村发挥老区村优势，申报 2016 年红色旅游项目，完成投资 8000 多万元，建成红军路、纪念馆等；还有船场镇坑头村西山寺、下山村树海瀑布、书洋镇文峰村马山生态农业观光园等，依托各自资源优势，发展特色扶贫产业。（4）创新产业精准扶贫模式。积极探索“政府主导、公司运作、金融支持、保险投保、农户管理”的“五位一体”产业扶贫模式，实现政府、企业、金融、保险和农户五方共赢。如龙山镇竹溪村依托百汇绿海公司，建成 33 亩“大棚蔬菜”扶贫基地，由该公司免费提供种苗、技术、销售等一体化服务。每户贫困户可无偿使用蔬菜大棚一亩，超过部分等到蔬菜收成之后再交租金，以此促进贫困户增收。在光伏发电扶贫方面，在贫困村船场镇下山村、书洋镇文峰村进行分布式屋顶光伏发电项目建设，装机规模 100 千瓦，投资近 100 万元，采用发电全额上网形式，增加村财收入 7 万元。（三）突出要素保障。（1）增加财政预算投入。2016 年，县级财政拨出扶贫资金 1986.12 万元。其中，32 个贫困村补助资金 480 万元、贫困无房户补助资金 175.1 万元等。（2）实施扶贫小额信贷工作，向建档立卡贫困户发放贴息、免担保贷款，有 504 户贫困户获得贷款 1191 万元。并解决农村贫困无房户住房问题，全县实施农村贫困无房户安居工程 82 户，82 户已全部建成入住新房。（3）“造福工程”易地扶贫搬迁。上级下达南靖 2016 年扶贫搬迁任务 5560 人，南靖共落实搬迁对象 6108 人，超额完成任务。

2017 年，南靖继续采取科局挂钩村、领导挂钩贫困户等一系列措施，全县有 2321 名干部挂钩帮扶 1673 户贫困户，实现“一对一”结对帮扶。全县确定产业扶贫项目 13 个，完成投资 6587 万元，带动 10 个贫困村、158 户贫困户增收；4 个市级竞赛项目，2017 年完成投资 1401 万元，带动 3 个贫困村，增收 11 万元，带动贫困户 68 户 241 人，增收 325.5 万元。同时，推进扶贫搬迁安居工程建设。当年省下达易地搬迁任务 1600 人，南靖落实搬迁对象 1639 人，补助资金 528 万元。

为了实现长效发展，南靖着手扶贫小额信贷工作，2017 年向建档立卡贫困户发放贴息贷款，有 1014 户贫困户获得贷款 2720.5 万元。

南靖实施教育扶贫工程，对建档立卡的家庭经济困难幼儿按最高档助学金标准予以资助，对建档立卡家庭经济困难学生免除高中、中等职业阶段学杂费。而医疗保险救助工程为贫困人口提供小额意外险助贫专项活动，实现建档立卡贫困对象意外伤害保险投保全覆盖。

实现社会保障"兜底"工程。将农村最低生活保障标准与农村建卡贫困标准"两线合一"，做好农村低保对象与建档立卡贫困对象对比核实，将低保标准提高至405元，并对部分丧失劳动能力、脱贫较难的，全部纳入低保兜底保障，做到应保尽保。

"雨露计划"和"新型职业农民技术培训"等活动使每个贫困农户至少有一名劳动力掌握1～2门有一定科技含量的农业生产技术。2016—2017年，共有2000多人参加培训，提升农民发展特色产业的能力，帮助贫困户早日脱贫。

村民脱贫了，村集体经济收入也要寻找"开源"的途径。南靖开展旧村复垦扶贫，32个贫困村实施旧村复垦面积300亩，增加村集体经济收入7900万元。其中，梅林镇科岭村投资110万元，建设红色党校教育基地，修复绿色森林天然氧吧的红军路，从2017年开始，村财收入突破"零"，每年创收18万元以上。

2018年，南靖倾全县之力打好脱贫攻坚战。组织实施产业扶贫项目：书洋镇上双峰村光伏发电项目投资50万元，项目装机50千瓦。开展小额扶贫信贷项目：为贫困对象放贷3658万元，扶持贫困户403户。整合财政资金500万元，开展扶贫长效机制项目。保障全县1656户建档立卡贫困户住房安全，被评为危房的有15户，当年全部完成危房改造。落实贫困户补助政策：扎实落实贫困户的新农合参合费（人均180元）全部由政府直接缴纳给新农合；每个贫困户都享受到医疗叠加保险；低保人均标准每月350元，有741名贫困对象享受。

至2018年，南靖县地区生产总值从1949年的1075万元增长到2018年的314.8亿元，财政收入从不足100万元增长到2018年的13.1亿元。城镇居民人均可支配收入增长到32620元。南靖老区农民人均可支配收入17287元，比2011年人均可支配收入8632元增长了1倍。

2018年10月25日，中共南靖县委以靖委发〔2018〕5号文件下

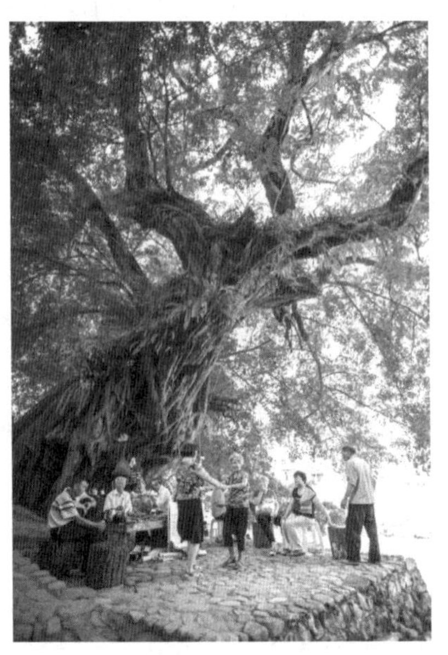

南靖梅林老区镇长教村村民自我娱乐

注:随着乡村环境和设施的逐步改善,群众生活水平明显提高。

发《中共南靖县委关于坚持高质量发展落实赶超全面建成小康南靖的意见》,在全县全面部署扶持老区及贫困村脱贫攻坚战,掀起新一轮老区脱贫攻坚战向深度、广度进军。

二、选准产业,打开致富大门

要让老区群众稳定脱贫,有合适产业带动是扶贫的关键。2012年以来,县委、县政府领导全县老区村因地制宜发展从改革开放后形成的水果、麻竹、茶叶、食用菌、兰花、金线莲等六大特色农业产业,并推进产业转型升级,做大做强。很多老区村通过自我“造血”功能,实现农业结构调整,实现村民脱贫致富。至2018年,老区贫困户通过发展特色农业产业脱贫的比例达60%。

在水果种植业方面,2011年,南靖水果种植面积22.7万亩,产量39.2万吨,产值11.4亿元,主要品种有香蕉、柑橘、琯溪蜜柚、荔枝、龙眼等。2012年以来,南靖做大做优水果产业,坚持以水果品牌创建为重点,建成一批国内有影响力的香蕉、芦柑、百香果、番石榴、金苹枣等品牌水果基地。至2015年，全县水果种植面积24.5万亩，产量50.3万吨，产值11亿元，其中香蕉种植面积13万亩，产量40.6万吨，产值10亿元；大宗水果13.9万吨，产值3.08亿元。

2018年，全县水果种植面积9.8万亩，产量29.3万吨，产值8亿元。其中，香蕉种植面积6.3万亩，产量23.5万吨，产值6.4亿元，面积、产量均居全省首位；百香果种植面积4000亩，产量4000吨；番石榴种植面积4500亩；金苹枣种植面积5500亩，产量1.1万吨。

1999年南靖县获得“中国香蕉之乡”称号证书

在麻竹种植业方面，2011年，全县竹林面积53万亩，其中麻竹28.8万亩，麻笋和绿笋年产量10.7万吨。2012年以来，南靖引导以龙山镇、金山镇、船场镇、南坑镇老区村为主的农民选准种植麻竹，实施连片开发规模化经营，带动千家万户老区群众增收致富，仅单麻竹一项，4个镇农民年人均增收500元。至2018年，南靖县是“中国麻竹之乡”、福建最大麻笋出口基地之一和福建东南沿海最大的竹材产区。

全县竹林面积54.8万亩，年产原料约50万吨，其中毛竹24.4万亩，毛竹立竹量4246万支。麻竹28.7万亩，占漳州市麻竹总面积的70%。年产麻笋原料12万吨，出口麻笋加工企业32家，麻竹笋年产值7.3亿元，其中出口清水笋罐头3.68万吨、货值3849万美元，主要出口日本、美国、韩国以及欧洲等70个国家和地区。

南靖县龙山镇麻竹笋加工生产车间

证书

福建省南靖县

中国麻竹之乡

中国特产之乡推荐暨宣传活动组织委员会

一九九八年三月·北京

1998 年南靖县获“中国麻竹之乡”称号证书

在种茶业方面，2011 年，全县茶园面积 8.5 万亩，年产干毛茶 1.3万吨，产值 8.8 亿元。2012 年以来，南靖破除多年“土里刨金”的经济发展模式，实行“龙头企业＋合作社＋贫困户”的产业模式，解决了茶叶质量和销售难题，把贫困户附在产业链上，以产业发展带动贫困户脱贫。重点抓好书洋镇、南坑镇、和溪镇的低产老茶园改造，共完成 3 万多亩老茶园的生态建设、排水、蓄水系统建设和推广种植茶叶优质品种；完成南壶香茶厂等20多个茶叶加工厂的设备升级改造。

老区南坑镇葛竹、高港、金竹3个村发展茶叶1万亩、书洋镇老区枫林村1万亩，形成闻名遐迩的4个种茶专业村；枫林村还依托“世遗”福建土楼的名气，建成情人山万亩生态观赏茶园，每年吸引一二十万名中外游客前来游览。中央电视台、湖南电视台、福建电视台、厦门电视台及一些东南亚国家电视台等多次前来拍摄电视剧、广告片，名噪大江南北。

南靖县书洋镇枫林老区村的情人山万亩生态观赏茶园

至2018年，随着南靖“高山茶”品牌知名度的提升，茶叶种植效益也不断提高。当年，南靖已是全国重点产茶县，是福建省十大产茶县之一，茶园面积12万亩，年产干毛茶2万吨，产值18亿元。该县茶产业拥有省著名商标5件，省级名牌农产品2件。1.2万亩茶园通过无公害基地认证，2200亩茶园通过有机认证，已创建全国茶叶标准园1200亩，建成标准化生态茶园2万亩。

在发展食用菌业方面，2011年，南靖食用菌生产规模3亿袋，种植面积160万平方米，鲜品生产量47428吨。2012年以来，南靖采取“公司＋基地＋农户”模式，为种植户提供种苗、技术指导、产后保底价回收等服务，调动农民生产积极性。2014年，全县食用菌生产规模3.8亿袋和80万平方米(其中:白背毛木耳1.3亿袋;珍稀菇类2.5亿袋;双孢蘑菇80万平方米),鲜品生产量13万吨,实现产值8.6亿元。靖城镇发展白背毛木耳1.2亿袋,杏鲍菇、鲍鱼菇、猪肚菇等珍稀菇类9560袋(瓶),食用菌总产量8.1万吨,总产值4.1亿元,人均增收800元。

至2018年,南靖食用菌生产规模4.19亿袋和55万平方米,其中白背毛木耳0.98亿袋;珍稀菇类3.21亿袋;双孢蘑菇55万平方米。鲜品生产量15.68万吨,实现产值10.98亿元。全县上规模的食用菌生产销售企业17家,其中13家工厂化生产食用菌。

在兰花种植业方面,2011年,全县兰花种植面积3200亩,年产兰花6000多万株,组培兰花苗200万株。2012年,南靖将兰花产业立为高优农业产业项目。2013年,南坑镇国家级兰花栽培标准化示范区通过国家级农业标准示范区验收组的验收。2016年9月,南靖兰花搭乘"天宫二号"开展为期51天的太空育种之旅;同月,山城兰谷小镇被纳入福建第一批特色小镇。2017年3月,山城兰花交易市场建成,成为南靖兰花产业的交易平台,吸引全国各地的120户商户入驻,市场年交易额超过2亿元。

南靖县南坑老区镇农民兰花圃

电商崛起，为传统农业释放了新动能。2013年，淘宝开辟了专门的兰花类目，兰花的电商销售渠道随之不断扩大。新的市场诞生，吸引了南靖的年轻人返乡创业，成为新一代种兰人。他们通过淘宝直播、抖音、快手等新平台，向亿万网民销售兰花。南靖青轩兰场是淘宝网第一家直播卖兰花的电商团队。2018年年货节期间，仅1月17日一天，它的直播间全天就有1万名粉丝在线观看，引导进店人数约4000人，成交量近百单。直播不仅能让粉丝直观地了解每盆兰花的生长状态，而且能让粉丝在与主播的互动中，掌握兰花品种、特性、种养注意事项等，打消了“爱兰却不会种，所以不敢消费”的顾虑。新平台的营销新玩法，扩大了南靖兰花市场。目前，南靖已有兰花电商团队150多家，2018年，单是网络销售额就达到3亿元。

至2018年，全县兰花种植面积3200亩，主要分布在山城、丰田、南坑、船场等镇老区村，种植品种有8大类1000多个。全县有兰花企业76家，专业合作社7家，兰花种植户2100多户；家庭兰花圃2000圃，存圃兰花1000多个品种3000多万株，年产兰花6000多万株、组培兰花苗200万株，年销售6.5亿元；全县开辟“网上兰铺”2000多家，在全国各大中城市均有设点销售，主要销往北京、上海、广州等国内大中城市以及韩国、东南亚等国家和地区。南靖成为福建种植规模最大的兰花集散地。

在金线莲、铁皮石斛生产方面，2011年，全县金线莲生产企业38家，人工栽培种植面积1000亩，年产鲜品50万公斤，干品3.5万公斤，年产值4亿元。

2012年以来，南靖不断扩大金线莲、铁皮石斛生产规模。2013年，扩大金线莲、铁皮石斛等组培苗生产350万瓶，全县有企业40家，年产金线莲鲜品60万公斤，干品3.5万公斤，总产值4亿元。全县人工栽培铁皮石斛979亩，全年产石斛鲜条150吨，产值1.5亿元。

2014年，南靖县金线莲组培企业46家，年组培金线莲瓶苗4000万瓶（12亿株），金线莲种植面积1100亩，年产鲜品110万公斤，折成干品8.5万公斤，年产值8.8亿元。铁皮石斛组培、栽培企业 6 家，年组培铁皮石斛瓶苗 60 万瓶（1800 万株），铁皮石斛种植面积 1200 亩，年产鲜品 36 万公斤，折成干品 1.8 万公斤，年产值 2.16 亿元。

至 2018 年，南靖县获“中国金线莲之乡”称号，这是南靖继“中国兰花之乡”“中国麻竹之乡”“中国香蕉之乡”“中国芦柑之乡”后荣获的第五个中国特产之乡称号。全县金线莲种植面积 2299.5 亩，产量 1050 吨，产值 9.28 亿元；铁皮石斛种植面积 1249.5 亩，产量 362 吨，产值 1.42 亿元。已开发的产品有金线莲种苗、鲜全草、干全草、金线莲健康茶、金线莲室内观叶盆景等。种植区域主要分布在南坑、船场、书洋、梅林、和溪、金山、龙山、丰田、山城等 9 个镇。

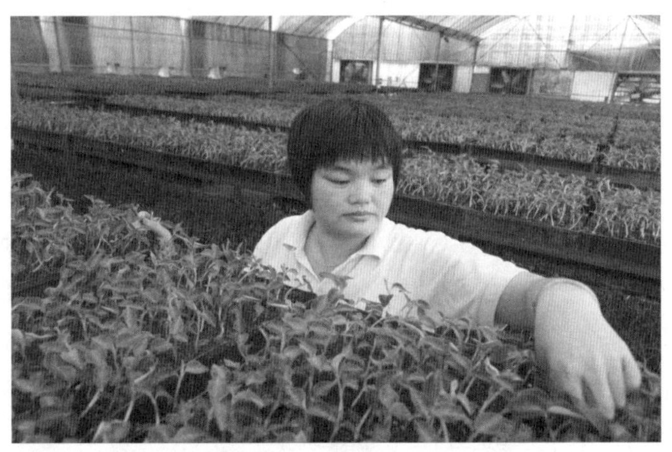

荆龙公司员工对金线莲种植苗进行日常管护

南靖从 2015 年开始，利用市、县政府扶持老区专项资金，探索培育了两个发展特色经济的示范模式。

一是文化名村＋现代农业＋生态乡村游模式。龙山镇双明村是个传统农业村，由于主要种植香蕉，农业结构单一，经济和社会发展停滞不前。但其位于 319 国道旁，地理位置很好，且地势开阔平坦，土地肥沃，还是明朝宦官司礼监太监陈祖生（历史上“狸猫换太子”太监的原型）的祖籍地，其墓园竖有成化帝、弘治帝两任皇帝为陈祖生一家颁发的圣旨题刻碑文，具有较高的文化底蕴和旅游开发价值等优势。在深入调研的基础上，市、县老促会和双明村领导讨论决定探索走“文化名村＋现代农业＋生态乡村”的发展模式，协调市规划设计院无偿为该村编制了村建规划，纳入市美丽乡村建设和乡村振兴示范点，先后给予 210 万元的特色产业帮扶资金，完成了宽 7 米、长 3 公里的村主干道水泥路和陈祖生墓园修复和古村落修缮等建设；帮助引进了百汇绿海现代农业企业，创办了 300 亩大棚蔬菜基地。在该企业的带动下，群众发展了 100 多亩的大棚蔬菜。

南靖县龙山镇双明老区村的百汇绿海现代农业企业

二是高效的土地流转经营模式。靖城镇草坂村是个传统蔬菜村，该村新创办的福建源兴生态农业科技有限公司，多年来一直运用现代农业立体种养植模式，发展绿色食品。先后给予 50 万元的帮扶资金，支持该村进行土地流转，由该公司以每亩每年 1200～1600 元的租金和每亩每年 800 元的分红，承租了该村群众 600 多亩的土地，建立了智慧农业标准化生产基地。2018 年，该公司建成了航天蔬菜园基地，建有现代化设施农业监控系统、水肥一体化灌溉系统，从事航天蔬菜种植和农业旅游观光等。这个项目不仅使当地群众出让有丰厚的租金、有企业效益的分红，还把该村包括扶贫对象在内的 100 多户劳动力安排进企业务工，实现脱贫。同时，草坂村还引进中盟科技园、焙之道、宏盛达等企业，为村里创造了大量的就业岗位和附属产业，全村转移剩余劳动力 1420 人，占全村总人口的 28.1％，人均劳务收入 19000 多元。

三、全域旅游促进乡村振兴

福建省首批国家生态县，漳州市森林覆盖率第一，福建省全域旅游试点县，原中央苏区县……一张张“生态标签”和“旅游名片”为打造生态南靖、美丽南靖奠定了坚实基础。2012 年以来，南靖充分发挥以世界文化遗产“福建土楼”为核心，以云水谣、塔下、石桥等一批独具韵味的古村落为依托开发的生态文化游，以虎伯寮国家级自然保护区，南坑镇咖啡园、兰花园、万亩观赏茶园、温泉及书洋镇枫林村情人山万亩观赏茶园为重点的休闲养生游，以山城镇紫云寺、金山镇鹅仙洞、和溪镇慈济行宫为代表的朝圣游，初步形成“星罗棋布、众星伴月”的旅游格局，逐步培植出全域旅游、全面发展的旅游大县。旅游业不断拉动社会经济发展，也不断发挥旅游在脱贫攻坚战中的重要作用，让越来越多的老区农民“端上了旅游饭碗，甩掉了贫困帽子”。

南靖县梅林镇坎下老区村怀远楼

为保护生态旅游环境，南靖累计投入 8 亿元用于土楼周边环境整治、道路配套等设施建设。其中，投入 3.3 亿元，建成 154.7 公里景区旅游道路及在景区种植香樟、桂花、梅花等名贵树种2万棵。2012年4月，县政府以建设旅游大县为目标，派出200多名干部进行为期半年的土楼景区整治，拆除不协调搭盖和建筑70多处，规范乱摆摊、占道经营摊点300多个，世界遗产景点及其他景区的秩序得到全面整治。同时，出台鼓励政策，支持土楼村民发展农家乐、观光农业和乡村休闲旅游。完成投资4.3亿元，建设一批酒店、餐饮、旅游停车场、公厕等。整治后游客大增，至2013年，南靖全年接待游客220万人，旅游收入13.2亿元。

2014年，南靖重点抓旅游产品体系多元化，引进投资2亿元的八仙围棋风动石风景区项目，投资1亿元的金永鹏农业观光园，投资10.2亿元的土楼五更寮民俗文化旅游项目，投资7.9亿元的树海瀑布旅游等项目，形成以土楼旅游为主体，旅游观光、休闲度假、文化体验、康体养生多元化旅游产品体系。

借助得天独厚的旅游资源，南靖积极探索“旅游＋扶贫”模式，加快以“世遗”土楼国家AAAAA级景区建设，带动了农家餐馆、农家住宿、旅游产品、劳务服务、土地、农业等延伸产业发展，拓宽了村民致富的门路。

发展乡村旅游，助力精准扶贫脱困。南靖精心打造40个乡村旅游特色村，书洋镇、梅林镇、南坑镇等3个乡村旅游镇，山城兰谷小镇、龙山虎谷小镇等两个主题旅游风情小镇，推出南坑镇高港点、书洋镇枫林村情人山两个万亩生态观赏茶园主题路线，南坑镇的葛竹村枳实花海、咖啡园、兰花园观赏线路，县城慢生活体验线等5条旅游主题线路，初步形成休闲农业、农家乐、森林人家、水乡渔村等特色旅游景观多元发展的乡村旅游格局。

乡村旅游成功不仅带动旅游业、交通运输业、现代服务业走向繁荣，还为群众带来了人流、信息流、商品流、资金，带动了2.5万名外出土楼农民返乡创业，建宾馆、开饭店、当导游，卖金线莲、兰花、茶叶、巴戟天等南靖特产，使农村大批富余劳动力实现家门口就业，直接和间接安置就业4万多人。旅游业还给当地农民带来房屋出租、农产品销售等多方面增收。例如云水谣沿溪房屋，申请“世遗”

成功前一间售价才1万元，现在作为商铺或民宿，一年租金就达五六万元。

2015年以来，在南靖旅游景区，价位便宜的民宿已经成为很多游客的住宿首选；仅南靖景区书洋、梅林两个镇，就有民宿420多家，其中较具特色的有经纬小调、水云涧、和贵楼客栈、塔下茶之韵、萤火虫等。全县可同时提供1.5万人就餐，8000多张床位。

南靖重视把旅游扶贫与当地特色农业资源相结合，积极推进旅游业与农业融合。各乡镇巧妙地“因地制宜”，围绕着“旅游＋”做文章。围绕“旅游＋农业”，打造山城兰谷文化园、靖城镇草坂村源兴、龙山镇百汇绿海等农业主题公园和观光创意农业园区，并创办家庭生态农场637家；围绕“旅游＋林业”，利用船场镇树海瀑布、和溪镇乐土雨林、金山镇鹅仙洞等林业资源，改造旅游道路两侧森林景观，打造南坑咖啡园、树海瀑雾茶庄园等一批“森林氧吧”“森林人家”；围绕“旅游＋文化产业”，深挖各乡镇文化资源，打造山城兰谷小镇、龙山路虎小镇等一批能让游客参与体验的新场所；围绕“旅游＋体育”，带动一系列旅游运动健身项目，提升南靖土楼马拉松大赛影响力，逐步把南靖土楼趣味马拉松赛举办成为有影响力的国际性大型赛事；围绕“旅游＋健康”，打造养生旅游产品，推出书洋镇紫云山庄、船场镇上汤温泉等养生旅游。

至2018年，全县拥有上规模、上档次农家乐、休闲农业点65家；省级休闲农业示范点9个，分别是天绿咖啡观赏园、和元休闲农庄、澳宝休闲农庄、东南佰生有限公司、永庄农业观光有限公司、紫云山生态农庄、情人山茶园、树海瀑雾茶庄园、源兴生态农业科技有限公司。南靖县荣获“全国休闲农业与乡村旅游示范县”称号，书洋镇被认定为省级休闲农业示范镇，云水谣景区获“全国休闲农业与乡村旅游示范点”称号。南坑咖啡园和源兴生态旅游项目被评为省级三星级乡村旅游经营单位；梅林镇官洋村、南坑镇新罗村被评为省乡村旅游特色村；书洋镇文化旅游创客基地被列入省乡村旅游创客示范基地。南靖2018年接待中外游客560.26万人，同比增长18.7%；实现收入48.75亿元，同比增长37.62%。金山镇天景雨林

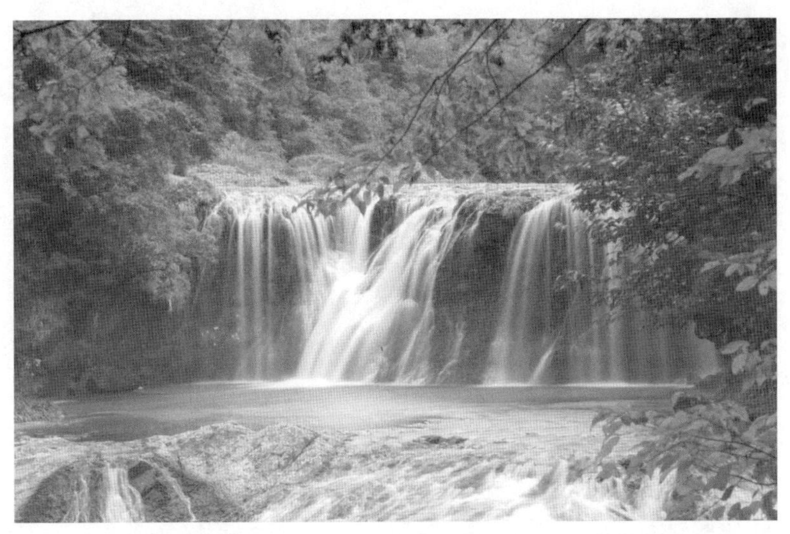

有"华东黄果树瀑布"之誉的南靖县船场镇下山村树海瀑布

和梅林镇通美云水谣庄园均被评为全国森林康养基地试点建设单位，紫云山生态农庄被评为全国休闲农业与乡村旅游星级企业；南欧村、石桥村、下岭村、宝斗村等 7 个村入选省级旅游特色村，占全市的 1/3；梅林镇入选中国旅游产业影响力文旅小镇、省四星级乡村旅游休闲集镇；科岭村成为漳州市首个国家 AAA 级红色旅游景区。如今，旅游扶贫已成南靖精准扶贫的重要路径。据统计，至 2018 年，南靖有乡村旅游特色村 40 个，上规模的农家乐 130 多家，休闲农庄 20 多家，家庭生态农场 637 家；南靖景区约有 2.5 万人从事旅游业，其中老区农民从事旅游业约有 1.5 万人。

2018 年 12 月 24 日，县委、县政府又以靖委发〔2018〕8 号文件下发《关于打赢脱贫攻坚战稳定提质三年行动（2018—2020 年）实施意见》，南靖人民在县委、县政府领导下向脱贫攻坚的深度和广度进军。

第四部分

南靖明天更辉煌

第十七章　乡村振兴百姓富

70年栉风沐雨,70年沧桑巨变。新中国成立70年来,在党中央的坚强领导下,历届县委、县政府团结带领全县人民顽强拼搏,艰苦创业,接续奋斗,一步步从贫困落后走向全面小康,各项事业发生历史性变革、取得历史性成就。老区建设成果丰硕。

党的十八大以来,中国特色社会主义进入新时代,特别是党的十九大做出了实施乡村振兴战略的重大决策部署。乡村振兴是包括产业振兴、人才振兴、文化振兴、生态振兴、组织振兴的全面振兴,实施乡村振兴战略的总目标是农业农村现代化,总方针是坚持农业农村优先发展,总要求是产业兴旺、生态宜居、乡风文明、治理有效、生活富裕。以习近平同志为核心的党中央对如何推进农业农村现代化做出总体安排和部署,明确提出到2035年农业农村现代化基本实现,到2050年农村全面振兴,农业强、农村美、农民富全面实现。全面实现农业强、农村美、农民富,是全面实现农业农村现代化的重要标志,也是实现乡村全面振兴的根本目标。

当前,我国正处在脱贫攻坚和乡村振兴战略实施的交会期,打赢脱贫攻坚战是乡村振兴的前提和基础,实施乡村振兴战略是脱贫攻坚的巩固和提升。

县委、县政府以习近平新时代中国特色社会主义思想为指导,积极稳妥做好脱贫攻坚战与乡村振兴战略的有机衔接。为此,2018年5月16日,县委、县政府根据党中央的工作部署,做出在南靖实施乡村振兴战略的决定,并以靖委〔2018〕21号文件《中共南靖县委、南靖县人民政府关于实施乡村振兴战略的实施意见》(以下简称《实施意见》)下发。提出目标要求:按照产业兴旺、生态宜居、乡风文明、治理有效、生活富裕的总要求，建立健全城乡融合发展体制机制和政策体系，不断增强农业农村发展活力，加快推进农业农村现代化，让农村成为安居乐业的美丽家园，为全面建成“经济富裕、生态富美、人文富足”的小康南靖做出新的应有贡献。目标任务：2018年全县农业总产值增长4.7%；农村居民人均可支配收入增长10.1%。到2020年，乡村振兴取得重要进展，制度框架和政策体系基本形成，乡村振兴的思路举措得以确立。到2035年，乡村振兴取得决定性进展，农业农村现代化基本实现。到2050年，乡村全面振兴，农业强、农村美、农民富全面实现。

实施乡村振兴战略，南靖县发展站上新起点，开启新征程。坚持以习近平新时代中国特色社会主义思想为指导，深入贯彻党中央重大决策部署，全面落实习近平总书记重要讲话和指示精神，紧紧围绕加快建设幸福美好新南靖、不断开创国富民强新局面奋斗目标，坚定不移地把高质量发展作为第一要务，立足新时代，抢抓新机遇，奋力谱写新时代南靖发展新篇章。从2018年开始，县委、县政府按照《实施意见》，在全县组织实施乡村振兴战略。

一、走质量兴农之路、绿色兴农之路

（一）质量兴农

做强做大做优食用菌、蔬菜、水果、茶叶、中药材、花卉苗木、休闲农业等七大优势特色产业，重点扶持白背毛木耳、杏鲍菇、金线莲、铁皮石斛、巴戟天、兰花、农家乐等特色产业。力争到2020年，七大特色产业全产业链总产值超100亿元。2018年，重点在全县建立水果、中药材、蔬菜、食用菌等专业村，树立首批优势专业村20个，带动农民发展规模优势产业。

加快推进现代农业产业园建设步伐，力争到2020年建成1个国家级、3个省级、2个市级、7个县级现代农业产业园。2018年，重点建设安全生态水系、水电增效扩容、农村饮水安全工程等“五大工程”共15个项目，投入资金1亿元。

草坂老区村的航天蔬菜种植大棚

(二)绿色兴农

深入推进国家农业可持续发展试验示范区和农业绿色发展试点先行区建设。到2020年,全县耕地保有率达100%,农田灌溉水有效利用系数达0.567,森林覆盖率达72.83%,完成造林绿化5.6万亩以上。基本形成资源环境承载匹配、生产生活生态协调的农业发展格局。

实施农产品加工业提升行动,到2020年农产品加工业产值与农业总产值比达到2∶1,食品产业产值达280亿元。

积极推进林业与旅游康养等深度融合,强化市场运作,吸引企业投资,引导农民参与。2018年,建设2～3个全国森林康养基地。2018—2020年,预计投资10亿元建设1200亩集创意农业、农事体验于一体的南靖兰花田园综合体。

持续改善农村人居环境。实施农村人居环境整治三年行动方案,以农村垃圾、污水治理和村容村貌提升为主攻方向,建设现代文明的升级版乡村。2018年,创建12个富美乡村和15个美丽乡村。全面推进历史文化名镇名村、传统村落和历史建筑保护与整治建设。实施农村污水垃圾治理三年攻坚行动,每年新建改造乡镇公厕

3座、村庄公厕25座，推进农村卫生户厕建设，预计到2020年共新建改造乡镇公厕9座、村庄公厕75座，改造三格化粪池式农村卫生户厕5000户。

打造乡村生态产业链。采取多种方式，延展富美乡村"生态+"效益。建设"一镇一品、一村一景"工程，形成一批乡村生态旅游品牌，到2020年打造三星级及以上乡村旅游休闲集镇1个、特色村3个，乡村旅游精品线路3条。创建培育3个市级休闲农业示范点。推广"旅游+"工程，建设宜居、人文、特色、和谐城乡。

二、走文明乡风之路

目前，我国农村仍然存在许多不合理、不文明的劣习陋俗，如天价彩礼、滥办酒席、铺张浪费、跟风攀比等。为此，南靖要下大力气完善乡村治理体系，重点促进乡村公序良俗的持续完善。

加强农村思想道德建设。深化农村精神文明创建活动，以农民群众喜闻乐见的方式，深入开展中国特色社会主义和中国梦宣传教育。积极开展道德模范和身边好人评选活动，开展好儿女、好媳妇、好家庭等典型评选活动。开展家庭教育讲座，传承创新孝道文化，弘扬家庭美德和文明家风。开展移风易俗行动，遏制大操大办、厚葬薄养、人情攀比等陈规陋习，净化社会风气，树立文明乡风。

健全农村公共文化服务体系。完善乡村公共文化设施网络，整合建设基层综合性文化服务中心，实现乡村两级公共服务全覆盖。强化公共文化服务供需对接，实施文化惠民工程，推进乡镇实体书店和数字影院建设，丰富农民群众文化生活。加强农民文化、民间文化社团和基层文体协会、乡村学校少年宫、乡村青少年之家等发展。推进社区文化、家庭文化建设，培育积极健康、多姿多彩的农村社会文化形态。

三、走乡村善治之路

加强农村基层党组织建设。强化政治建设，把农村基层党组织建设成为贯彻党的决定、领导基层治理、团结动员群众的坚强战斗

美丽乡村——南靖县山城镇坑尾村田园风光

堡垒。加强党对村民自治的引领，强化农村基层党组织领导核心地位，持续整顿软弱涣散党组织；加强干部队伍建设，加强农村基层党风廉政建设，严肃查处侵犯农民利益的“微腐败”。

坚持自治、法治、德治相结合。建立健全党委领导、政府负责、社会协同、公众参与、法治保障的现代乡村社会治理体制。完善村规民约、村民自治章程，健全民主决策、民主管理和民主监督制度。

加强乡村道德建设，强化道德教化作用，引导农民爱党爱国、孝老爱亲、勤俭持家。深入开展农村法治宣传教育，健全农村多元化矛盾纠纷化解机制，搭建合理诉求渠道。

四、构建新型工农城乡关系

走中国特色社会主义乡村振兴道路，必须重塑城乡关系，走城乡融合发展之路。南靖县要强化统筹城乡发展布局。推进城乡规划一体化，加快形成城乡协调发展的空间布局。统筹谋划产业发展、基础设施、公共服务、资源能源、生态环境保护等主要布局，形成田园乡村与现代城镇交相辉映的城乡发展形态。

加快城乡基础设施互联互通。走好新时代乡村振兴路，就要聚焦增进农民福祉这个宗旨，多下补短板、利长远的功夫。广大农民对美好生活的向往就是乡村振兴的不竭动力，让乡亲们过上更好的日子，必须补齐农村基础设施短板，重点抓好农村交通运输、农田水利、农村饮水、乡村物流、宽带网络等基础设施建设。

创新农业农村基础投融资体制机制，畅通多元投融资渠道。推进老区行政村通自然村的公路建设，加快农村物流网络节点体系建设，补齐农村物流业发展短板，保障城乡物资双向顺畅流动。2018年，农村集中供水率提升到90%以上，农网供电可靠率提高到99.9%以上，全县所有行政村全部通高速宽带，符合条件建制村100%通客车。

促进城乡基本公共服务一体化。加快推动城镇公共服务向农村延伸，不断缩小城乡差距。要加大优质教育资源、医疗资源等公共服务向乡村转移，改善广大农村人居环境、交通、水电等基础设施条件，让美丽宜居的乡村留得住本土人才、引得来优秀人才，培育内生动力，平衡城市“虹吸效应”对乡村振兴的影响。要支持乡村互联网建设，让农业大数据走进乡村第一线，为完善精准扶贫、智慧扶贫机制提供现代化服务平台。加快推进养老事业补短板工作，不断扩大农村养老服务设施覆盖面，到2020年，实现农村养老服务设施覆盖率60%以上。

五、促进脱贫攻坚与乡村振兴有机结合

打好脱贫攻坚战，是全面建成小康社会的底线任务；而实施乡村振兴战略则是一项长期的艰巨任务，需要长短结合、分步推进、稳扎稳打、久久为功。如何处理好二者关系？习近平同志指出，要把脱贫攻坚同实施乡村振兴战略有机结合起来。这是重要的理论和实践创新。只有聚焦深度贫困地区、打好脱贫攻坚战，才能为乡村振兴奠定坚实基础。只有实现乡村振兴，才能从根本上解决贫困问题。

南靖县要精准落实七大扶贫脱贫措施。坚持扶贫同扶志相结

合，激发贫困人口内生动力，突出抓好产业、就业、搬迁、金融、医疗、教育、低保兜底等七大扶贫脱贫措施。全面推广“养鸡生蛋”工程，持续稳定提高贫困群众收入。加大农村贫困家庭就业培训。加大医疗救助脱贫力度，落实教育扶贫计划，对无法通过开发式扶贫实现脱贫的贫困人口全部纳入低保给予兜底保障。积极开展扶贫小额贴息贷款，确保贫困对象做到应贷尽贷。

强化精准扶贫稳定脱贫的责任和监督。强化党政一把手负总责的责任制和县级党委作为全县脱贫攻坚总指挥部的关键作用。开展扶贫领域腐败和作风问题专项治理，切实加强扶贫资金管理，对挪用和贪污扶贫款项的行为严惩不贷。

展望未来谱新篇，南靖明天更辉煌。南靖县在经济建设、政治建设、文化建设、社会建设和生态文明建设等方面均取得新的成就，呈现出与时俱进的新面貌。各级干部群众用实际行动，展示出发展的信心和决心，团结一致发展经济，群众的幸福感和获得感显著提高，人民期盼的新生活正在逐步实现。

过去沉甸甸的成绩单，激励着团结奋进的主旋律，凝聚着拼搏创新的精神，镌刻了苦干实干的正能量，奏响了后发赶超的最强音。

南靖老区人民将坚定不移地沿着习近平总书记指引的方向前进，确保在经济发展迈上新台阶、改革开放构建新格局、生态建设取得新进展、城市乡村呈现新面貌、人民群众过上新生活等方面取得更大成效，努力把建设幸福美好新南靖、开创乡村振兴新局面的美好蓝图变成现实。

眺望新征程，风帆高扬再出发。新的阶段、新的使命，矢志奋斗、时不我待。县委、县政府带领全县人民不忘初心，以强烈的责任心激发强大的奋进激情，为脱贫攻坚而努力拼搏，为小康梦想而不懈奋斗，努力谱写新时代南靖老区发展新篇章！

参考书目

(第二轮)《南靖县志》。

《南靖县志》(民国稿本)。

《南靖县志》,1997 年。

蔡建南、陈剑川:《南靖苏区在闽西苏区和中央苏区中的地位及历史作用》,《福建党史月刊》2011 年第 20 期。

陈剑川、李湘君:《南靖人民革命史》,北京:中央文献出版社,2004 年。

南靖县地方志编纂委员会:《闽南金三角系列丛书(南靖卷)》。

南靖县地方志编纂委员会:《南靖革命史图集》,福州:海峡文艺出版社,2017 年。

南靖县地方志编纂委员会:《南靖年鉴(1991—2002)》,北京:方志出版社,2009 年。

南靖县地方志编纂委员会:《南靖年鉴(2008—2018)》。

南靖县民政局编:《南靖老区(镇村)》。

南靖县民政局编:《全国第二次地名普查(南靖县)》。

吴振生主编:《见证南靖》,香港:香港通行出版有限公司,2012 年。

漳州市老区建设促进会、市委党史研究室和市老区办编:《漳州革命老区史》,北京:中央文献出版社,2010 年。

中共南靖县委党史研究室:《福建中央苏区纵横(南靖卷)》,北京:中共党史出版社,2009 年。

中共南靖县委党史研究室编:《社会主义时期南靖党史专题集》。

中共南靖县委党史研究室编:《中共南靖苏区革命历史资料汇编》。

中共南靖县委党史研究室编:《中国共产党南靖历史(第二卷)》。

中共漳州市委党史研究室编:《中共漳州地方简史》,北京:中央文献出版社,2010年。

20世纪80年代、90年代及21世纪《福建日报》《闽南日报》上有关报道南靖县的100余篇新闻、通讯文章。

后　记

编写一部真实可信的《南靖县革命老区发展史》，是新时代传承红色基因、弘扬老区革命精神的需要，也是南靖县老区建设促进会的时代责任。在县老区建设促进会的领导下，《南靖县革命老区发展史》编著用时两年，其间两易其稿，终于定稿付梓。作为南靖县第一部全方位反映老区人民近百年的光辉革命史、不懈奋斗史、辉煌成就史的史书，在特定体例前提下，对本书编著的范围、内容、详略等事项进行了初步探索。

《南靖县革命老区发展史》由南靖县报道组退休记者韩士奇编著。作者以强烈的历史责任感，始终坚持以严谨、客观的态度，以史料为依据进行编著。但作为南靖县第一部全面体现老区人民近百年革命发展史的著作，其中新中国 70 年艰苦创业奋斗史的大部分篇章无从借鉴，加之作者水平有限，且时间跨度大，涉及内容十分广泛，有关史料匮缺，因此本书难免存在一些疏漏与差错之处。在此，敬请党史与地方志同仁和广大读者海涵，并批评指正。